古典文獻研究輯刊

二六編

潘美月・杜潔祥 主編

第 **15** 冊

劉辰翁《莊子南華眞經點校》研究

張晏菁 著

國家圖書館出版品預行編目資料

劉辰翁《莊子南華眞經點校》研究／張晏菁 著 — 初版 — 新北
市：花木蘭文化事業有限公司，2018〔民 107〕
目 4+166 面；19×26 公分
（古典文獻研究輯刊 二六編；第 15 冊）
ISBN 978-986-485-359-5（精裝）
1. 莊子 2. 注釋 3. 研究考訂
011.08   107001775

古典文獻研究輯刊
二六編　第十五冊　　　　　　　ISBN：978-986-485-359-5

劉辰翁《莊子南華眞經點校》研究

作　者　張晏菁
主　編　潘美月　杜潔祥
總 編 輯　杜潔祥
副總編輯　楊嘉樂
編　輯　許郁翎、王筑　美術編輯　陳逸婷
出　版　花木蘭文化事業有限公司
發 行 人　高小娟
聯絡地址　235 新北市中和區中安街七二號十三樓
　　　　　電話：02-2923-1455／傳眞：02-2923-1452
網　址　http://www.huamulan.tw 信箱 hml 810518@gmail.com
印　刷　普羅文化出版廣告事業
初　版　2018 年 3 月
全書字數　143636 字
定　價　二六編 25 冊（精裝）新台幣 48,000 元

劉辰翁《莊子南華眞經點校》研究

張晏菁　著

作者簡介

　　張晏菁，臺灣高雄人。東吳大學中國文學系碩士，中正大學中國文學系博士。

　　現任嘉義大學中文系兼任助理教授，研究領域跨界文學與思想，研究專長為老莊思想、佛教文學、女性文學。碩博士學位論文：《劉辰翁「莊子南華真經點校」研究》（2008），《越界與歸趣：才女呂碧城（1883～1943）的後期書寫》（2016）。撰有〈評點文學〉、〈白居易「賣炭翁」〉，刊於《人間福報》雙溪學衡專欄；學術論文數篇，刊於各大學報；輯錄〈題畫文學知見續錄（2000～2010）〉，注釋《中國歷代才媛詩選》。

提　　要

　　《莊子》一書蘊含思想、哲理與文學，歷經時光洪流而風行不已，從而成就莊子學研究之盛。自郭象注《莊》後，學者以老、莊思想為宗而黜《六經》，至兩宋理學盛行，宋學以恢復先秦儒家為口號，伴隨佛道思想的交互影響，故宋代注《莊》者皆有儒、釋、道三教會通的思想呈現。

　　劉辰翁（1232～1297）為宋末元初人，中年遭逢國祚鼎革，入元後隱逸終老，致力於評點書籍，其所評遍及四部。隱逸期間，劉辰翁熱衷與佛道中人往來，詩文頻見化用佛道義理，鎔鑄《莊子》文句於其中。因此，可知劉辰翁試圖在佛道境界中超脫人生桎梏，而至晚年有所融通體會，亦完成批註《老》、《列》、《莊》三子之書。

　　劉辰翁撰《莊子南華真經點校》，是以「評點」形式成書；評點的特色在於富含文學興味，重直觀的即興發揮，評語簡短精煉且切中要旨。由於劉辰翁受三教合流思潮影響，在儒、釋、道交涉下的莊學視域，是以儒家立場為本位，取資儒典、兼引佛義評莊。在「以儒評莊」的部分，能見其會通儒道之用心；在「以佛評莊」的部分，則由行修法門、證道境界、般若空觀解莊。

　　劉辰翁在莊子學的最大貢獻，即是確立「以文評莊」的開始，其發揮《莊子》之文義脈絡及章法要義，以文學的視角評莊文，開展明、清注莊者「以文評莊」之風，具備承先啟後之關鍵地位。

目
次

第一章 緒 論

第一節 研究動機

　　《莊子》一書蘊含思想、哲理與文學，變幻無定的文字，萬物兼具的達觀，其理不竭的創造力，處處都顯示著文氣的充沛和豐盛的靈感，任憑時運交替，歷經時光洪流，皆不能掩其風采，遂令後世學者爭相「追風以入麗」，冀能「沿波而得奇」，因而造成莊學研究之風盛行。歷來注莊者，藉由與莊子的心靈對話，召喚出自己深沉的痛楚，對應所屬時代環境、個人際遇、學術根柢，或宗教或生活體驗來詮釋莊子，使注解的意義成為另一層「洞見」〔註1〕的創造。

　　自郭象注莊後，莊學之盛已凌駕經學，至兩宋仍風行不輟。宋代莊學研究受到儒、釋、道三家合流的思潮影響，開啓與傳統不同之新面貌，注家以音韻，文學，援儒典、佛義入莊諸方面來探討《莊子》之內蘊，使得莊子學呈現多面向的成果。本文探討之《莊子南華眞經點校》（以下簡稱《莊子點校》），爲宋末元初劉辰翁（1232～1297）所撰，辰翁號須溪，「平生躭嗜文史，淵博涵深，爲文祖先秦戰國莊老等，言率奇逸，自成一家。」〔註2〕劉辰翁頗具文名，且評點書籍極眾，範圍遍及經、史、子、集四部，堪稱是一位「閱

〔註 1〕 龍協濤：《讀者反應理論》（台北：揚智文化公司，1997 年 3 月），頁 7。

〔註 2〕 〔清〕平觀瀾等修：《江西省廬陵縣志》（台北：成文出版社，1989 年 3 月，據清乾隆四十六年刊本影印），第 6 冊，卷 32，頁 2258。

讀專家」〔註3〕；又一創舉在於眞正擺落以科舉爲目的，專以詩文評點成書之第一人；運用深厚的文學底蘊，以文學視角評點《莊子》，以文學觀點重讀哲學，一方面評論思想，一方面批點文學，悠遊穿梭於其間。

　　劉辰翁採《莊子鬳齋口義》作爲底本，該書作者林希逸主張「識文字血脈，知禪宗解數」，提出莊書「大綱領、大宗旨未嘗與聖人異也」〔註4〕，能見林氏評莊內容含括儒釋道三家思想，並開啓以文學評莊的先聲。劉辰翁撰《莊子點校》承續其後，以儒家立場爲主軸，援引《論語》、《孟子》、《詩經》、《左傳》、《中庸》等儒典評莊，兼採禪宗教義、般若空觀與莊文互證，其中最受學者肯定，即是確立「以文評莊」的開始。「以文評莊」是以文學角度爲出發點，不但在文句評點、文章脈絡、文意主旨、修辭風格上皆有說明，更進一步綜合評點與文理，加上文句注疏，以疏通《莊子》全文。換言之，註家以一家之言爲主，餘者爲輔，目的在求《莊子》文本、章法、結構、字句、修辭、風格全盤之說明。龔鵬程教授曾云：

> 以文士看莊周，以文章求莊子書，如宋林希逸《莊子口義》、劉辰翁《莊子評點》、明孫應鼇《莊義要刪》、歸有光《道德南華評注》、孫鑛《莊子南華眞經評》、譚元春《莊子南華眞經評》、林雲銘《莊子因》、吳世尚《莊子解》……等，都屬這一系統。〔註5〕

「以文士看莊周，以文章求莊子書」，即是由文學視角切入莊學的重要特色。此派學者，或以評點圈批，或加諸解釋，如劉辰翁、歸有光、鍾惺等文人，均評點過許多詩文，其共同點爲文學素養豐厚，且用以解莊，更能解讀莊子行文之妙。

　　歷來研究《莊子》多以義理爲主，對於以文學治莊的評價不高，就如學術指標《四庫全書總目》，常以「兔園冊氣」稱以文注莊者，介紹魏晉至明代的莊子注，僅論及郭象《莊子注》、宋王雱《南華眞經新傳》、林希逸《莊子鬳齋口義》、褚伯秀《南華眞經義海纂微》、明焦竑《莊子翼》，且對於以詞章

〔註3〕 楊玉成稱劉辰翁爲「閱讀專家」，實爲肯見，然稱「須溪評點除經部外，幾乎遍及四部」的說法有誤。此因劉辰翁評點過經部易類的《古三墳》與禮類的《大戴禮記》，故其評點遍及四部。見其〈劉辰翁：閱讀專家〉，彰化師範大學國文系《國文學誌》第3期（1999年6月），頁200。

〔註4〕 〔宋〕林希逸著，周啓成校注：《莊子鬳齋口義校注》（北京：中華書局，1997年3月），〈發題〉，頁1～2。

〔註5〕 龔鵬程：《文學批評的視野》（台北：大安出版社，1998年4月），頁396。

注莊之作，皆予以貶抑的評驚，故以作文之法治莊的注疏，多闇隱不彰。「莊生弘才命世，辭趣華深」〔註6〕，於〈天下篇〉曰：「寓言十九，重言十七，卮言日出」〔註7〕，又曰：「以謬悠之說，荒唐之言，無端崖之辭，時恣縱而不儻」〔註8〕，莊子用其三言運斤成風，呈現瑰瑋閎肆的文學風格，被後世作家運用在小說、戲劇、詩詞等各種文類上，影響中國文學極鉅。因此，透過以文評莊的注疏，對莊子的文學與價值更有另一番殊見，亦開啟治莊的新途徑，應予以正面之評價。

劉辰翁撰《莊子南華眞經點校》，全面以評點爲主，確立以文評莊的開始，開啟明清「以文評莊」之風，具有承先啟後之關鍵。此外，《莊子點校》含蘊儒理，詮以禪門之說，對莊子義理亦有發揮，相當值得深入探討，故以此做一全面性的研究，期能使劉辰翁對《莊子》闡釋的輪廓清晰，以彰顯《莊子點校》在宋代莊子注疏的定位與價值。

第二節 文獻回顧

本文所撰寫分析的對象涉及「劉辰翁」與「莊子點校」兩部分。第一，關於劉辰翁的生平並未載於《宋史》，而事蹟散見於方志、史料與後人撰著，內容此詳彼略，大同小異，較詳盡者爲《廬陵縣志》、《吉安府志》、萬斯同《宋季忠義錄》、劉宗彬編〈劉辰翁年譜〉、以及劉將孫《養吾齋集》。從近人段大林所編纂之《劉辰翁集》，保存劉氏的詩、詞、文，是現存最完備之本，亦可從中瞭解劉辰翁的文學觀與思想。另有考辨其生卒年、交游、以及托跡方外之單篇論文，如周文康〈劉辰翁生卒年考辨〉、蕭慶傳〈《須溪詞》人物交游初考〉、李璞〈劉辰翁三年飄流行跡補考〉等篇。〔註9〕

由於劉辰翁在中國文學史上是以詞名家，又爲宋末元初之遺民，故涉及其遺民詞的單篇論文不計其數，在此不一一列舉。在學位論文之中，專就《須

〔註6〕 〔唐〕陸德明：〈經典釋文序錄〉，收錄於郭慶藩：《莊子集釋》（北京：中華書局，1997年10月），第1冊，頁4。

〔註7〕 〔清〕郭慶藩：《莊子集釋》，第4冊，〈寓言〉，頁947～949。

〔註8〕 同前註，〈天下〉，頁1098。

〔註9〕 周文康：〈劉辰翁生卒年考辨〉，《貴州教育學院學報》第3期（1995年），頁59～63。蕭慶傳：〈《須溪詞》人物交游初考〉，《贛南師範學院學報》第1期（2002年2月），頁91～95。李璞：〈劉辰翁三年飄流行跡補考〉，《中國韻文學刊》第2期（1999年），頁88～90。

溪詞》探析者有——黃孝光《南宋遺民詞人劉辰翁之研究》、林淑貞《劉辰翁
遺民詞研究》、陳瑜《須溪詞文化心理解讀》、朱慧玲《論須溪詞》、顧寶林《須
溪詞遺民心態研究》。〔註10〕前述對於劉辰翁的詞作風格皆有精闢的見解，其
中顧寶林之作有溯源劉辰翁的遺民心態及佛道思想。其次，劉辰翁評點之書
籍遍及四部，故分析其詩文的單篇頗多，尤其是針對詩歌評點、小說評點的
點評用語及影響立論，如有周興陸〈劉辰翁詩歌評點的理論與實踐〉、湯江浩
〈論劉辰翁評點荊公詩之理論意蘊〉、曹辛華〈論劉辰翁的小說評點修辭思想
——以《世說新語》評點爲例〉等。〔註11〕再者，評點屬於文學批評的範圍，
研究者有中村加代子《劉辰翁文學批評研究》、蔡娉婷《劉辰翁評杜研究》、
賴靜玫《劉辰翁詩歌評點析論——以唐代詩歌爲研究中心》，亦有從記文中探
析劉辰翁的隱逸態度的論文，即黃瑋琪《元代文人的隱逸態度——以建物命
名記爲考察對象兼談其文學》。〔註12〕

　　第二，完整且全面介紹劉辰翁《莊子點校》的相關論著，僅有簡光明〈劉
辰翁《南華眞經點校》綜論〉，另於其《宋代莊學研究》中探析劉辰翁注莊的
內容，與此單篇論文大致相同；該篇文章對於讀者理解《莊子點校》的基本
架構與思想，有極佳的助益。〔註13〕針對劉辰翁之「以文評莊」，撰者有錢奕

〔註10〕黃孝光：《南宋遺民詞人劉辰翁之研究》（台北：龍田出版社，1981 年 4 月），
　　　　林淑貞：《劉辰翁遺民詞研究》（台北：台灣師範大學國文研究所碩士論文，
　　　　2002 年 1 月），陳瑜：《須溪詞文化心理解讀》（福州：福建師範大學文學碩士
　　　　論文，2005 年 5 月），朱慧玲：《論須溪詞》（西安：陝西師範大學碩士論文，
　　　　2004 年 4 月），顧寶林：《須溪詞遺民心態研究》（桂林：廣西師範大學中文系
　　　　碩士論文，2005 年 4 月）。
〔註11〕周興陸：〈劉辰翁詩歌評點的理論與實踐〉，《華中師範大學學報》第 2 期（1996
　　　　年），頁 110～113。湯江浩：〈論劉辰翁評點荊公詩之理論意蘊〉，《華中科技
　　　　大學學報》第 1 期（2003 年），頁 98～102。曹辛華：〈論劉辰翁的小說評點
　　　　修辭思想——以《世說新語》評點爲例〉，《山東師範大學學報》第 49 卷第 2
　　　　期（2004 年），頁 64～69。
〔註12〕中村加代子：《劉辰翁文學批評研究》（台北：台灣大學中文研究所碩士論文，
　　　　1983 年 6 月），蔡娉婷：《劉辰翁評杜研究》（桃園：中央大學中文研究所碩士
　　　　論文，1995 年 6 月），賴靜玫：《劉辰翁詩歌評點析論——以唐代詩歌爲研究
　　　　中心》（台北：淡江大學中文研究所碩士論文，2003 年 6 月），羅麗純：《元草
　　　　堂詩餘研究》（台南：成功大學中文研究所進修碩士論文，2006 年 6 月），黃
　　　　瑋琪：《元代文人的隱逸態度——以建物命名記爲考察對象兼談其文學》（台
　　　　北：台灣師範大學國文研究所進修碩士論文，2005 年 6 月）。
〔註13〕簡光明：〈劉辰翁《南華眞經點校》綜論〉，《國立編譯館館刊》第 28 卷第 2
　　　　期（1999 年 12 月），頁 129～157。另見其《宋代莊學研究》（台北：台灣師

華《林雲銘《莊子因》「以文解莊」研究》與周群華《莊子散文評點研究》，論及劉辰翁的篇幅不長而言簡意賅。〔註14〕

其他相關的論著，其一，對於《莊子》詮釋向度立論者：孫紅《莊子闡釋之研究》、張愛民《宋代莊子的闡釋與接受》。〔註15〕前者探析郭象、成玄英、林希逸、俞樾、章太炎對《莊子》的詮釋，並綜論詮釋之法；後者則針對宋代儒、釋、道三教合流的背景，泛論各家對《莊子》的看法，個別注家僅提及林希逸與陳景元。針對歷代莊子注「專人專書」的撰寫有：簡光明《林希逸莊子口義研究》、呂文英《成玄英莊學研究》、施錫美《焦竑莊子翼研究》、錢奕華《宣穎南華經解之研究》、林文彬《王船山莊子解研究》、鄭柏彰《錢穆先生《莊子纂箋》及其莊子學研究》。〔註16〕循各家的分析研究，對於宋至近代的莊子學脈絡，與個別注家的特色、價值與侷限，能有一基礎的認識。

其二，在「以文評莊」的範圍，有蔡宗陽《莊子之文學》、王中文《莊子思想轉化爲文學理論之研究》、李波《清代莊子散文評點研究》。〔註17〕前所列論文，對於莊子的文學理論有較爲深入的剖析。

其三，「以儒評莊」的範圍，有李素娓《方以智《藥地炮莊》中的儒道思

範大學國文研究所博士論文，1997年4月），頁203～243。

〔註14〕錢奕華：《林雲銘《莊子因》「以文解莊」研究》（高雄：高雄師範大學國文研究所博士論文，2004年6月），頁42～48。周群華：《莊子散文評點研究》（上海：華東師範大學中國語言文學系博士論文，2006年5月），頁37～46。

〔註15〕張愛民：《宋代莊子的闡釋與接受》（臨汾：山西師範大學古典文學碩士論文，2004年4月），孫紅：《莊子闡釋之研究》（北京：中國社會科學院研究生博士論文，2002年5月）。

〔註16〕簡光明：《林希逸莊子口義研究》（台中：逢甲大學中文研究所碩士論文，1991年1月），呂文英：《成玄英莊學研究》（桃園：中央大學中文研究所碩士論文，2001年6月），施錫美：《焦竑莊子翼研究》，收錄於潘美月，杜潔祥主編《古典文獻研究輯刊三編》（永和：花木蘭文化出版，2006年9月）第19冊，錢奕華：《宣穎南華經解之研究》（高雄：高雄師範大學國文研究所碩士論文，1999年6月），林文彬：《王船山莊子解研究》（台北：台灣師範大學國文研究所碩士論文，1986年5月），鄭柏彰：《錢穆先生《莊子纂箋》及其莊子學研究》，收錄於潘美月，杜潔祥主編《古典文獻研究輯刊三編》（永和：花木蘭文化出版，2006年9月）第20冊。

〔註17〕蔡宗陽：《莊子之文學》（台北：文史哲出版社，1983年9月），王中文：《莊子思想轉化爲文學理論之研究》（台北：東吳大學中文研究所碩士論文，1992年6月），李波：《清代莊子散文評點研究》（上海：華東師範大學中國語言文學系博士論文，2007年4月）。

想研究》、陳琪薇《清代學者「以儒解莊」之研究》、黃申如《晚明諸子學的復興——以道家的儒學化爲例》、余姒倩《宣穎《南華經解》儒、道性格蠡測——以道爲核心展開》、董立民《程大昌儒道會通思想研究——以《易老通言》爲中心之考察》、蕭安佐《宋代「逍遙義」的開展》。〔註18〕前所列著作，主要針對會通儒道所撰寫，而蕭安佐所作，則是以宋代學者如何詮釋〈逍遙遊〉爲主軸。

其四，「以佛評莊」的範圍，有陳運星《儒道佛三教調合論之研究——以憨山德清的會通思想爲例》、張玲芳《釋德清以佛解老莊思想之研究》、許中頤《釋憨山觀老莊影響論的義理研究》、李懿純《憨山德清註莊之研究》、蔡金昌《憨山德清三教會通思想研究》、龔玫瑾《袁中道《導莊》「以佛解莊」思想之研究》。〔註19〕可以見明代憨山大師的思想受到學者研究頗多，主要針對三教會通思想或佛道會通的主題撰寫。

綜合上述，可以見關於《莊子點校》的資料研究篇什極少，故筆者主要由莊子的文學、思想，以及《莊子點校》的文本入手，並從相關資料中組織劉辰翁之以儒、以佛、以文評莊的架構。關於研究方法與步驟，茲由下節說明之。

〔註18〕李素娓：《方以智《藥地炮莊》中的儒道思想研究》（台北：台灣大學中文研究所碩士論文，1978年6月），陳琪薇：《清代學者「以儒解莊」之研究》（南投：暨南國際大學中語系研究所碩士論文，2001年6月），黃申如：《晚明諸子學的復興——以道家的儒學化爲例》（新竹：清華大學歷史研究所碩士論文，2000年6月），余姒倩：《宣穎《南華經解》儒、道性格蠡測——以道爲核心展開》（桃園：中央大學中文研究所碩士論文，2002年6月），董立民：《程大昌儒道會通思想研究——以《易老通言》爲中心之考察》（台北：東吳大學中文研究所碩士論文，2005年1月），蕭安佐：《宋代「逍遙義」的開展》（屏東：屏東教育大學中語系研究所碩士論文，2007年7月）。

〔註19〕陳運星：《儒道佛三教調合論之研究——以憨山德清的會通思想爲例》（桃園：中央大學哲學研究所碩士論文，1991年6月），張玲芳：《釋德清以佛解老莊思想之研究》（國立中興大學中文研究所碩士論文，1999年6月），許中頤：《釋憨山觀老莊影響論的義理研究》（台北：華梵大學東方人文研究所碩士論文，2001年6月），李懿純：《憨山德清註莊之研究》（台北：淡江大學中文研究所碩士論文，2003年6月），蔡金昌：《憨山德清三教會通思想研究》（台中：逢甲大學中文研究所碩士論文，2005年1月），龔玫瑾：《袁中道《導莊》「以佛解莊」思想之研究》（屏東：屏東教育大學中語系研究所碩士論文，2007年4月）。

第三節　研究方法

　　立定碩論題目之後，即針對「劉辰翁」、「莊子」、「宋代莊子注」三部分，查詢可參考的相關單篇論文、學位論文與專書。其次，揀擇主要及次要範圍，依序蒐集所需的資料。再則撰寫大綱，建立基本架構。完備這些前置作業之後，開始著手研究工作，茲約略說明如下：

一、擇一善本，句讀標點

　　《莊子點校》並無句讀標點，內文有《莊子》原文及劉辰翁點校二部分，筆者須擇一精校本句讀莊文，郭慶藩《莊子集釋》、馬敘倫《莊子義證》、王先謙《莊子集解》皆為極佳的版本，最後則選定以郭慶藩《莊子集釋》為底本，作為莊文句讀之對照。關於《莊子點校》之版本，採用嚴靈峯編纂《無求備齋莊子集成續編》第一冊所收錄《莊子南華真經點校》〔註20〕，此為現存最完備之本，而劉辰翁所點校的內容，則依循《莊子》原文閱讀之後，判讀評點內文而後圈點。

二、原典細讀，融通理解

　　《莊子》的謬悠荒唐之言，需從原典仔細閱讀始能略通其旨趣。其次，則透過相關研究資料，累積莊學知識。至於劉辰翁評莊的內容，不細閱原文別無他法，經由無數次的細讀後，才能融會貫通進而探求其理。

三、批郤導窾，組織詮釋

　　閱讀而後求其脈絡文理，如〈養生主〉的庖丁，「依乎天理，批大郤、導大窾」。首先於莊書及《點校》中釐清莊子的文意、思想，並加以記錄歸納。其次則檢視所蒐集之資料，分門別類運用於各章節之中，在行文中得以調整章節內容，並增尋研究分析所須用到的資料，以求論文之完備。

　　綜合梳理所有的資料後，分章進行撰寫論文的內容，本文擬分為六章闡述，大綱章節安排如下：

　　第一章〈緒論〉，首先提出問題意識，說明研究動機與目的。其次，回顧前人研究概況，舉證相關著作加以說明。最後，略述研究方法與章節安排。

〔註20〕劉辰翁：《莊子南華真經點校》，收錄於嚴靈峯編：《無求備齋莊子集成續編》（台北：藝文印書館，1974年12月），第1冊。

　　第二章〈劉辰翁之生平及其著述〉，敘述劉辰翁所處的政治環境、學術風氣，彰顯其時代氛圍；從家學、師承說明劉辰翁性格的養成，並論及涵養處事對其仕宦、交游之影響。其次劃分「著述」與「評點」兩部分，介紹劉辰翁的論著，以明其學養之豐贍。歷來介紹劉辰翁之生平，多止於宋亡之前，對其隱逸生涯鮮少著墨，故本文加以分析其遺民情懷與轉化之跡。

　　第三章〈劉辰翁對《莊子》之詮解〉，首先說明《莊子點校》之撰述經過，其中包含版本流傳與體例歸納，亦論述劉辰翁的評點對中國文學的貢獻。其次，則做一總提論述，說明劉辰翁對莊子義理的發揮，及注解、辨偽、評其他注家等特色。綜合分析後，可將劉辰翁對於莊書之理解歸納為「以儒評莊」、「以佛評莊」與「以文評莊」，茲由第四、第五章分論之。

　　第四章〈《莊子點校》之以儒、佛評莊〉，由於劉辰翁取資儒典、佛義的部分較之以文學評莊簡省，故合併一章敘述。整合先秦至宋代的莊學發展，以及宋儒對《莊子》的看法，探析儒、釋、道交涉下的莊學視域，並說明劉辰翁受三教合流影響所呈現的思想立論。在「以儒解莊」的部分，說明劉辰翁調和儒道的主軸，探討其所援引的儒典，及其引用方式、特色與缺失。在「援佛入莊」的內容，首先論述劉辰翁上承朱子，並加以發揮的佛學思想；其次在實際引用的部分，分別由「行修法門」、「證道境界」來說明；最後則說明劉辰翁以「般若空觀」解莊，並綜論援佛入莊的特色與缺失。

　　第五章〈《莊子點校》之以文評莊〉，說明劉辰翁用文學家的筆觸，所塑造的莊子人格形象，此外，從莊文的篇章佈局、章法結構，見其作文之法；由莊子所使用的修辭技巧，道出文章之妙。再由劉辰翁有書全篇要旨的篇章，個別分述其文意旨趣；最末則綜論《莊子》一書所呈現的文學風格。

　　第六章〈結論〉，整合前五章之論述，歸納並扼要說明劉辰翁筆下的莊子，及以儒評莊、以佛評莊、以文評莊的特色，最後則綜論劉辰翁評莊所呈現的莊學樣貌，何以開啓明清學者「以文評莊」之風氣。

第二章 劉辰翁之生平及其著述

第一節 時代背景

「文變染乎世情，興廢繫乎時序」〔註1〕，說明時代環境、學術風氣與創作者的密切關聯。歷代的學術風氣，多由政治力主導，因帝王貴族之愛好、提倡而風行，遂上有所好，下必甚焉。

自宋太祖開國以來，即採以文治國之策，因而助長宋代學術多元發展。然而對外於軍事長年積弱，面對遼、金等外強環伺毫無抵禦能力，以致徽、欽二宗被擄北上，遭到北宋滅亡，朝廷面臨被迫南遷的窘境。然而偏安南渡後，君臣上下偷安故態復萌，恣意享樂，流風所及形成奢靡的社會風氣，也為日後埋下亡國的種子。

劉辰翁生於南宋末年，處在君主無能且權奸亂政的年代，所幸「理學」思想盛行，不似於政治、社會方面的弊病叢生，在文化思想上，理學有如一枝獨秀大放異彩，並維繫中國文化道統命脈於不墜。當「存天理、滅人欲」的教化觀念已內化在世人心中，乃可知何以宋亡之後忠義死節人士為最多〔註2〕，且「南宋遺人，不肯屈節，不知其幾」〔註3〕之緣由。

〔註1〕 〔梁〕劉勰：《元刊本文心雕龍·時序》（上海：上海古籍出版社，1993年10月），頁196。

〔註2〕 關於宋末遺民英烈的事蹟，可參見〔清〕萬斯同：《宋季忠義錄》，收錄於張壽鏞輯：《四明叢書》（台北：國防研究院，中華大典編印會，1966年10月），第2集，第4冊。

〔註3〕 楊慎：《升庵詩話》，收錄於周維德集校：《全明詩話》（濟南：齊魯書社，2005年6月），第2冊，卷12，頁1057。

是故，從南宋末年的政治環境、學術風氣所構成的時代背景，可用來作爲探析劉辰翁評點《莊子》的首要之務。

一、政治環境

自南宋偏安一隅，君主則採求和自存的政策治國，至宋末理宗、度宗之世，國勢更爲衰頹不堪。理宗（1205～1264）在位四十年，享國久長，相當於仁宗朝，然仁宗之世，賢相相繼，而理宗自中年乃「嗜欲既多，怠於政事，權移奸臣」〔註4〕，任史彌遠、丁大全、賈似道等人作威作福，殃及百姓，君王卻置邊事而不問。〔註5〕

首先重用史彌遠（1164～1233），其於寧宗朝主與金人和議，殺害韓侂胄，立爲宰相後握有實權，趁寧宗病危之時，竟矯詔擁立理宗〔註6〕，因而受到理宗全然支持與信任，將政事全權託付之。理宗臨朝淵默而無爲，甚至在史彌遠乞歸田里時，還下詔不允〔註7〕，其昏庸無能可見一斑。後又用史嵩之、丁大全等權奸，縱使有忠臣上朝諫奏，理宗始終不爲所動，在眾多寵臣之中，最爲理宗所推心置腹者，當爲賈似道。

《宋史》列賈似道於〈姦臣傳〉，歷史評價已然定論。賈似道（1213～1275）本因「會其姊入宮，有寵於理宗，爲貴妃」〔註8〕而發跡，後以藏匿和議之實而報捷，深獲理宗信任。開慶元年（1259），忽必烈率大軍圍鄂，理宗命右丞相賈似道出兵迎戰，似道逕自遣使求和，適巧元憲宗駕崩，忽必烈爲爭奪帝位而返，賈似道竟匿其納幣和議之事〔註9〕，呈奏稱鄂州圍解，理宗不明就裡，下詔讚曰：

> 吾股肱之臣，任此旬宣之寄，隱然殄敵，奮不顧身，吾民賴之而更生，王室有同於再造。〔註10〕

〔註4〕〔元〕脫脫等：《宋史‧理宗本紀》（北京：中華書局，1982年11月），頁889。

〔註5〕理宗親小人而遠賢臣，甚而有「門客朝稱功頌德，說太平，誇咸淳爲元祐，尊似道曰『周公』，諛言溢耳，不復加意邊事。」〔元〕不著撰人：《宋季三朝政要》（台北：文海出版社，1981年6月），卷4，頁166。

〔註6〕〔元〕脫脫等：《宋史‧理宗本紀》，頁781。

〔註7〕〔元〕脫脫等：《宋史‧理宗本紀》，頁790。

〔註8〕〔元〕脫脫等：《宋史‧賈似道傳》，頁13780。

〔註9〕〔清〕畢沅：《續資治通鑑》（台北：洪葉出版社，1981年5月），第6冊，卷176，頁4794。

〔註10〕〔清〕畢沅：《續資治通鑑》，第6冊，卷176，頁4797。

旋即論功行賞，策封賈似道為「肅國公」。〔註11〕理宗朝間，又爆發「公田」事件，源於賈似道執意實行公田，造成諸多不便，招致民怨四起，群臣交章言星變災異，乞罷公田。賈似道聞言則用辭位以要脅，理宗懼故為之偏坦。〔註12〕如此昏瞶不明的君主，也注定步上亡國之途。

　　理宗駕崩後由度宗繼任，度宗（1240～1274）之昏庸，較理宗有過之而無不及。度宗在位十年，上任之初即「耽于酒色，賈似道以策立功制國命，上拱手而已。」〔註13〕時臨蒙古為患，經常出兵入侵中原，度宗即位不久，元軍猛攻襄陽，明知外臨強敵，度宗仍對邊事置之不理，經過三年的圍困，有日心血來潮問及賈似道：

　　　　「襄陽之圍三年矣，奈何？」對曰：「北兵已退去，陛下得臣下何人
　　　　之言？」上曰：「適有女嬪言之。」似道詰問其人，誣以他事賜死，
　　　　自是邊事無人敢對上言者。〔註14〕

賈似道密而不報，謊稱宋軍已取勝，度宗全然不疑，對賈氏更加禮遇。偶有臨朝，「度宗又其所立，每朝必答拜，稱之曰『師臣』而不名，朝臣皆稱為『周公』」；退朝時「帝必起避席，目送之出殿廷始坐，繼又令十日一入朝。」〔註15〕賈似道深諳皇帝無能，益加恃寵而驕，動輒以「去位」要挾度宗，令度宗深感畏懼，卻也無可奈何。故史書評：「度宗繼統，雖無大失德，而拱手權奸，衰敝寖甚」〔註16〕，昏君、奸臣以亂政，更加速危亡之日。

　　景炎元年（1276）正月，宋恭帝、謝太后被元軍所俘虜，文天祥南北奔走，尊奉帝昰、帝昺，並舉義兵抗元，南宋國勢已危如累卵，越明年，端宗趙昰以驚悸驟死，趙昺即位。祥興二年（1279）春，宋、元二軍在厓山海上大戰，最後陸秀夫背負帝昺在厓山蹈海，宋朝三百多年的國祚，正式劃下句點。〔註17〕劉辰翁身處宋、元之際，歷經宋王朝覆亡，深切感受金甌破碎的悲痛，嘗曰：

〔註11〕　〔元〕脫脫等：《宋史・理宗本紀》，頁867～869。
〔註12〕　〔元〕不著撰人：《宋季三朝政要》，卷4，頁134～139。
〔註13〕　〔元〕不著撰人：《宋季三朝政要》，卷4，頁172～173。
〔註14〕　〔元〕不著撰人：《宋季三朝政要》，卷4，頁164。
〔註15〕　〔元〕脫脫等：《宋史・賈似道傳》，頁13783～13784。另，《宋季三朝政要》
　　　　　亦稱賈氏：「一月三赴經筵，三日一朝，赴中書堂治事」，可見其權勢之跋扈。
　　　　　（卷4，頁157）
〔註16〕　〔元〕脫脫等：《宋史・理宗本紀》，頁918～919。
〔註17〕　〔元〕脫脫等：《宋史・瀛國公本紀》，頁942～946。

南渡百年，姦臣擅者五六久矣。夫福威之不惟辟，姑爲君宗衰而言之，毀金縢，被霜露，閒居閒問之黨遍天下。〔註18〕

所言甚是，而推究主因，仍是君王委國授任權奸，恬不知怍，終致宋朝的淪亡。

二、學術風氣

中國學術風氣歷來是以儒學爲主流，發展至兩宋，「理學」或稱「宋學」，已然成爲學術的總稱，理學的發展亦主導宋、元、明三代的學術思潮。

理學，《宋史》名曰：「道學」，然宋明學者本身，多總括其學曰「性理之學」，清儒往往稱之爲「宋學」，近代學者則多以「新儒學」之名總稱宋明之學。〔註19〕宋明理學的思想理路，是由《中庸》、《易傳》論天道、誠體，次回歸於《論語》、《孟子》講仁與心性，最後落於《大學》談格物窮理。理學的基本命題爲「存天理、滅人欲」，因此，理學探討的是性與天道的問題，即是將天人關係集中到「天理」與「人性」上作爲討論的核心，蓋宋明儒所論述即「性理之學」，或可稱「心性之學」。於人性，其講學之重點「落在道德的本心與道德實踐所以可能之先天根據上」〔註20〕；於天理，則爲萬事萬物的生成之理，即爲宇宙間最根本的原理與原則，如二程所曰：「萬物皆只是一箇天理」〔註21〕，朱子亦云：「未有天地之先，畢竟也只是理。」〔註22〕綜言之，宋儒著重經典的核心思想，欲求其惟精惟一之妙，故反對漢儒重章句、偏訓詁的學風，而以闡義理、兼談性命爲首要之務。

理學得以在宋代興起，有其特定的歷史背景，加上主客觀條件的配合應運而生。客觀的條件，即「外在因素」，主要有政策之考量、書院講學之風及印刷技術之進步。宋太祖趙匡胤自陳橋兵變確立政權後，擔憂武將叛變，因

〔註18〕〔宋〕劉辰翁：〈汲古堂記〉，段大林校點：《劉辰翁集》（南昌：江西人民出版社，1987 年 8 月）卷 3，頁 90。<u>下文所引，均標注篇名、卷數及頁數，不再加註集名。</u>

〔註19〕林啓彥：《中國學術思想史》（台北：書林出版有限公司，1998 年 9 月），頁183。

〔註20〕牟宗三：《心體與性體》（台北：正中書局，1968 年 5 月），第 1 冊，頁 4。

〔註21〕〔宋〕程顥，程頤：《二程集》（台北：漢京文化圖書公司，1983 年 9 月），卷 2 上，頁 30。

〔註22〕〔宋〕朱熹：《朱子全書‧朱子語類》（上海：上海古籍出版社，2002 年 12 月），卷 1，頁 114。

而「首用文吏而奪武臣之權，宋之尚文，端本乎此。」〔註23〕在「偃武修文」的政策影響下，「時君汲汲於道藝，輔治之臣莫不以經術為先務，學士搢紳先生，談道德性命之學，不絕于口。」〔註24〕如北宋初年的太宗、眞宗在即位之前，已有好學之名；至南宋末的理宗，雖在政事上毫無建樹，但偏好理學，故廟號曰「理」，史評曰：「後世有以理學復古帝王之治者，考論匡直輔翼之功，實自帝始焉。」〔註25〕因此，上行下效，帶動了學術風氣的蓬勃發展。再者為宋代書院林立，私人講學之風盛行。書院是思想教育傳承的重要媒介，目的在培養科舉之人才。宋儒喜好採取民間講學的方式，據傳二程子曾在河南「嵩陽書院」講學，其門人楊龜山也曾講學於無錫的「東林書院」。至南宋，書院講學益發興盛，講學之場所，或稱書院，或稱精舍、講堂，甚至有借用佛寺道觀進行論學。此種講學的形式極為自由，不受限制，其中朱子的影響，特為深遠。譬如宋代的四大書院：「白鹿洞書院」、「嶽麓書院」、「石鼓書院」、「睢陽書院」，前二者經過朱熹修建，因而特別著名。〔註26〕書院教育的功能主要為傳授學問知識，附帶將忠義廉節等道德信念，深刻烙印在學子的腦海中，一併達到傳承的目的。在教學中所需的書籍，由於隋唐以前的書寫工具不發達，多為寫本；隋唐之後，才有鈔本產生。自唐代的雕版技術和宋代的活字印刷術發明之後，印刷技術的提升，也為廣大學子帶來福利，方便取得典籍就讀，不再受到經師、家法的約束，相對地提升學識素養，於文化普及有相當大的助益。

因此，理學興起的「主要因素」，即是學術思想的多元發展，其呈現出的樣貌，茲略述如下：

（一）疑經、改經之風

宗經、尊聖、明道、師古，為傳統士人習業之方式。「經」代表永恆不變之眞理，「五經」成為儒家的聖典及圭臬。「經學」即是注經、解經之學，其產生的源頭，以皮錫瑞之說法，當為「斷自孔子刪定六經之時」〔註27〕，其以為孔子在文獻中滲入了微言大義，從而形成了經學。經學形成之後，在戰

〔註23〕〔元〕脫脫等：《宋史·文苑傳·序言》，頁12997。
〔註24〕〔元〕脫脫等：《宋史·藝文志》，頁5031。
〔註25〕〔元〕脫脫等：《宋史·理宗本紀》，頁889。
〔註26〕蔡仁厚：《新儒家與新世紀》（台北：臺灣學生書局，2005年5月），頁280。
〔註27〕〔清〕皮錫瑞著，周予同注釋：《經學歷史》（台北：文海出版社，1985年9月），頁1。

國時期已出現經史之別。經學以孔子刪削的《五經》爲底本，其學重在講求微言大義；而史學是以未經刪削的上古三代文獻爲底本，其學重史實之考求。〔註28〕經學發展至兩漢，則有今古文之分。自武帝聽從董仲舒「罷黜百家獨尊儒術」之後，儒家思想主導了學術思潮，治經風氣極熾。至東漢末，鄭玄遍注群經，儒者改以注疏方式治經，重詞章考據及文字訓詁，而該期的經學，已滲入讖緯的思想。魏晉南北朝時期，經學轉而多元化。南方在玄學的影響下出現了玄化的趨勢，即以《老》、《莊》解經，善談名理；北方則篤守漢學，學風樸質。發展至隋唐，南北學派趨於統一。〔註29〕唐太宗詔令孔穎達撰《五經正義》，以漢學爲主的經學，重新獲得官方認可，爲開科取仕者所必修。唐人所制定之「注不駁經，疏不駁注，不取異義，專宗一家」，也成爲儒者治經必恪守之教條。

宋學繼中唐疑古惑經之風興起，宋儒建構有別以往的理論體系，脫離漢唐注疏之學。宋人以爲治經過度重視訓詁、考據，思辯之途漸塞，於微言大義則不見。另一方面，承隋唐義疏之後，諸儒如欲追隨，已無發揮空間，於是紛紛自闢途徑，「學者解經，互出新意。視注疏如土苴。所謂宋學者，蓋已見其端矣。」〔註30〕宋代經學研究轉向，義理之學的學風盛行，理學家尤其倡導以義理解經，如二程曰：「聖人作經，本欲明道。今人若不先明義理，不可治經。」〔註31〕故此期的經學與理學，互爲表裡。宋儒疑經的風氣，散見於各家的著作之中，南宋王應麟《困學紀聞》稱：

> 自漢儒至於慶曆間，談經者守訓故而不鑿。《七經小傳》出而稍尚新
> 奇矣。至《三經新義》行，視漢儒之學若土梗。〔註32〕

《七經小傳》爲劉敞所作，《三經新義》爲王安石所作。上文說明慶曆之前之治經，仍墨守漢儒故訓，至宋仁宗慶曆年間，劉敞和王安石已發出疑古之聲。慶曆之後，王應麟引陸務觀之說曰：

> 唐及國初，學者不敢議孔安國、鄭康成，況聖人乎？自慶曆後諸儒發

〔註28〕〔清〕皮錫瑞著，周予同注釋：《經學歷史》，頁9～10。

〔註29〕經學發展至隋唐，南北經學已相互融合，而北學併入南學，故皮錫瑞曰：「經學統一之後，有南學，無北學。」見〔清〕皮錫瑞著，周予同注釋：《經學歷史》，頁194。

〔註30〕馬宗霍：《中國經學史》（上海：上海書店，1984年4月），頁111。

〔註31〕〔宋〕程顥、程頤：《二程集》，卷2上，頁13。

〔註32〕〔宋〕王應麟撰，〔清〕翁元圻注：《翁注困學記聞》（京都：中文出版社，1982年10月），〈經說·慶曆前談經守故條〉，卷8，頁512。

明經旨，非前人所及。然排《繫辭》、毀《周禮》、疑《孟子》、譏《書》
之〈胤征〉、〈顧命〉，黜《詩》之序，不難於議經，況傳注乎！〔註33〕

仁宗慶曆之後，宋儒疑經、改經之風盛行，如歐陽脩於《易童子問》中提出
〈繫辭〉、〈文言〉以下各篇，未必出自孔子之手；東坡也對《周禮》中的〈胤
征〉、〈康王之誥〉二篇橫生議論。疑《孟子》爲僞作，始於王充《論衡・刺
孟》，及宋代，李覯、司馬光、晁說之都有論及，如司馬光有《疑孟》之作。
及南宋，朱子考辨群書，辨僞糾謬，嘗作《詩集傳》和《詩序辨說》，開始對
〈毛詩序〉有所質疑，並將〈國風〉中的〈邶風・靜女〉、〈鄭風・將仲子〉、
〈衛風・木瓜〉、〈陳風・東門之枌〉等二十四首詩列爲淫詩。由此可見，宋
代的疑古精神造就了「經學變古時代」，學者治學均經過理性的思辨，擴大言
之，學術思潮影響了整個時代風氣，呈現出「宋人普遍具有自主、自斷、自
信、自豪的文化性格」〔註34〕，造就了獨立思考理性精神。

宋學擺落漢唐，獨研義理的風氣，雖有創新，仍見弊端。如王柏、吳澄
攻駁經文，動輒刪改之類，勢必有所偏頗，且此種疑古的學風，造成學派分
葉枝繁，各派紛紛驅除異己、尊己抑人，因而有門戶之爭。事實上，正確的
治學方式，應爲消融門戶之見而各取所長，「經者非他，即天下之公理而已」
〔註35〕，去除私心而公理出，公理出乃使經義明矣。

（二）儒、釋、道三家合流

三家合流，表示儒、釋、道三家人物相互往來，論學及交涉，並進一步
取資對方的精義或思維加以融合。中國學術思想發展至魏晉時，已呈玄學與
經學並進的模式。魏晉玄學在當時最主要的課題，即在「會通孔老」。〔註36〕
魏晉是弘揚道家的時代，以老莊爲標準，談玄以《周易》、《老子》、《莊子》
爲本，然老莊重視自然，儒家則重視名教，因此，自然與名教即成爲魏晉「儒
道會通」的主要議題。另則是佛教自東漢末年傳入中原後，受到中國文化交
互影響，譬如支道林、道安、慧遠等高僧，都精通《老》、《莊》，並大量援用
老莊之義理來詮解佛學，如以道家的「空」來解釋佛家的「無」，此謂之格義。

〔註33〕同前註，〈經說・慶曆後非毀先儒條〉、〈排擊疑譏諸經條〉，卷8，頁512～513。
〔註34〕王水照主編：《宋代文學通論》（高雄：復文圖書出版公司，2000年6月），頁
　　　298。
〔註35〕〔清〕永瑢等：《四庫全書總目・經部總敘》（台北：藝文印書館，2004年10
　　　月），頁62。
〔註36〕牟宗三：《中國哲學十九講》（台北：臺灣學生書局，1983年10月），頁230。

格義佛教受儒道二家的影響，而使佛學「儒家化」或「道家化」，直至鳩摩羅什東來，翻譯大量經典，其後僧肇出，佛義才獲得廓清，格義方式才逐漸被揚棄。從南北朝下及隋唐，佛教執掌中國思想界的牛耳，且佛門僧人亦普遍學習孔、孟、老、莊等諸外典，因此熟諳儒道二家義理思想。北宋儒學復興，然而佛家之「空」，仍足以與道家之「無」、儒家之「仁」鼎足而三〔註37〕，是以自魏晉而宋，儒、釋、道的融合，已趨於成熟。

在學術思想融合的過程中，出現「道家」與「道教」的問題。老莊的道家思想並非宗教，而東漢後期道教產生後，時而與道家混爲一談。道教是中國本土的宗教，「道」是爲信仰核心，修道最終極的目標在追求長生成仙。道家思想正是以「道」爲本體，以道爲創生萬物的原理原則，而道教汲取道家思想，加以抽象成爲教義，甚至在漢朝末年，老子搖身一變爲神祇，道教信眾尊奉其爲「太上老君」，老子儼然成爲道教的教主和尊神。〔註38〕除了尊「道」的核心思想外，老、莊的養生論和眞人、神人的體道過程，也爲道教提供了理論基礎。如《老子》五十九章曰：「莫知其極，可以有國。有國之母，可以長久。是謂深根、固蒂、長生、久視之道」〔註39〕，被道教徒視爲長生之法門。莊子〈大宗師〉南伯子葵問及女偊何以得道、體道之歷程：

> 南伯子葵問乎女偊曰：「子之年長矣，而色若〔孺〕子，何也？」
> 曰：「吾聞道矣。」南伯子葵曰：「道可得學邪？」
> 曰：「惡！惡可！子非其人也。夫卜梁倚有聖人之才而無聖人之道，我有聖人之道而無聖人之才。吾欲以教之，庶幾其果爲聖人乎！不然，以聖人之道告聖人之才，亦易矣。吾猶守而告之，參日而後能外天下；已外天下矣，吾又守之，七日而後能外物；已外物矣，吾又守之，九日，而後能外生；已外生矣，而後能朝徹；朝徹，而後能見獨；見獨，而後能無古今；無古今，而後能入於不死不生。殺生者不死，生生者不生。其爲物，無不將也，無不迎也；無不毀也，無不成也。其名爲攖寧。攖寧也者，攖而後成者也。」〔註40〕

〔註37〕蔡仁厚：《新儒家與新世紀》，頁225～226。
〔註38〕甘易逢著，李宇之譯：《道家與道教》（台北：光啓出版社，1989年3月），頁7～14。又，張豈之：《中國歷史的十五堂課》（台北：五南圖書公司，2006年8月），頁249～254。
〔註39〕朱謙之：《老子校釋》（土城：頂淵文化事業，2004年3月），頁242～243。
〔註40〕〔清〕郭慶藩：《莊子集釋》，第1冊，〈大宗師〉，頁251～253。

從「守之」而「外天下」、「外物」、「外生」，而後「朝徹」、「見獨」、「無古今」、「不死不生」，最後達到最終極「攖寧」之境，也成為道教信徒作為修煉養身進而得道的步驟及進程。

　　總括而言，道家與道教相去甚遠，首先，道家重視精神的養生，道教重視形軀的養身；其次，道家之「道」是形上學的意義，即西方哲學所謂的第一因；而道教之「道」則是指神道設教之意。再者，老莊思想中所論的精神境界，在道教都成為與修煉有關的神秘概念。〔註41〕老莊所提及的境界，均指破除形軀執、認知執，而達到精神超越的逍遙之境。尤其莊子，身為哲學家，亦是優秀的文學家，其稱「寓言十九，重言十七，巵言日出」，表示寓言充滿其間。關於聖人、真人、神人的描述，是為文學家的想像，並非事實的陳述，卻被道教所融攝，因此《四庫全書總目》曰：「後世神怪之跡，多附於道家……世所傳述，大抵多後附之文，非其本旨。彼教自不能別，今亦無事於區分」〔註42〕，故可知道家之原義演變至道教已相去萬里。

　　上已述及魏晉時期最主要的課題為「儒道會通」，且道家至道教興起後，已薰染了宗教的色彩。經過南北朝及隋唐的融合，至宋代理學興起後，突顯出「儒佛交涉」的問題。宋儒以「排佛闢老」為口號，以恢復先秦孔孟為依歸，然而欲排佛老，勢必全盤了解佛老之學，因此大多數的理學家都精熟釋道典籍，在著作中呈現許多佛老用語，故有宋學雜揉佛道思想的說法，而有「陽儒陰釋」之譏。事實上，從學術融合的角度來看，儒釋道合流一定是相互交涉，不會只有單方受到影響。以「儒佛交涉」而言，儒學是哲學，並非宗教，但在中國的歷史中，儒學卻具有宗教的功能，此因儒學能解決宗教所負責的問題，即「價值根源」與「人生意義」。自孟子提出性善說、四端說後，自覺心即成為價值之根源，往後儒學所論之根源價值問題，皆由此開展。至於人生意義，則在於自覺心通過經驗生命而達到最高的自由。簡言之，儒學的價值意識孕育出一種「以聖代神」的觀念，聖與神的不同在於：神與人終不直合，而聖與常人則直通。因此，內聖而外王，成為儒學主要之進路。〔註43〕反觀佛教傳入中原後，其精義已被中國人吸收消化，並創造出屬於中國大乘佛教的宗派，如本土三宗，自此在思想義理上的發展逐漸停滯。至宋代，佛

〔註41〕勞思光撰，梁美儀編：《中國文化要義新編》（香港：中文大學出版社，2002年），頁176～177。
〔註42〕〔清〕永瑢等：《四庫全書總目・子部道家類總敘》，頁2867。
〔註43〕勞思光撰，梁美儀編：《中國文化要義新編》，頁192～194。

教思想逐漸轉爲入世，也就是對於人生的一切現實的存在，有相當程度的肯定。換言之，人世間的人倫關係皆可以保存，不必捨棄，如禪宗所謂「煩惱即菩提，生死即涅槃」之說，表示人人皆有成佛的可能，此和儒學內聖外王之道有暗合之處，故如「宋初的名僧智圓及契嵩，對儒學都非常尊重。智圓自號中庸子，要折衷儒釋。契嵩盛讚儒家五經，認爲儒教和佛教可以相輔相成。」〔註44〕智圓大師曾由歷史的演進，說明佛教「爲利於上下，救弊於儒道」〔註45〕，有助於社會良善風氣之形成。契嵩禪師更是儒釋調和的重要推手，其於《鐔津文集》中辨明儒釋之一致，亦能「同歸於治」。〔註46〕

　　宋代佛教得以興盛，源自於政治力的界入，儘管三教的教義有所差異，但都具有穩定人心、鞏固王權的重要功能。兩宋皇朝，除徽宗特別崇道，對佛教有過短暫的壓制，儒、釋、道基本上和平共生，且宋代新王道立基於三教，來自於宋代真宗、孝宗等皇帝的理念。〔註47〕「太宗皇帝嘗曰：『釋氏之道，有補教化。』孝宗皇帝亦曰：『以佛修心，以老治身，以儒治世，斯可也。』」〔註48〕真宗對三教融合，亦持正面肯定，其間陳恕因不喜釋氏，曾建議廢除譯經院，辭甚激切，不料真宗卻道：「三教之興，其來已久，前代毀之者多矣，但存而不論可也。」〔註49〕此外，宋代佛教的發展，以「禪宗」與「淨土宗」最盛行，尤其是禪宗，「不立文字，直指人心」的教義，深得士大夫文人所欣賞，其中程朱理學在形成過程中也汲取了其中的養分，在知識階層的生活情

〔註44〕王邦雄等編著：《中國哲學史》（蘆洲：國立空中大學，2003 年 3 月），頁 502。
〔註45〕〔宋〕智圓：《閑居編》卷 21〈與駱偁節判書〉曰：「夫秦火六經，漢興雜霸，民澆俗漓，爭奪方熾，禮讓漸微，則仲尼之仁誼、伯陽之道德，或幾乎息矣，賴我浮屠之爲訓也。」又曰：「民有聞報應之說者，雖貪賤嗇吝之夫，亦庶乎振之周急矣。民有聞空寂之說者，雖矜功用壯之夫，亦庶乎守雌保弱矣。能周振則博濟之道行也，守雌弱則樸素之風振也，博濟行則禮讓著，樸素振則刑罰措，以斯而利於民，則仲尼、伯陽之道，不遠復矣。故曰：爲利於上下，救弊於儒道焉。」見《卍續藏》（CBETA 電子佛典 Big5 App 版，台北：中華電子佛典協會，2008 年 2 月），X56，p897b。
〔註46〕〔宋〕契嵩：《鐔津文集》卷 1〈輔教編上・原教〉曰：「儒者，聖人之治世者也。佛者，聖人之治出世者也。」又卷 8〈寂子解〉曰：「儒佛者，聖人之教也。其所出雖不同，而同歸乎治。」見《大正藏》，（CBETA 電子佛典 Big5 普及版，台北：中華電子佛典協會，2006 年 12 月），T52，p0651c、p0686b。
〔註47〕陳運寧：《中國佛教與宋明理學》（長沙：湖南人民出版社，2002 年 6 月），頁 41～43。
〔註48〕〔宋〕圓悟：《枯崖漫錄》卷下，見《卍續藏》，X87，p0043b。
〔註49〕〔宋〕脫脫等：《宋史・陳恕傳》，頁 9203。

趣中，談風機辯更大受其影響。

　　魯迅曾說：「晉以來的名流，每一個人總有三種小玩意，一是《論語》和《孝經》，二是《老子》，三是《維摩詰經》，不但採作談資，並且常常做一點註解。」〔註50〕可見三家合流的思想自魏晉後，已經與文人生活密切結合。劉辰翁生處於宋末元初，此階段儒釋道融合已趨於成熟，拜學術思想所賜，劉辰翁論學以儒家為主，兼融攝佛道意蘊，以評《莊子》為例，時而見援佛入莊，引儒解莊，可知熟習三教經典是當時知識份子的共同特徵。

第二節　生平經歷

一、生平考略

　　劉辰翁（1232～1297）〔註51〕，字會孟，號須溪，又號小耐〔註52〕，江西盧陵人（今江西吉安）。其為人也，事母至孝，耿直有風骨，然抑於時，而天下之名士多欽其亢直。劉辰翁之生平，《宋史》未錄之，其事蹟散見於方志史料及後人著作中〔註53〕，內容此詳彼略，大同小異，較詳盡者為萬斯同《宋季忠義錄》、清修《盧陵縣志》、《吉安府志》、劉宗彬編〈劉辰翁年譜〉以及

〔註50〕魯迅：《准風月談‧喫教》，收錄於《魯迅全集》（台北：唐山出版社，1989年9月），第7卷，頁129。

〔註51〕關於劉辰翁之生卒年，唐圭璋從劉辰翁自述、其子將孫之文及其友人作品中，考訂辰翁之「生年」為宋理宗紹定五年（1232），「卒年」為元成宗大德元年（1297），學者多從之。吳企明更進一步考證劉辰翁生日為「十二月二十四日」，卒日為「正月十五日」，參見吳企明：〈劉辰翁生平三題〉，收於《中國古典文學論叢》（北京：人民文學出版社，1985年8月），第2輯，頁312～314。後有學者周文康提出異議，周氏從校勘學的角度著手，分別考辨詞律、曆法、韻學之學，訂出劉辰翁之生辰當為「六月二十四日癸酉凌晨」，卒於「二月」，參見周文康：〈劉辰翁生卒年考辨〉，頁59～63。

〔註52〕〈水調歌頭〉（似似不常似）序云：「日獻洞賓公像於溪園先生，報以階庭府公耐軒壽容，曰：『是類吾子』，且三疊前〈水調〉以證之，於是某得自號為小耐矣。」見〔宋〕劉辰翁撰，吳企明校注：《須溪詞》（上海：上海古籍出版社，1998年11月），頁409。以下所引，均註明卷數和頁數，不另加註。

〔註53〕劉辰翁之生平傳記，可參見方志：《江西通志》、《江西省盧陵縣志》、《江西省吉安府志》。年譜：劉宗彬編〈劉辰翁年譜〉。史書：陸心源《宋史翼》、錢士昇《南宋書》、柯劭忞《新元史》。後人著作附傳：萬斯同《宋季忠義錄》、黃宗羲《宋元學案‧巽齋學案》、厲鶚《宋詩紀事》、唐圭璋輯《全宋詞》、顧嗣立輯《元詩選》、楊慎《升庵集》等。

劉將孫《養吾齋集》，本文所述之生平，大抵取材於此。

　　劉辰翁幼年喪父〔註54〕，與母相依爲命，婚配蕭氏，育有二子一女，長子名將孫，次子名參，女不知其名，僅知其婿名項逢晉。長子劉將孫，字尚友，濡染家學，承襲父風，以古文、詞知名於世，時人稱爲「小須」，學者尊爲「養吾先生」，著有《養吾齋集》三十二卷。〔註55〕劉辰翁幼年家貧而力學，稍長，入江萬里創辦的白鷺洲書院，從盧陵著名學者歐陽守道游，守道初見辰翁之文已「大奇之」〔註56〕，欣然得英才而教育之。守道「年踰冠，即以行誼重鄉郡舉」〔註57〕，其學繼程朱理學，重經世致用。劉辰翁受歐陽守道之習染極深，加上結交鄧剡、文天祥、聶心遠等忠義之輩〔註58〕，擁有良師益友的薰陶，俾使日後南宋滅亡時，尚存有愛國氣節，且不仕異朝的操守。

　　劉辰翁本性忼直，曾稱己「平生觸事感憤，或急欲語不自達，雖消磨至盡，終覺激至梗塞」（〈送段郁文序〉，卷6，頁199），其性格注定在仕途上必然受抑的命運。劉辰翁於寶祐六年（1258）秋舉于鄉，是時權奸丁大全、賈似道執政，故於對策言「嚴君子小人朋黨論，有司忌其涉謗，擯斥之。」〔註59〕景定元年（1260），劉辰翁至臨安補太學生，受知於國子祭酒江萬里，江氏初見劉辰翁文章，極其稱賞，日後於仕途亦多所拔擢。景定三年（1262）赴進士試，是時劉辰翁已具文名，丞相馬廷鸞、章鑑等人皆欲「爭致諸門下」。

〔註54〕〈蕭壽甫墓誌銘〉曰：「先人死，吾十歲。」（卷7，頁220）可知辰翁於十歲即失怙，元人陳櫟卻批評辰翁：「其人好怪，父喪，七年不除，以此釣名」，不知所據爲何？見〔元〕陳櫟：《勤有堂隨錄》，收入《叢書集成初編》（北京：中華書局，1985年，第372冊），頁5。

〔註55〕劉宗彬編：〈劉辰翁年譜〉，收錄於吳洪澤，尹波主編：《宋人年譜叢刊》（成都：四川大學出版社，2003年1月），頁7963～7964。又，〔明〕余之禎等纂修：《江西省吉安府志》（台北：成文出版社，1989年3月，據明萬曆十三年刊本影印），第3冊，卷18，頁1019。

〔註56〕〔清〕萬斯同：《宋季忠義錄》，卷16，頁13。

〔註57〕〔明〕余之禎等纂修：《江西省吉安府志》，第3冊，卷18，頁1014。

〔註58〕文天祥、鄧剡在史志上皆收錄入「忠節傳」。劉辰翁與鄧剡交游達四十五年之久，情感甚篤，並時常有詞作往來，現存唱酬詞有十七首，如〈點絳唇·和鄧中甫晚春〉、〈洞仙歌·壽中甫〉、〈八聲甘州·和鄧中甫中秋〉等，見〔宋〕劉辰翁撰，吳企明校注：《須溪詞》，頁33、215、305。文天祥和劉辰翁爲盧陵同鄉，少時皆在白鷺州書院求學。宋亡，文天祥慷慨就義，劉辰翁作〈古心文山贊〉、〈文心先生像贊〉以茲感懷。（卷7，頁237～238）

〔註59〕〔清〕萬斯同：《宋季忠義錄》，卷16，頁13。

當時賈似道秉國政，欲殺直臣以蔽言路，劉辰翁不畏強權，於廷對時言「濟邸無後可慟，忠良戕害可傷，風節不競可憾」〔註60〕，語意涉忤賈似道，理宗贊許而黜及賈氏，故僅置丙第。劉辰翁以親老爲托辭，請爲贛州濂溪書院山長，後多次受江萬里羅致於幕下。度宗即位，江萬里以書招劉辰翁奉母來京，受薦直史館，任臨安教授，劉辰翁曾憶及「乙丑，紹陵登基，古心在政府，余爲京教。」（〈甘定菴文集序〉，卷6，頁196）然任職時間值百六十天，隔年因萬里被罷相，辰翁亦投劾而去。劉辰翁唯一一次在中央任職，爲咸淳五年（1269）任中書省架閣，僅一個半月，丁母憂旋即返回廬陵，後賦閒於鄉。德佑元年（1275），文天祥起兵勤王，劉辰翁曾短期參與其江西幕府。同年，其恩師江萬里於故鄉赴水殉國，五月，宰相陳宜中薦舉劉辰翁除史館檢閱〔註61〕，辭未行，至十月，除博士，但道路已被元軍所阻，因此，後人多稱劉辰翁爲「太博」、「博士」、「太學博士」。十二月，元軍更以三路逼進臨安，因此劉辰翁避難于吉水虎溪。祥興二年（1279）春，宋軍在厓山戰敗，兩宋的歷史正式劃下休止符。

劉辰翁身處宋、元之際，目睹宋代王朝的淪亡，深切地感受到金甌破碎的悲痛，亡國後，曾到都昌爲謀葬已殉難四年的恩師江萬里〔註62〕。事畢，乃託跡方外，直到至元十八年（1281）才回到廬陵，自此久居於故里，從事文學創作與批點。廬陵歷來人才輩出，於兩宋時，有歐陽脩、胡銓、楊萬里、文天祥等名士，後有劉辰翁繼起。劉辰翁以詞名家，擅書法，善爲文，著有《須溪集》上百卷，詩文評點十餘種。然而現存之作品，僅爲原書的十分之一，由於劉辰翁之詩文過早散佚，因此較少爲人重視與評論。

劉辰翁於元大德元年（1297）卒，年六十六，四方學者門人皆至廬陵會葬，尊稱其爲「須溪先生」。明楊愼《升菴詩話》云：

> 余見元人張孟浩〈贈須溪詩〉云：「首陽餓夫甘一死，叩馬何曾罪辛巳。淵明頭上漉酒巾，義熙以後爲全人。」蓋宋亡之後，劉公竟不

〔註60〕 〔清〕萬斯同：《宋季忠義錄》，卷16，頁14。

〔註61〕 《四庫全書總目》：「江萬里、陳宜中薦居史館。」疑誤，德佑元年（1275）二月，江萬里已殉國。見〔清〕永瑢等：《四庫全書總目·須溪集提要》，頁3244。

〔註62〕 劉辰翁爲感懷恩師江萬里，在都昌建歸來庵，作〈歸來庵記〉，記曰：「歸來者，古心先生石山庵也。……作歌者誰？先生之門人宋玉也」，將江萬里比擬爲屈原。（卷3，頁89～90）

出仕也。噫，是與伯夷陶潛何異哉！〔註63〕

這段話可作爲劉辰翁一生行事與高風亮節的最佳寫照。

二、師承學養

《文心雕龍·物色》：「若乃山林皋壤，實文思之奧府，畧語則闕，詳說則繁。然則屈平所以能洞監《風》、《騷》之情者，抑亦江山之助乎？」〔註64〕江西盧陵山水奇秀，山環水外，水環郭外。茲邑臨四會之衝，形勝尤工且要，南揖贛江，北鍵玉峽，東西控臨川、長沙、神岡，中砥白鷺一洲，前峙螺山、後踞江流，故而水陸舟輿，上下絡繹不絕。〔註65〕不同的地域環境成就不同的人文素養，所謂地靈人傑是也，反映在學術上也是各異其趣。江西盧陵自古以來以質樸的民風著稱，士人多尙節義，如周必大、楊邦父、歐陽守道、文天祥、劉辰翁等人，皆享有忠義之名。劉將孫嘗曰：

> 東南百五十年來，盧陵文字最盛。〔註66〕

> 吾鄉詞賦見稱東南，自壬子來，貢第相望。〔註67〕

> 吾盧陵人物，名節高於富貴，文章多於爵位，科目顯融，前後相望，
> 東西州尤不及而磊磊軒天地者，則多有其人矣。〔註68〕

盧陵的好山好水，人文風氣的淳厚，是劉辰翁成長的背景環境，亦是塑造其學思人格的首要因素。次則探析其師承交游與立身行事，茲敘述如下：

（一）師承

劉辰翁十歲失怙，猶記其父所結交者皆名儒學士，故曰：

> 曩學禁時，海內名號未起。吾盧陵之南，須山之北，有大先生曰黃
> 宗魯，其子爲叔豹。吾先人師宗魯而友叔豹。叔豹以文名六館，接
> 慶元諸老。自是從吾先人游者，彬彬如二黃。（〈蕭壽甫墓誌銘〉，卷
> 7，頁220）

〔註63〕楊慎：《升庵詩話》，收錄於周維德集校：《全明詩話》，第2冊，卷12，頁1057。

〔註64〕〔梁〕劉勰：《元刊本文心雕龍·物色》，頁202。

〔註65〕〔清〕平觀瀾等修：《江西省盧陵縣志》第1冊，卷1，頁224～225。

〔註66〕〔元〕劉將孫：《養吾齋集·曾御史文集序》（台北：臺灣商務印書館，1986年，《景印文淵閣四庫全書》本，第1199冊），卷10，頁1。

〔註67〕〔元〕劉將孫：《養吾齋集·送劉桂翁序》，卷12，頁1。

〔註68〕〔元〕劉將孫：《養吾齋集·題文山撰外祖義陽逸叟曾公墓誌銘》，卷25，頁4。

劉辰翁得其父之身教，從君子游也成為立身處行的模範。劉辰翁幼年在家鄉苦學，曾受業過三位老師，嘗自述云：

> 予年七、八，與西家二三兒共受書屬對於蒒城曾深甫。……盡日樹筆聲間，俯首抄《六經》……先生名子淵。（〈本空堂記〉，卷3，頁71～72）

> 余年七、八歲時，表氏抱余學，稱堯章先生，後改名埴，字聖陶，號古平，官至太學博士。（〈蕭壽甫墓誌銘〉，卷7，頁220）

劉辰翁的啟蒙恩師為曾子淵、朱埴——曾子淵科第不就，鎮日抄寫《六經》，並注解於旁，終生皓首窮經；次為朱埴，人稱堯章先生，官至太學博士，與歐陽守道有交游。劉辰翁從朱氏所學，僅止於「受書屬對」之類。從上文亦可以見其自幼體格孱弱，至七、八歲時仍須被表氏抱著去就學。稍長，又受業於王泰來：

> 王泰來，字太初，廬陵人。父兄俱仕宋，延賞弗及，試藝屢屈，晚值世變，既貧且病，詩愈工，劉辰翁從之受學，每稱其師詩為廬陵八邑之冠。〔註69〕

王夫子是一位失意的文人，其屢試不第且貧病交迫，然而堅強的勒性及好學的精神，反而淬鍊出優秀的詩學成果，堪為「詩窮而後工」、「賦到滄桑句便工」的表率。劉氏之詩學根柢從其而來，其安貧樂道的精神也影響往後的行事作風。

　　淳祐十一年起（1251），劉辰翁出門遊學，入白鷺洲書院，受教於名儒歐陽守道門下。歐陽守道，字公權，初名選，一字迂父，少孤家貧，以古文著名〔註70〕，學者稱「巽齋先生」。巽齋之學以朱子理學為宗，故節義為高、廉恥相尚的思想，已成為其立身處世之準則，嘗曰：

> 國之存亡，民之死生，寄於士。士之人品高下，即與世道為重輕，
> 志士仁人儻自任必自養，挾書遊學，皆當端居深念之矣。〔註71〕

守道品格之高尚，於史書上多有載之，《宋史》讚曰：「廬陵之醇儒也。」〔註72〕

〔註69〕〔清〕平觀瀾等修：《江西省廬陵縣志》，第6冊，卷30，頁2219。

〔註70〕劉將孫曾提及其父承襲巽齋文風，曰：「吾廬陵巽齋歐陽先生，沈潛貫穿，文必宿於理，而理無不粲然而為文，繇是吾先子須溪先生與青山趙公相續。」〔元〕劉將孫：《養吾齋集‧趙青山先生墓表》，卷29，頁1。

〔註71〕〔宋〕歐陽守道：《巽齋文集‧州學三賢祠堂記》（北京：商務印書館，2005年，《文津閣四庫全書》本，第395冊），卷13，頁446。

〔註72〕〔元〕脫脫等：《宋史‧歐陽守道傳》，頁12367。

又曾於廷對言「國家成敗在宰相，人才消長在臺諫」〔註73〕，如此果敢的行為，劉辰翁也如出一轍，曾發言對抗權勢，故有「濟邸無後可慟，忠良戕害可傷，風節不競可憾」之名言出。此外，歐陽先生爲人亦有仁者胸懷，其德行爲鄉儒之宗，於社倉一事可見之：

> 巽齋先生無位而一食三歎，無食而急人朝飢。……前年吾鄉旱既甚，
> 大家逆勸分閉餘粟，冬春無所得……于時巽齋流涕解衣易米，更相
> 爲粥，以食餓者。（〈社倉記〉，卷3，頁59）

巽齋先生泱泱大儒的風範，成爲劉辰翁一生學習的圭臬。此外，清厲鶚曾提及劉辰翁「少登陸象山之門」〔註74〕，其說有誤，因陸象山卒於光宗紹熙三年（1192），劉辰翁尚未出世，清王鳴盛在其《蛾術編》中已作了詳盡之辨析。〔註75〕或許這條線索可推論出劉辰翁師承程朱理學，也曾受過南宋心學派陸九淵、包恢、袁燮等人的思想薰染。在巽齋門下，劉辰翁也結識一批忠義之士，如文天祥、鄧剡、晶心遠等人，尤其與鄧剡相交最篤，長達四十五年之久。此輩皆忠義鯁介之人，故而在日後面臨宋祚覆亡，都能記取師風及同窗的相互砥礪，而弘揚民族氣節與遺民操守。明陳繼儒推讚劉辰翁之爲人云：

> 蓋殿講歐陽巽齋之弟子，信文文山之友，文忠江萬之幕客也。文文
> 山謂巽齋之門，非將即相，又有與架閣會孟書，視其師友，先生故
> 是磊落忠孝人。〔註76〕

有幸能得此良師益友，也塑造劉辰翁耿直的性格，與義正詞嚴的赤誠。

對劉辰翁影響最大的一位良師爲江萬里，對劉辰翁而言，萬里是師友亦如父兄。江萬里，字子遠，號古心，爲宋季著名的愛國丞相，其學術思術源於朱子，且終生弘揚理學。萬里重視人才培育，故仿白鹿洞書院建造白鷺洲書院，對吉州士人有深遠的影響。〔註77〕劉辰翁在白鷺洲書院就讀時，江萬

〔註73〕 〔明〕余之禎等纂修：《江西省吉安府志》，第3冊，卷18，頁1014。

〔註74〕 〔清〕厲鶚：《宋詩紀事》（台北：台灣中華書局，1971年4月），頁1588。

〔註75〕 〔清〕王鳴盛：《蛾術編》，收於徐德明、吳平主編：《清代學術筆記叢刊》（北京：學苑出版社，2005年9月，第20冊），〈劉須溪無受業陸象山事條〉，卷78，頁408。

〔註76〕 〔明〕陳繼儒：《晚香堂集‧劉須溪先生評點九種書序》（北京：北京出版社，2000年1月，《四庫禁燬書叢刊》，第66冊），卷1，頁41。

〔註77〕 徐明德等：〈論江萬里在南宋書院發展史上的貢獻〉，《浙江大學學報》第34卷第3期（2004年5月），頁81～86。袁海燕，唐元平：〈白鷺洲書院的歷史變遷與儒學教育〉，《大學教育科學》第3期（2005年），頁78～81。

里已在朝任官，故無直接受學之。初次見面爲劉辰翁鄉郡貢舉，時江萬里任國子祭酒，欲薦歐陽守道任史館檢閱，守道順道引見得意門生予江氏。萬里初見劉辰翁之文大爲讚賞，後又聽聞其於廷對斥責賈似道之惡行，益加欽佩劉辰翁之果敢，爾後並待之如手足。萬里之行事：

> 雖俛仰容默，爲似道用，然性峭直，臨事不能無言，似道常惡其輕
> 發，故每入不能久在位。〔註78〕

劉辰翁登第之後，即被江萬里羅致於幕下，其仕宦生涯，亦隨江萬里的擢升貶降而有所變遷，最遠到達福建。咸淳九年（1273），劉辰翁至湖南探望任潭州知州、湖南安撫使的江萬里，殊不知是二人最後一次相見。德祐元年（1275），江氏驚聞饒州通判萬道同降元，憂憤至極，遂而在都昌赴水殉國。劉辰翁聽聞消息後聲淚俱下，並馳哭之，後作〈祭師江丞相古心先生文〉以茲感念，曰：

> 攜提反覆，於建於閩。我如處女，公我父兄。……我有死母，公實
> 葬之；我有稚子，公實獎之。身后之盟，可質九地。（卷7，頁230）

可見劉辰翁對江萬里的情感，不僅是師生之誼，尚懷有父兄之情。江萬里殉節四年後，即至元十七年（1280），劉辰翁再度前往都昌謀葬恩師一事，幸而與江萬里之子江用周恢復聯繫，同年十二月，在都昌建歸來庵，以感念萬里殉國之義節〔註79〕。此外，白鷺洲書院山長曹奇建「古心祠」祀江萬里，劉辰翁亦作〈鷺洲書院江文忠公祠堂記〉（卷3，頁85～86）表章江萬里立身名節、好士、論諫及變文體等成就。

　　綜言之，劉辰翁的學思淵源受其父之身教，曾子淵、朱埴之啓蒙，培養出深厚的詩學根柢，以及安貧樂道的精神。及長，則師承有廬陵醇儒之譽的歐陽守道。學習守道的儒者風範之外，從而訓練出古文創作的技巧。影響劉辰翁最深遠的一位恩師爲江萬里，於公拔擢劉辰翁不遺於力，於私則如父兄照料其家，故使劉辰翁感念萬分，因而在萬里殉國四年後，仍回到都昌重新安葬之，並建「歸來庵」以茲祭祀。

（二）學養

　　從上文之敘述，可得知劉辰翁忠誠、不畏強權的耿介性格，以及學思淵源，來自於廬陵士風、家學和師承。其一生立身處世，乃以中國儒者之行徑

〔註78〕〔元〕脱脱等：《宋史・江萬里傳》，頁12524。
〔註79〕劉宗彬編：〈劉辰翁年譜〉，頁7974～7975。

自持，嘗論人生如四時，有三大節，其曰：

> 節蓋論其大者，則天地四時，豈謂一事之信、一物之嗇、一小忍之頃
> 哉？人生亦如四時，有三大節：少之時學問事親，既壯則欲忠孝著於
> 事業，老則全歸以見地下，終令譽以遺子孫。（〈節齋記〉，卷 2，頁 30）

學問、事親、忠孝之三大節，辰翁一生奉之爲圭臬，並且身體力行，冀能全
歸以見地下，終令譽以遺子孫。其何以定義「學問」？嘗曰：

> 天下未嘗一日廢學，自孝弟日用、君臣上下、歷象祭祀、官寺曲直、
> 使客應對、軍師名義、市井然信、器服度數、事事物物皆道，事事
> 物物皆學。（〈吉州龍縣新學記〉，卷 4，頁 102）

可以見書本上的知識，不能統稱爲學問，劉氏以爲凡爲人處世、進退應對、
禮節制度等，皆是學問之範疇。要之，則事事物物皆道，事事物物皆學。此
外，辰翁特提出「事親」。劉辰翁「事母孝」〔註80〕，由於其父早逝，特能感
受母親的含辛茹苦，因此登科及第後，以親老爲辭請爲濂溪書院山長。失恃
後，劉氏哀慟逾恆，於其母生前無法予以優渥舒適的起居環境感到自責，在
〈贈倪生謀屋序〉嘗云：「追惟往時，屋漏不庇寒暑，泊奉親入翹館，分東府，
起江東，宇揮塵，連春光，最後都城借全府別廨，皆極華屋，而吾母亦見棄
於此，卒未嘗有家。」（卷 6，頁 184）語極感慨，於此可見劉辰翁秉持著事
親之孝心，亦能實踐之。

其次論「忠孝著於事業」。忠孝是儒家思想的主流，百善孝爲先，在家盡
孝，對國致忠，此源自於《孝經》：「夫孝，始於事親，中於事君，終於立身。」
劉辰翁亦恪遵古訓，事母至孝，以此爲孝之始，以「立身行道，揚名於後世，
以顯父母」，爲孝之終也。〔註81〕其言「少之時學問事親」，表示除「始於事
親」外，尚須求取知識學問，以成爲立身行道、揚名後世之基石；年既壯，
對邦國盡忠、父母盡孝，則是「中於事君」的擴展。學而優則仕，是傳統知
識份子的學路進程，透過科舉登第以求報效君國。於此，辰翁對於儒道與科
舉均有精闢之見解，嘗曰：

> 道，猶天也。……必歸于禮樂、情性、道德、風俗。……君道未嘗
> 非儒，儒者實輔是君以明道，故誦堯之言，行堯之行，是堯而已矣。

〔註80〕《宋季忠義錄》曰：「辰翁事母孝，慷慨立風節。」（卷 16，頁 13）
〔註81〕〔唐〕玄宗明皇帝御注，〔宋〕邢昺疏：《孝經注疏》（台北：藝文印書館，2001
　　　年 12 月，據一八一五年阮年刻本影印），卷 1，頁 11。

道未嘗不用于世，而世有无用之儒。（〈臨江軍新喻縣學重修大成殿記〉，卷 1，頁 1）

劉辰翁以爲「事事物物皆道」，而道猶天也。如何彰顯天道，必歸於禮樂、情性、道德、風俗。要之，君君、臣臣、父父、子子，君有君道，臣有臣道。士如有幸能遇明君，則須善盡輔佐之責，致君堯舜上；如臨亂世，「身生太平恨晚，生亂離又恨早」（〈贈胡聖則序〉，卷 6，頁 206），則「遁世無悶，不怨不尤」（〈臨江軍新喻縣學重修大成殿記〉，卷 1，頁 2），此因「士之善也不過庸言行寡過而已。」（〈存厚堂記〉，卷 3，頁 67）劉辰翁之「無悶」、「寡過」、「庸言」的思想，源於《中庸》、《易傳》之影響。《文言》釋乾卦初九「潛龍勿用」曰：「不易乎世，不成乎名，避世無悶，不見是而無悶，樂則行之，憂則違之」〔註82〕，劉辰翁提出不僅要做到無悶，更要不怨不尤，猶似宋榮子「舉世而譽之而不加勸，舉世而非之而不加沮」〔註83〕的態度。劉辰翁又言士之善在於「庸言」、「行寡過」，即《文言》所稱「庸言之信，庸行之謹；閑邪存其誠，善世而不伐，德博而化。」〔註84〕行寡過，則內心無咎，故「無咎者，善補過也。」〔註85〕要之，士人首要之事爲進德修業，忠信，所以進德，並蓄積才學，韜光養晦，不急於表現，是故學以聚德，即《中庸》所謂「博學之、審問之、慎思之、明辨之、篤行之。」〔註86〕文士蓄德、積學有所成後，藉由科舉登第，以求盡忠孝，劉辰翁亦不能免。另一方面，則坦言科舉之害，其曰：

蓋進取之事，不在科舉，而在學術與人品，此世道之古也。

（〈臨江軍新喻縣學重修大成殿記〉，卷 1，頁 2）

過江百年，仁山志水，人自爲士。然學校科舉終有愧於道，孰能學校科舉外而求志，又孰能因學校科舉而成之。（〈鷺洲書院江文忠公祠堂記〉，卷 3，頁 86）

由此能知劉辰翁重視的是學術、人品、志、道，不在於仕宦，故可了解何以

〔註82〕〔宋〕朱熹：《周易本義・文言》（台北：大安出版社，1999 年 7 月），頁 33。

〔註83〕〔清〕郭慶藩：《莊子集釋》，第 1 冊，〈逍遙遊〉，16。

〔註84〕〔宋〕朱熹：《周易本義・文言》，頁 34。

〔註85〕〔宋〕朱熹：《周易本義・象傳》，頁 236。

〔註86〕〔漢〕鄭元注，〔唐〕孔穎達疏：《禮記注疏・中庸》（台北：藝文印書館，2001 年 12 月，據一八一五年阮年刻本影印），卷 53，頁 894。

辰翁一再被薦，皆固辭不就，宋亡後，亦保有隱逸不仕的風骨。

綜觀上述，可見辰翁的思想是以儒家爲本位，且立身行事皆以此爲準則，並時時提撕、反省以求寡過，故能「全歸以見地下，終令譽以遺子孫。」

三、隱逸生涯

「亡國」，是一姓朝代的更迭，而「亡天下」卻是華夏道統的淪亡。〔註87〕元代是中國第一次漢人政權完全被移轉，對南宋遺民而言，這是亡天下的悲憤所激發的集體民族意識；對文人而言，對元代的政治生態產生矛盾卻無法排拒的情緒，因無法解脫，以致屢屢將悲劇意識及傷感情懷表現在文學中。劉辰翁身爲故宋遺老，入元後絕意仕進，在進退維谷之際，需要尋求一種自我的調適與轉化，因而隱逸於故里、遁跡佛老、寄情著作，來抒發家國之思，寄寓身世之感。

劉辰翁認爲一個「真隱者」，應是「未離乎人間，而不可榮以祿」（〈蹊隱堂記〉，卷3，頁64），又「謂大隱必于朝市，亦非也。吾生于是，長于是耳。豈必變氏名哉！」（〈大隱堂記〉，卷2，頁38）宋亡後，劉辰翁在外飄流四年，於至元十八年（1281）回到廬陵，自此久居於故里。另一方面，劉辰翁回到故鄉後，便積極與佛道中人往來，其暮年生涯，頻見遊訪於各大廟寺、道觀之間，如遊道教之福地玉笥山，並作〈玉笥山承天宮雲堂記〉（卷4，頁129～130），又有與湖南衡山的僧道刻期爲約一事，劉將孫記曰：

> 昔先吾君子須溪先生游南嶽之興，豈不十八九年。蓋屢招山僧客道
> 流，刻期爲約。〔註88〕

此外亦與道人有唱酬往來，如元貞二年（1296）中秋在湖南與道人唱和數日，作〈水調歌頭〉詞，序曰「丙申中秋，兩道人出示四十年前濯纓樓賞月〈水調〉。朧仙和，意已盡，明日又續之。」（卷3，頁417）宋末遺民排斥北族的行爲頗多，劉須溪性格雖耿介，仍抱持儒家民吾同胞的精神包容異族，願與北客往來，如詞〈行香子·和北客問梅。白氏，長安人〉（卷1，頁112）、〈酹江月·北客用坡韻，改賦訪梅〉（卷2，頁281）、〈酹江月·怪梅一株，爲北客載酒移寘盆中，偉然〉（卷2，頁290）。對於有治理之功的元吏，須溪亦給

〔註87〕 〔清〕顧炎武撰，黃汝成集釋：《日知錄集釋·正始》（台北：台灣中華書局，1966年6月《四部備要》本，第2冊），卷13，頁5。

〔註88〕 〔元〕劉將孫：《養吾齋集·送道士秋泉序》，卷14，頁126。

予正面的評價，如至元二十七年（1290），丞相逝世於廬陵，百姓植碑紀念，須溪作〈丞相莽哈岱美棠碑文〉感念其安民立業之功。文中稱道：

> 公之來也……不惟城無囂塵，里無夜驚，而昔之閉扃戶棘者，蟄見天日，熙然其如初，不惟長亭短埵，行歌逆旅，而深山長谷，婦人孺子，與荷戈之士，雜踵而無何。近邑近州，行者達曙，皆曠十數年所未見。雖太平盛世，不過如此也。（卷 7，頁 231）

須溪絕非為利益而撰此文，而是丞相解除長年戰亂所帶來的驚懼，並致慕名者近悅遠來，種種描述皆強烈表現出對於太平盛世的期盼。再則是須溪性格雖好義，常辭色振厲發不平之鳴，卻也不是剛愎之人，雖不當貳臣，面對故友任新朝官職倒也無苛責諷刺，如常與須溪唱和的周天驥、馬煦即是典型的代表。周天驥，號耐軒，任吉州知州時，以城降元，劉須溪與其往來，並稱之「能忘特進群公表，來訪尋常百姓家。」（〈周耐軒見訪〉，卷 7，頁 267～268）並屢屢稱讚耐軒能文允武，治績「新治足」，於此亦反映出須溪對於人事之評價標準。

　　隱逸生涯中，劉須溪亦憑藉著述以立說，以抒胸中之塊壘。由於受到三教合流的學術思想影響，以及自身頗涉佛道思想，因此在作品中時見引用佛道語，如〈沁園春・和槐城自壽〉：「是宰官身是報身」（卷 3，頁 371），語出《妙法蓮華經》；末句「便是全人」，語出《莊子・庚桑楚》。此外，須溪亦好老莊，於詞中多見之，此因須溪崇尚稼軒，而稼軒詞本多引老、莊之語，須溪深受此影響，對老莊必早有濃厚的興趣。如〈西江月・憶仙〉（卷 1，頁 80），詞中所言老子，是以司馬遷引《莊子・天運》，再於〈老子韓非列傳〉描述孔子見老子，稱其猶龍也。「鴻濛」典出於《莊子・在宥》；「鵬遊蝶夢」，語出莊子〈逍遙遊〉、〈齊物論〉，全詞融合道家的超脫與道教遊仙，試圖解除人世的種種桎梏。《四庫全書總目》曰：「特其蹊徑本自蒙莊」〔註 89〕，且據嚴靈峯《老列莊三子知見目錄》考定，須溪曾於元世祖至元三十年（1294）《莊子南華真經點校》，三十一年（1295）作《老子道德經評點》，又於元成宗大德元年（1297）作《列子沖虛真經批點》。可見及至入元，須溪對於老莊的喜好依然不減。

　　隨著元代政權定勢〔註 90〕，朝廷為安撫抗元的聲浪，積極採用以漢法治

〔註89〕〔清〕永瑢等：《四庫全書總目・須溪集提要》，頁 3244。
〔註90〕在元代，人種分為四等：蒙古、色目、漢人、南人，在政治、法律、經濟上，

國。劉須溪所處的時代爲忽必烈的統治時期，儘管宋金遺民充滿故國情思，以及對異族統治的反感，期待息兵戈、致太平，仍是社會人心的普遍心願；又因元廷執行漢法、實施文治爲主的政策，並恢復各地廟學、徵辟文士、括檢儒籍，給予免役減稅的優惠等措施，使得與漢儒對立的情緒起了變化。易言之，儒家的道德使命感和政治抱負，是促使多數漢儒與蒙元統治者合作的重要因素。儒士在「用夏變夷」思想的基礎上，提出「行中國之道，則中國之主」，總結行漢法的歷史經驗，表達「天下一家」、「一視同仁」、「各與正統」的民族史觀。〔註91〕如此一來，以儒家爲正統的士人，在元朝找到新認同點，歸其爲正統，相對的抗元的情緒便日益消解，亦可說元代的崇儒政策，確實達到收服士心之功。〔註92〕以劉須溪而言，經歷國破與長期動盪，生命已過半百，冀望的已非功名利祿，無非是安享暮年。因此，須溪回到故里與家人共度晚年，加上與佛道之人密切往來，以及本身對老莊哲學的喜愛，遺民情結也逐漸轉變。即使其自身之性格耿介，但對於異朝人民與故宋仕元者，均以寬容的態度處之，對有政績者的元人，亦不吝給予讚揚，表現出通達的人生觀。雖在須溪晚年的著作中，仍可見黍離之音，亦可以感其一轉拂鬱的色彩，轉而超化，試圖將遺民情懷釋然解脫之跡。〔註93〕

第三節　著述介紹

　　劉須溪的著作可分爲二類，一是創作，一是評點。以「創作」而言，須溪一生創作之詩、文、詞極眾，並以詞名家。劉將孫稱其父「爲詩八十卷，

均有不平等的待遇。此外，元廷在實施一系列的的政治措施後，經濟達到空前的繁榮，大都（今北京）得到「世界諸成，無能與比」的美喻。相關之史實，可參考《元史》之〈百官志〉、〈刑法志〉、〈食貨志〉。又，蒙思明：《元代社會階級制度》（上海：上海人民出版社，2006年8月）。

〔註91〕周少川著，吳懷祺主編：《中國史學思想通史・元代卷》（合肥：黃山書社，2002年2月），頁78～82、102～104。

〔註92〕王明蓀：《元代的士人與政治》（台北：臺灣學生書局，1992年3月），頁69～72。又，陳得芝：〈論宋元之際江南士人的思想和政治動向〉，《南京大學學報》第2期（1997年），頁151～156。徐子方：《挑戰與抉擇——元代文人心態史》（石家庄：河北教育出版社，2001年12月），頁137。

〔註93〕關於劉辰翁遺民情懷之轉變過程，參閱拙作：〈試論劉辰翁遺民情懷之轉化——以《須溪詞》爲中心之考察〉，《東吳中文線上學術論文，2008年6月》，頁55～76。

文又若干」〔註94〕，《廬陵縣志》記載「《須溪集》一百卷」〔註95〕，其全集多所散佚，至明代已罕見。清修《四庫全書》，流傳僅有《劉須溪先生記鈔》、《須溪四景詩》二種，篇什寥寥，四庫館臣據《永樂大典》輯出十卷，內容包含記、序、雜著、詞，稱《須溪集》，同時又將《天下同文集》及《須溪記鈔》所載，而不見《永樂大典》者，分別抄補，另著錄《須溪四景詩》四卷，凡十四卷，稱《劉辰翁集》。〔註96〕近人段大林，收錄了記、序、題跋、說、賦、墓誌銘、雜篇、古近體詩，共七卷、詞三卷、四景詩四卷，並從《永樂大典》、《劉須溪先生記鈔》、《劉須溪先生集略》、《江西詩徵》、《江西通志》、《吉州府志》、《廬陵縣志》等書中搜羅須溪作品三十二篇，作補遺一卷，凡十五卷，爲現存最詳盡之本。〔註97〕除《須溪詞》採用吳企明校注本外，本文所引述劉須溪之作品，皆以段本爲主。

一、著作

　　在中國文學上，劉須溪被定位爲「遺民詞人」，易言之，其以詞名家，以詞受後人研究最爲普遍。須溪之詞集名爲《須溪詞》〔註98〕，現存三百多首，在宋人詞集中，僅次於辛棄疾，然而自元明以來，其聲名一直淪隱不彰，至清代始被重視。而四庫館臣對須溪詞評價不高，惟對其遺民時期的作品有稱賞，認爲「宗邦淪覆之後，睠懷麥秀，寄托遙深，忠愛之忱，往往形諸筆墨，其志亦多有可取者，固不必概以體格繩之矣！」〔註99〕直到清末況周頤才對須溪詞作出公允的評價，其曰：

　　　　《須溪詞》風格道上似稼軒，情辭跌宕似遺山。有時意筆俱化，純

〔註94〕　〔元〕劉將孫：《養吾齋集・劉須溪先生集序》，卷11，頁10。
〔註95〕　〔清〕平觀瀾等修：《江西省廬陵縣志》第6冊，卷32，頁2259。
〔註96〕　〔清〕永瑢等：《四庫全書總目・須溪集提要》，頁3244。
〔註97〕　段大林校點：《劉辰翁集》，頁2～3。
〔註98〕　《四庫全書》所收《須溪集》之內容，八至十卷爲《須溪詞》，爲數三百十九首。後朱孝臧《彊村叢書》收錄《須溪詞》一卷，補遺四首，凡三百五十一首，然其中誤收劉克莊〈踏莎行〉（日月跳丸），故實爲三百五十首。唐圭璋編《全宋詞》即以彊村本爲據，又從《草堂詩餘》及《永樂大典》中輯出了四首詞，共得詞三百五十四首。又一說爲三百五十三首，因唐圭璋於〈意難忘・元宵雨〉下曰：「案元刻元印二百零四卷，本此首無撰人姓名，其前爲劉須溪上元〈金縷曲〉，此首疑非劉作。」見唐圭璋編：《全宋詞》（北京：中華書局，1998年12月），第5冊，頁3253。
〔註99〕　〔清〕永瑢等：《四庫全書總目・須溪集提要》，頁3244。

任天倪，竟能略似坡公。往往獨到之處，能以中鋒達意，以中聲赴
節。世或目為別調，非知人之言也。〔註100〕

劉辰翁對辛詞推崇備至，故在詞風亦似稼軒，主張「用經用史，牽雅頌，入
鄭衛」，（〈辛稼軒詞序〉，卷6，頁177）以為不必將詞囿於淺斟吟唱中，斤斤
於聲采之工拙，亦即崇尚詞體，開放詞語，拓展詞境，牽婉約入豪放之意。〔註
101〕

劉辰翁身處宋、元之際，目睹宋代王朝的淪亡，深切地感受到易代亡國
之悲。宋亡後，其大量創作，舉凡詠物、節令、和韻、祝壽、感懷、記遊等
題材。其中「詠物詞凡九十七首，為數奇多。集中壽詞亦夥，調多小令。其
〈蘭陵王〉丙子送春最有盛名，情深之文也。」〔註102〕而不論是哪一種題材，
目的皆在寄託故國之思，因此可說「愛國詞，是《須溪詞》的基本內容」〔註
103〕，直至絕筆之作〈寶鼎現〉（卷2，頁242），仍呈現出強烈的民族情感和
深厚的君國之念。《歷代詞話》卷八引張孟浩語：「劉辰翁作〈寶鼎現〉詞，
時為大德元年（1297），自題曰丁酉元夕，亦義熙舊人只書甲子之意。」〔註
104〕是年宋已亡國十七年，詞的前二疊，極力鋪陳故宋元夕燈節的繁盛景象，
歌舞喧闐、人聲鼎沸，一片喜氣洋洋，詞鋒一轉回到現實，今非昔比，追昔
撫今，實有無限淒涼。張孟浩又云：「反反覆覆，字字悲咽，孤竹彭澤之流。」
〔註105〕明楊慎《詞品》曰：「詞意淒婉，與麥秀歌何殊？」〔註106〕此評頗為
中肯。

劉辰翁出自江萬里與歐陽守道之門，其志節與文章皆卓然有以自立。劉
辰翁之詩出眾，擅書法，善為文，在當時頗負盛名，前已揭現存《須溪全集》，
僅為原書的十分之一，然而《四庫全書總目》評曰：

〔註100〕〔清〕況周頤撰，孫克強輯考：《蕙風詞話‧廣蕙風詞話》（鄭州：中州古籍
出版社，2003年12月），卷2，頁37。

〔註101〕王偉勇：《南宋遺民詞初探》（台北：東吳大學中文研究所碩士論文，1979年），
頁110。

〔註102〕張敬：〈南宋詞家詠物論述〉，《東吳文史學報》第2期，頁51。

〔註103〕〔宋〕劉辰翁撰，吳企明校注：《須溪詞》，頁3。

〔註104〕〔清〕王奕清等：《歷代詞話》，收錄於唐圭璋編：《詞話叢編》（北京：中華
書局，2005年10月），第2冊，卷8，頁1259。

〔註105〕同前註。

〔註106〕〔明〕楊慎：《詞品‧詞品補》，收錄於唐圭璋編：《詞話叢編》，第1冊，頁
543。

> 其所作詩文，專以奇怪磊落爲宗，務在艱澀其詞，甚或不可句讀尤
> 不免軼於繩墨之外。特其蹊徑本自蒙莊，故惝恍迷離，亦間有意趣，
> 不盡墮牛鬼蛇神。〔註107〕

此評驚失當，觀劉辰翁之詩文，並無晦澀之語，亦不以奇怪爲宗，有時確實
有文句無法接續的情況，此因傳鈔、刊刻過程中的脫文訛誤多，故「艱澀處
多由舛誤所致」。〔註108〕劉辰翁之詩，現存主要爲《四景詩集》，本爲程試詩，
但所作皆氣韻生動，無堆砌雕飾之習，李之鼎評爲「雖近應制體格，然運用
典實發揮題蘊，有尺幅千里之勢。」〔註109〕劉辰翁之文，爲人求記者最多，
因其「平生躭嗜文史，淵博涵深，爲文祖先秦戰國莊老等，言率奇逸，自成
一家」，學識涵養極富。劉辰翁筆力縱橫，爲文時引莊子語，如〈逍遙游庵記〉、
〈愚齋記〉、〈二樂齋記〉等，故四庫館臣稱「特其蹊徑本自蒙莊」，呈現惝恍
迷離，謬悠奇詭之意趣。清蕭正發亦讚許劉辰翁爲「廬陵第一奇人」，著「廬
陵第一奇書」，並稱「無以異於漆園之爲文」〔註110〕，可見劉辰翁頗得莊子之
文風。

二、評點

劉辰翁之「評點」範圍，遍及經、史、子、集四部，堪稱是一位「閱讀
專家」。評點內容主要以詩歌爲主，首評李賀詩〔註111〕，集部共計有唐代詩人
四十六家，〔註112〕宋詩人則有王安石、蘇軾、陸游、陳與義、汪元量等五家。
劉氏之評點包含現存最早的宋詞評點，包括東坡詞十首與山谷詞七首，收錄
於《蘇黃詞鈔》，亦有陳與義《無住詞》其中六首、汪元量《水雲詞》一卷，
在汪詞中雖註有劉辰翁批點之字樣，然全集僅有二條批語。〔註113〕在經部，

〔註107〕〔清〕永瑢等：《四庫全書總目・須溪集提要》，頁3244。

〔註108〕〔清〕胡思敬：〈須溪集跋〉，收錄於段大林校點：《劉辰翁集》，頁469。

〔註109〕李之鼎：〈須溪先生四景詩跋〉，收錄於段大林校點：《劉辰翁集》，頁469。

〔註110〕〔清〕蕭正發：〈劉須溪先生集略序〉，收錄於段大林校點：《劉辰翁集》，頁
464。

〔註111〕劉將孫稱：「先君子須溪先生于評諸家詩最先長吉。」〔元〕劉將孫：《養吾齋
集・刻長吉詩序》，卷9，頁1。

〔註112〕孫琴安統計唐代詩人有：李白、杜甫、王維、孟浩然、常建、陶翰、儲光羲、
孟雲卿、韋應物、柳宗元……杜牧等四十六家，涵蓋唐代初盛中晚各期。見
孫琴安：《中國評點文學史》（上海：上海社科院出版社，1999年6月），頁
58。

〔註113〕張靜從劉辰翁評點四位詞人，共二十五首作品，推論辰翁非有意評點過詞，

劉辰翁點評《古三墳》、《大戴禮記》；在史部，則有《班馬異同》及《越絕書》。
在子書方面，曾點評《老》、《莊》、《列》、《荀》，較特別者爲道教之《陰符經》，
由此可見三教合流的學術縮影；小說類有《山海經》，尤具意義者爲《世說新
語》，是爲中國第一部的小說評點。

　　劉辰翁開啓後代評點之風潮，其評點之書極眾，茲將兩岸現存之版本抄
錄如下：

（一）經部

易類：

1. 《古三墳》一卷，〔宋〕劉辰翁等評。明天啓武林坊刻本，九行二十字
　　白口、四周單邊。藏於中國國家圖書館。

禮類：

2. 《大戴禮記》十三卷，〔漢〕戴德撰，〔宋〕劉辰翁評，〔明〕朱養純參
　　評，〔明〕朱養和輯。明朱氏花齋刻本，九行二十一字白口、單魚尾、
　　四周單邊上刻眉批。藏於北京大學圖書館、清華大學圖書館、寧波天
　　一閣等。

（二）史部

正史類：

1. 《班馬異同》三十五卷，〔宋〕倪思撰，劉辰翁評。
　　藏於國家圖書館、故宮博物院圖書館、中研院傅斯年圖書館等。
　　（1）明嘉靖十六年（1537）李元陽福建刊本，十二冊，九行十九字，
　　　　註文小字單行，字數同，左右雙欄，版心白口，單白魚尾，框高
　　　　17.3 公分，寬高 12.7 公分。正文卷端題「班馬異同宋倪思撰元
　　　　劉會孟評明李元陽校」。序刻班馬異同後，嘉靖丁酉弋陽汪佃撰，
　　　　永樂壬寅廬陵楊士奇跋。下方記刻工余員、周道員、陳文、江田
　　　　等。藏印：「國立中央圖／書館收藏」朱文長方印、「澤存／書庫」
　　　　朱文方印、「高陽／世裔」朱文方印、「許穀／初印」朱白文方印。
　　（2）明天啓四年（1624）聞啓祥刊本墨筆批點，四冊，九行二十字，
　　　　註文小字單行，字數同，單欄，版心白口，單白魚尾，上方記書

並且辨證《蘇黃詞鈔》是後人僞託劉辰翁之名所致。可參見張靜：〈劉辰翁有
意評點過詞嗎？〉，《江西社會科學》第 12 期（2004 年），頁 200～206。

名，框高 20.4 公分，寬 14.2 公分。正文卷端題「班馬異同卷一宋倪思編劉辰翁評」，楊士奇序。藏印：「國立中央圖／書館收藏」朱文長方印、「梅印／益徵」白文方印、「寶日閣／藏書印」朱文方印、「復／齋」朱文長方印、「冠／春」朱文方印。

（3）晚明刊本，十冊，九行二十字，註文小字單行，字數同，單欄，版心白口，單白魚尾，框高 20.4 公分，寬 14.2 公分。正文卷端題「班馬異同卷一宋倪思編劉辰翁評」，韓敬序。藏印：「國立中央圖／書館收藏」朱文長方印、「王氏二十八宿研／齋祕笈之印」朱文長方印、「恭／綽」朱文方印、「遐庵／經眼」白文方印、「玉父」白文長方印。

（4）又名《史記異同補評》存三十三卷，〔宋〕倪思撰，劉辰翁評，明凌稚隆訂補。明萬曆間（1573～1619）吳興凌氏刊本，十冊，缺卷三十四、卷三十五。九行十九字，註文小字單行，字數同，左右雙欄，版心白口，框高 18.1 公分，寬 14.1 公分。上方記書名篇第，下方記刻工名「自、安、英、仕、付、佑等」。正文卷端題「史漢異同補評第一篇宋倪思編元劉會孟評明後學凌稚隆訂補」，顏正色序、唐守禮序。藏印：「國立中央圖／書館收藏」朱文長方印、「墨香閣／圖書」朱文長方印。

（5）又名《補訂班馬異同》十二卷，〔宋〕倪思撰，劉辰翁評。清百尺樓鈔本，十二冊，朱筆圈點。九行十九字，註文小字單行，字數同，左右雙欄，版心白口，單魚尾，框高 17.4 公分，寬 12.6 公分。上方記「史漢異同」，下方記「百尺樓」。正文卷端題「補訂班馬異同第壹帙姚孫□文融父增定後學朱泌之較」。藏印「國立中央圖／書館收藏」朱文長方印、「張廷／枚印」白文方印、「惟／吉」朱文方印、「銘西堂張／氏圖書」白文長方印、「羅山／讀」白文方印。

雜史類：

2. 《越絕書》十五卷，〔漢〕袁康撰，〔宋〕劉辰翁評。

（1）明閻光表刻本，九行二十字，白口、四周單邊。

藏於北京大學圖書館、青海省師範學院圖書館、寧波天一閣等。

（三）子部

儒家類：

1. 《荀子》二十卷，〔唐〕楊倞注，〔宋〕劉辰翁、〔明〕孫鑛等評，〔清〕傅山批校。明末刻本，九行二十字，白口、左右雙邊，存十七卷（第四卷至二十卷）。藏於中國國家圖書館。

道家類：

2. 《老》、《莊》、《列》三子。藏於國家圖書館。

   （1）《鬳齋三子口義》十四卷，〔宋〕林希逸撰，劉辰翁評。元刊本，四冊。十一行十八字，註小字雙行，四周單欄，或左右雙欄，附刻圈點墨線，版心線黑口，雙魚尾，下間記大小字數，框高 15.8 公分，寬 12 公分。正文卷端題「須溪劉辰翁會孟」，凡《老子口義》二卷、《莊子口義》十卷、《列子口義》二卷。《老子口義》前載宋理宗穆陵付林希逸宸翰，《列子口義》卷末有墨匡一方，刻劉須溪跋云：「非列子自爲書，子列子爲之，其妙處，莊子用之悉矣，其餘間見《淮南子》者，又勝其名言自多，設喻尤近，雖稍雜僞，無怪詭。須溪」按此帙審其字體、刀法及版式，似爲元末明初間建陽坊刻本。藏印：「金星軺藏書記」、「文瑞樓」、「求是室藏本」、「□圃收藏」。

   （2）《劉須溪先生批註三子》七卷，〔宋〕劉辰翁撰。明天啓四年（1624）楊人駒刻宋劉須溪先生較書九種本，六冊一函。凡《老子道德經》二卷、《莊子南華眞經》三卷、《列子沖虛眞經》二卷。九行二十字，單欄，版心白口，單魚尾，框高 20.6 公分，寬 14.1 公分。正文卷端題「須溪劉辰翁會孟評點」，序「吳興後學韓敬識」。

小說類：

3. 《世說新語》三卷，〔劉宋〕劉義慶撰，〔梁〕劉孝標注，〔宋〕劉辰翁評。

   （1）元坊刊本。朱墨批，卷三及卷七卷八首葉題「世說新語卷第一 宋臨川王劉義慶撰梁劉考標注 須溪劉辰翁批點」。藏於國家圖書館等。

   （2）明凌瀛初刻四色套印本，八卷，〔元〕劉應登、〔明〕王世懋評。

八行十八字，白口、四周單邊。

藏於中研院文哲所圖書館、北京大學圖書館、中國科學院圖書館等。

4. 《山海經》十八卷，〔晉〕郭璞撰，〔宋〕劉辰翁評，〔明〕閻光表訂。明末刻本，九行二十字，白口、四周單邊。

藏於遼寧省圖書館、湖北省圖書館等。

道教類：

5. 《陰符經》一卷，〔宋〕劉辰翁評，〔明〕湯顯祖解，〔明〕唐瑤刻本。九行二十字，白口、四周單邊。藏於浙江圖書館。

（四）集部

劉辰翁於集部別集類，除批點王維《王右丞文集碑銘》一卷、杜甫《杜工部文集》二卷、汪元量《湖山類稿》六卷外，餘者皆為唐宋詩評點。由於諸家詩集之版本過多，僅略述所評有專書流傳者，或有不同書名之刊本如下：

1. 王維：
   （1）《須溪先生校本唐王右丞集》六卷，元刻本。

   藏於中研院傅斯年圖書館。

   （2）《藍田王摩詰詩》六卷，明刻本。藏於南京圖書館。

   （3）《王摩詰詩集》六卷，明吳興凌濛初刊朱墨套印本。

   藏於國家圖書館。

   （4）《唐王右丞詩》六卷，明弘治十七年（1504）廣信呂夔刊本。

   藏於國家圖書館。

   （5）《類箋王右丞全集》詩十卷，文集四卷，外編一卷，卷末三卷，明嘉靖三十五年（1556）無錫顧氏奇字齋刻本。

   藏於國家圖書館、中研院傅斯年圖書館、中國科學院圖書館等。

2. 孟浩然
   （1）《須溪先生批點孟浩然集》三卷，明活字印本。藏於上海圖書館。

   （2）《孟浩然集》三卷，明刻本，藏於中國國家圖書館。另有四卷本，藏於上海圖書館。

   （3）《孟浩然詩集》二卷，明凌濛初刻朱墨套印本。藏於國家圖書館、南京圖書館等。

  （4）《孟浩然詩集》三卷，補遺一卷，襄陽外編一卷，拾遺一卷，明
    萬曆四年（1576）勾吳顧氏校刊本。藏於國家圖書館。

 3. 韋應物

  （1）《須溪先生校本韋蘇州集》十卷，拾遺一卷，元刻本。
    藏於天津市人民圖書館、南京圖書館等。

  （2）《韋蘇州集》十卷，拾遺一卷，明弘治四年（1491）張習刻遞修
    本。藏於中國國家圖書館。

 4. 杜甫

  （1）《劉須溪杜選》七卷，元虞集輯明方升刻本。藏於中國國家圖書
    館。

  （2）《集千家注批點補遺杜工部詩集》二十卷，明刊白口十二行本。
    藏於國家圖書館。

  （3）《集千家注批點杜工部詩集》二十卷，年譜一卷，附錄一卷，元
    刻本、明初刻本，藏於中國國家圖書館。另有明洪武元年（1368）
    會文堂刻本，藏於中國國家圖書館、復旦大學圖書館等。明正德
    十四年（1519）劉氏安正堂刻本，明嘉靖八年（1529）清江王府
    刊本，藏於國家圖書館。另，朱邦薴懋德堂刻本，藏於北京大學
    圖書館、成都杜甫草堂等。明嘉靖九年（1530）王九之刻本，藏
    於南京圖書館、成都杜甫草堂等。

  （4）《須溪批點選注杜工部詩》二十二卷，明雲根書屋刻本。
    藏於中國國家圖書館、浙江圖書館等。

  （5）《杜子美集》二十卷，明天啓四年（1624）刊本。
    藏於中研院文哲所圖書館。

 5. 孟郊

  （1）《孟東野詩集》十卷，明淩濛初刻閔氏朱墨套印本。
    藏於國家圖書館。

  （2）《韋孟全集》七卷，明刻本。藏於北京圖書館、上海圖書館等。

 6. 李賀

  （1）《李長吉歌詩》四卷，外詩集一卷，明末葉刊本，明淩濛初刻閔
    氏朱墨套印本，明天啓合刻宋劉須溪點校書九種本。
    藏於國家圖書館。

（2）《唐李長吉歌詩》四卷，元刊袖珍本，藏於國家圖書館。明澂堂刻本，藏於中國社科院圖書館。日本文政元年（1818）刊本，藏於中研院文哲所圖書館。

（3）《箋注評點李長吉歌詩》四卷，外集一卷，清乾隆間寫文淵閣四庫全書本。藏於中研院文哲所圖書館、傅斯年圖書館等。

7. 王安石

（1）《王荊文公詩》五十卷，明初刻本、民國十一年（1922）影印海鹽張氏刊本。藏於國家圖書館。

（2）《王荊文公詩》五十卷，目錄三卷，附年譜一卷，元末明初間刊本。藏於國家圖書館、故宮博物院圖書館等。

（3）《箋註王荊文公詩》，附年譜，元大德刊本，有二冊和六冊本。藏於國家圖書館。

8. 陳與義

（1）《須溪評點簡齋詩集》十五卷，明萬曆間日本刻本。藏於中研院傅斯年圖書館。

（2）《簡齋詩集》二冊，舊鈔本。藏於國家圖書館。

9. 陸游

（1）《澗谷精選陸放翁詩集》八卷，明弘治十年（1497）餘杭知縣冉孝隆刊本。藏於國家圖書館。

（2）《名公妙選陸放翁詩集》二卷，日本弘化二年（1845）茂松亭鈔本。藏於國家圖書館。

（3）《放翁詩選》前集十卷，後集八卷，別集一卷，清乾隆間寫文淵閣四庫全書本。藏於故宮博物院圖書館、中研院傅斯年圖書館等。

10. 蘇軾

（1）《王狀元集諸家注分類東坡先生詩》二十五卷，元刻本。藏於上海圖書館。

（2）《選東坡詩註》二十卷，元刊巾箱本。藏於國家圖書館。

（3）《增刊校正王狀元集諸家注分類東坡先生詩》二十五卷，附東坡紀年錄一卷。元盧陵坊刊本，明成化間汪氏誠意齋集書堂刊本，清滋德堂傳鈔明汪氏誠意齋刊本，明覆元刊本，日本明曆二年（1656）松柏堂刊本。藏於國家圖書館。

（4）《增刊校正王狀元集百家注分類東坡先生詩》二十卷（缺卷十三、十四），明劉氏安正書堂刻本。藏於北京圖書館。

（5）《蘇東坡詩集》六冊、十二冊，明末刊本。藏於國家圖書館。

11. 汪元量

（1）《汪水雲詩》一冊，舊鈔本。藏於國家圖書館。

除評點外，劉辰翁亦嘗刪校《世說新語》，校訂《王右丞集》，選輯杜詩。明代曾流傳劉辰翁所選《古今詩統》一書，在當時已缺佚。另劉辰翁工書法，著有《須溪翰墨》兩卷，可惜今已不存。〔註114〕

〔註114〕馬群：〈劉辰翁事跡考〉，收錄於《詞學》第一輯（上海：華東師範大學出版社，1981 年 11 月），頁 151。

第三章　劉辰翁對《莊子》之詮解

　　劉辰翁撰《莊子南華真經點校》，在莊子學的貢獻是全面以「評點」為主，確立「以文評莊」的開始。〔註1〕劉辰翁以儒家立場為本位，在莊子文義脈絡及章法要義作了一番發揮，其中兼有援儒入莊、以佛評莊的義理思想，主要仍以文學的視角評莊文，開啓明清以文評莊之風，具有承先啓後之重要地位。關於劉辰翁以文、儒、釋評莊之詳細內容，分別由第四、五章分析之，本章先就其義理及論文特色，作為總綱提領論述之。

第一節　《莊子點校》之評述形成

　　嚴靈峯《莊子知見書目》考定，劉辰翁於至元三十一年（1294）作《莊子點校》〔註2〕，後一年評點《老子》，於大德元年（1297）完成批註《列子》後，未幾卒於廬陵。上文已多次提及，劉辰翁之文學觀受莊子影響頗深，可知早年已對莊文多所領會，然何以至晚年才注莊？其動機與目的為何？又《莊子點校》一書之體例、評點之形式為何？茲分述如下：

一、評點動機與目的

　　德祐元年（1275），文天祥奉詔起兵抗元，大宋國勢已危殆，劉辰翁滿懷憂憤寄託於文史之間，首評李賀詩，而後別及諸家。其子將孫嘗曰：

〔註1〕　錢奕華：《林雲銘《莊子因》「以文解莊」研究》，頁 27～30。
〔註2〕　嚴靈峯編：《老列莊三子知見書目・莊子知見書目》（台北：中華叢書編審委員會，1965 年 10 月），頁 88。

> 先君子須溪先生于評諸家詩最先長吉。蓋乙亥辟地山中，無以紓思
> 寄懷；始有意留眼目、開後來，自長吉而後及於諸家……每見舉長
> 吉詩教學者，謂其思深情濃，故語適稱，而非刻畫無情無思之辭，
> 徒苦心出之者。〔註3〕

在如此動亂的年代，劉辰翁閱讀的卻是李賀詩，確實相當特殊，或許他
試圖在分崩離析的世界外，找到一個抒思寄懷的空間，來反對政治比附。〔註
4〕李賀詩以穠麗見長，呈現迷離惝恍之感，而劉辰翁在「落筆細讀，方知作
者之用心」，自詡「千年長吉，餘甫知之耳」，並稱長吉自成一家乃「長於理
外」，故「詩之難讀如此」（〈評李長吉詩〉，卷6，頁210～211），因而時常援
引以教學者。錢鍾書曾說李賀詩反映出「光陰之速，年命之短，世變無涯，
人生有盡」的悲嘆。他人「或以弔古興懷，遂爾及時行樂」，但李賀不如此，
他不像李白可以乘化歸盡於自然，李賀則「感流年而欲駐急景者，背道以趨」，
欲以創作抓住已流逝的時光。〔註5〕此說更能貼近劉辰翁面臨國祚鼎革的心
境，反而用積極的態度由閱讀和教學中，找到生命的價值。

自長吉詩後，劉辰翁評點遍及四部的書籍，陳繼儒作〈劉須溪先生評點
九種書序〉，將劉辰翁評點的緣由，做了詳盡的描繪，其文曰：

> 當宋家末造之時，八表同昏，四國交阻，刀槊曜日，烽烟翳天，車
> 鐸馬鈴，半夜戞戞馳枕上，書生老輩，偷從牆隙戶竇窺，嚔莫敢正
> 視，先生豈無恐怖，乃弄筆槧文史耶？抑亦德祐前應舉所讀書
> 也？……大勢已去，莫可誰何！先生進不能爲健俠執鐵纏，稍退不
> 能爲逋人采山釣水，又不忍爲叛臣降將，孤負趙氏三百年養士之厚
> 恩，僅以數種殘書，且誦且閱且批，且自寬於覆巢沸鼎、須臾無死
> 之間，正如微子之〈麥秀〉，屈子之〈離騷〉，非笑非啼，非無意非
> 有意，姑以代裂眥痛哭云耳。〔註6〕

劉辰翁進退不能，又不願做貳臣，只能「且誦且閱且批」，將麥秀、黍離之悲，
寄託在史籍中，可見劉辰翁評點的動機是緣於易代，藉書籍以託懷。然而至
其評點《老》、《列》、《莊》三子，距離宋亡已有二十多年，心境上也多所轉

〔註3〕 〔元〕劉將孫：《養吾齋集·刻長吉詩序》，卷9，頁1。
〔註4〕 楊玉成：〈劉辰翁：閱讀專家〉，頁211。
〔註5〕 周振甫·冀勤編著：《談藝錄導讀》（台北：洪葉出版社，1995年5月），頁
284～286。
〔註6〕 〔明〕陳繼儒：《晚香堂集·劉須溪先生評點九種書序》，卷1，頁40～41。

變。在隱逸期間，劉辰翁與佛道中人密切往來，並與降元之友人相交，於詞文中，多援用佛道義理，或引莊文論述，並且從《莊子》中獲得啓發。如〈人間世〉中說到衛太子只知他人之過，而不知己過，劉辰翁則曰：「說得病證深切，人皆有之，經傳發明不能及。」（〈人間世〉注，頁109）在〈徐無鬼〉中提及鮑叔牙的性格是聞人一過而終生不忘，劉辰翁則有省曰：「不論鮑叔，吾黨宜常誦之戒之。」（〈徐無鬼〉注，頁461）因此，可推論劉辰翁試圖在佛道思想中超脫人生之桎梏，至晚年有所融通體會，亦完成批註三子之書。

由於宋代發明印刷術，裨益後代圖書之普及，又因劉辰翁在當代已是權威性的評點家，所以在元明間已有許多刊本印行。或有學者以爲劉辰翁是有所爲而爲，即有意從事評點以流傳後世，事實也不盡然，誠如陳繼儒所云：

> 第想先生造次避亂時，何暇爲後人留讀書種？何暇爲後人留讀書法？而解者明其異味異趣，遂謂先生優游文史，微渺風流，雖生於宋季，而實類晉人，得無未考其世乎？故悲而敘之如此。〔註7〕

在世亂之時，劉辰翁無暇爲後人留讀書之法，其評點初衷在於抒懷；另則是劉辰翁學養俱佳，故登門求文、請益者眾，如前述其「以長吉詩教學者」，可知在元代劉辰翁有從事教學，而評點之書，適可用作教學講義。劉將孫嘗說其父刪減王荊公詩，予以兒輩門生學習，在〈高紺泉詩序〉中，則生動描述劉辰翁教學之情況：

> 玄度詩本從霅霅入，初見來贄二篇，關涉宏闊，俛仰有態。先君子須溪先生即援筆，點如雨和詩，深致其意，自是從容議論，傾倒契悟，行吟提攜，夜坐共賦，一朝出同門諸子上。或媢且疾，而先生益親之。嘗嘿自笑曰：「吾具眼，豈輕許可耶？」一日得其〈見寄閩歸詩〉，幾間取朱筆賞記熒煌，復笑曰：「其以示羣兒爾。囂囂自尊大，曾當吾意如此耶？自揆造語嘗有此，吾靳不賞耶？」嗟乎！玄度得此語，可以傳其詩矣。〔註8〕

可想見劉辰翁拗筆以批門生的作品，目的在「以示羣兒爾」。總結上述，劉辰翁之所以從事評點的動機與目的，以臺靜農先生所云作結：

> 其所以專事批評者，則因國亡隱遯家居，以此教授後生，如其子將孫所說「以傳門生兒子」者，未必以此當作著述。後人輕率印出，

〔註7〕 同前註，頁41。
〔註8〕 〔元〕劉將孫：《養吾齋集‧高紺泉詩序》，卷11，頁96。

反爲盛名之累。〔註9〕

劉辰翁評點之動機主要在寄託抒懷，兼以點評之書作爲教學之用，非有意爲之，然因印刷技術之盛，故後人輕率印出，反被盛名所累。由此推論，劉辰翁至晚年評點《莊子》，除教學之目的，當然希望借由閱讀，在莊子思想義理中得到洗滌，以抒發胸中之塊壘，並運用其豐厚的學養來探求莊子之意趣，將隱逸之趣與佛性禪理融爲一體，達到精神的懸解與超化。

二、版本流傳與體例

宋代的公、私藏書目錄及方志，均未著錄劉辰翁之評《莊》，甫自明焦竑《莊子翼‧采摭書目》收有《劉須溪點校莊子》，共援引十九條。〔註10〕劉辰翁評《莊》之版本，經筆者歸納比對後，爲下列五種刊本，除第二項「明徐常吉本」外，台灣地區皆能見到完整本。茲說明如下：

（一）版本介紹

1. 元刊本

《莊子口義》十卷，合刻於《鬳齋三子口義》，〔宋〕林希逸撰，劉辰翁評。藏於國家圖書館。（版本資料詳見上節「評點介紹」）

2. 明萬曆十年（1582）徐常吉刻本

《莊子南華真經》三卷，〔宋〕林希逸口義、劉辰翁點校，〔明〕唐順之釋略。十行二十一字，白口、四周雙邊，有刻工。藏於中國科學院圖書館。

3. 明刻四色套印本

《南華經》十六卷，〔晉〕郭象注，〔宋〕林希逸口義、劉辰翁點校，〔明〕王世貞評點、陳仁錫批註。八行十八字，白口、四周單邊。民國六十七年（1978），中國子學名著集成編委會據國立中央圖書館借印原書。藏於國家圖書館，中研院文哲所、傅斯年圖書館等。

4. 明末葉刊本

《莊子》三卷，合刻於《劉須溪先生批註三子》，〔宋〕劉辰翁撰。明末葉刊本，即明天啓四年（1624）楊人駒據明小築刊「劉須溪先生較書九種本」刻印。藏於國家圖書館。（版本資料詳見上節「評點介紹」）

〔註9〕 臺靜農：《靜農論文集》（台北：聯經出版社，1991年6月），頁142。
〔註10〕 施錫美：《焦竑莊子翼研究》，頁64。

5. 莊子集成續編影印本

《莊子南華眞經點校》三卷，〔宋〕劉辰翁撰。嚴靈峯編輯，收錄於《無求備齋莊子集成續編》第一冊，民國六十三年（1974），藝文印書館據明刊劉須溪點校三子本影印。藏於國家圖書館，中研院文哲所、傅斯年圖書館，以及東吳大學、臺灣大學、政治大學等部分院校之館藏。

由上述之版本，可以瞭解劉辰翁《莊子點校》是以林希逸《口義》爲底本，直接評點於書上，在元代已有刊本印行。明萬曆年間，武進進士徐常吉認同劉評之觀點，於是匯集林希逸《口義》與劉辰翁評莊，加上唐順之釋略，在萬曆十年印行，稱爲「徐常吉本」，可惜於台灣不得而見。不過，徐常吉所撰〈劉須溪點校莊子口義序〉收於第三項「明刻四色套印本」中，四色套印本包含郭象、林希逸、劉辰翁、王世貞與陳仁錫之注。

元刊本、徐常吉本、明刻四色套印本，是將須溪評莊之內容與他人合印，直到明小築選定劉辰翁評點的九部書印行，是爲「劉須溪先生較書九種本」，始單獨刊印須溪之評點。明末天啓年間，楊人駒據「劉須溪先生較書九種本」，刻印《老》、《列》、《莊》三子，是爲「劉須溪先生批註三子本」，或稱「明末葉刊本」。於此可見須溪評《莊》在明代頗被重視，而清代由於注莊學者輩出，加上西方學術之影響，在莊學的成績斐然，故須溪之評點不受重視也是必然。

民國後，嚴靈峯先生編纂《無求備齋莊子集成》之叢書，在續編第一冊即收錄劉辰翁之評點，並定名爲《莊子南華眞經點校》，其版本從「劉須溪先生批註三子本」影印而來，由藝文印書館印行，爲現存最完備之本，故本文論述採用此本，以下所引注文，僅標示篇名及頁數，不另加註。

（二）書名、體例

劉辰翁評點《莊子》，原以林希逸《莊子口義》爲底本，性質類似讀書筆記，並無書名，大多是與他注合刻於《莊子》的原文之上，直到嚴靈峯先生定名爲《莊子南華眞經點校》。由於《莊子》等同於《南華眞經》，故嚴靈峯於〈莊子知見書目〉中即簡稱《莊子南華眞經點校》爲《莊子點校》，錢穆《莊子纂箋》前之簡介亦沿用此名。此外，或見稱爲《莊子評點》，如龔鵬程、錢奕華〔註11〕，或簡光明以爲韓敬的序文稱「評註三子」，並就內容而言「批註」

〔註11〕龔鵬程：《文學批評的視野》，頁396。又，錢奕華沿用龔鵬程之說，見其《林雲銘《莊子因》「以文解莊」研究》，頁7、19。

較「點校」恰當，故書名應爲《批註莊子》〔註12〕，說法頗有見地。由於本文是以嚴氏之版本爲主，故仍沿用其定名《莊子南華眞經點校》與簡稱《莊子點校》作爲論述。

關於《莊子點校》之體例，其書前並無凡例可參，須見《老子道德經評點》前之批註三子凡例，曰：

> 《老》、《列》、《莊》三子，須溪原批點《鬳齋口義》，然經劉丹鉛筆端有口，林義每墜，故各稱原經，不標林目。又須溪不獨著語本文，亦兼評林注，因林顯劉，故並林注有之。《老》、《列》善本授自於御君氏，得未曾有，獨《莊子》太多，因用徐儆弦刪定本，非如《老子》、《列子》之錄全文也。林注不全刻，止存劉語所及者，亦以此書主劉不主林故。〔註13〕

上述徐儆弦，乃明人徐常吉之號，且《莊子點校》首頁題：「須溪劉辰翁點校」，當是明刊者所爲題，凡例亦於出刊者所加。〔註14〕徐常吉所刻之《莊子南華眞經》三卷，不存於台灣，其撰寫〈劉須溪點校莊子口義序〉，則能見於「明末四色套印本」，曰：

> 自向秀而下，無慮數十家，惟宋林鬳齋氏《口義》頗著於近代，然句句而訂之，字字而釋之，恐非莊子曼衍謬悠之意。求其隱約連綴，深中肯綮，則宋劉須溪氏爲最若兩家者，即使蒙莊復生，直可與之印証矣。〔註15〕

可知徐常吉對劉辰翁評《莊》之評價較林希逸高。綜合上述，筆者將《莊子點校》之體例，歸納條列如下：

1. 劉辰翁所評《老》、《列》、《莊》三子，是以林希逸《鬳齋口義》爲底本，評點三子之原文外，並加批林希逸注。由於《老子》、《列子》之文本篇幅較短，故全刻林注，《莊子》篇幅過長，因而林注不全刻，保留劉辰翁之評點及其所語之林注，是爲現行《莊子南華眞經點校》之形式。

2. 《莊子南華眞經點校》一書，採明徐常吉之刪定本。徐常吉撰〈劉須溪點

〔註12〕 簡光明：《宋代莊學研究》，頁48。

〔註13〕 劉辰翁：《老子道德經評點》之凡例，收錄於嚴靈峯編輯：《無求備齋老子集成初編》（台北：藝文印書館，1965年3月），頁1。

〔註14〕 嚴靈峯編：《老列莊三子知見書目・莊子知見書目》，頁88。

〔註15〕 〔周〕莊周：《南華經》十六卷（台北：中國子學名著集成編印基金會，1978年12月），頁4～6。

校莊子口義序〉，說明刊印緣由。其一，莊文汪洋閎肆，自向秀以下注家輩出，注者依己意而解之，而劉辰翁提出莊文「其間有可解者，有不可解者，有不得不解者，有不必解者，在讀者會其意則可」〔註16〕，最能掌握解《莊》之法。其二，林希逸《莊子口義》在宋之後即成為最流行之版本，然而逐字逐句解析，恐怕難以貼近《莊子》謬悠曼衍之原意，而最能切中肯綮，掌握莊文的幽微處，則是劉辰翁之評莊。

3. 《莊子點校》之篇目，分內、外、雜篇，以現存《莊子》三十三篇為批註範圍，凡三卷。內、外、雜篇之形式相同，正文首行為「莊子南華真經」，次行下題「須溪劉辰翁點校」；每一卷末，即內篇〈應帝王〉、外篇〈知北遊〉、雜篇〈天下〉之末頁最後一行，再印「莊子南華真經」。

4. 《莊子點校》採評點之方式，先錄《莊子》之原文，在正文處有劉辰翁之圈點，以標示重要處。評語則低本文一格，分段評析，或獨抒己見，或引證說明，大多是以評林希逸注文為主。不論是莊子文本或劉注，皆無句讀標注。

5. 劉辰翁評點之篇幅，以內七篇最多，其中以〈齊物論〉、〈人間世〉發揮最廣；外篇之〈在宥〉、〈達生〉；雜篇之〈徐無鬼〉、〈庚桑楚〉亦評注頗多。篇幅最少者為〈讓王〉、〈說劍〉、〈漁父〉，僅錄原文而無評注，在〈盜跖〉下僅有二條評語。

三、評點特色與影響

　　評點文學兼具「文學批評」和「文學作品」的雙重含意，它是一種批評方式，也是一種文學形式。「評點從起源看，殷商時代漢語甲骨文起源最早；在評點符號系統中，南宋黃榦〈勉齋批點四書例〉為最早；從意義來看，漢代的評點符號是讀書句讀的標誌，直至南宋呂祖謙《古文關鍵》，評點符號才由語法意義擴展到批評鑑賞意義。」〔註17〕

　　評點是中國文學批評史的重要流派，評為「批評」，點為「圈點」，而圈點為古代讀書句讀的標誌。評點又稱「批點」，指一方面在詩文關鍵處或警策之句施以圈點抹畫，使讀者能對詩文重要處一目瞭然；另在圈點抹畫旁或頁

〔註16〕同前註，頁2～3。
〔註17〕黃肇基：〈古文評點的意涵及其演進〉，《建中學報》第11期（2005年12月），
　　　　頁119。

眉寫下對詩文的分析看法，或於詩文之末再做一次總評。若寫在作品之天頭（闌上），便是「眉批」；寫於句旁，是爲「旁批」；註明於篇末，便是「尾批」。不願多加評述的部分，便以字旁加圈點表示。〔註18〕評點符號要從句讀的標式擴充到鑑賞意義，關係著點評家之學養，及所下的評語，還有評點的對象爲何？因此，評點文學所評的對象大抵是中國古代優秀的文學作品。以《莊子》而言，由於後代注莊者眾，因而使莊學發展燦然，易言之，優秀的典籍往往與評點結合在一起，而歷來著名的文學家，通常也是出色的評點家。借由閱讀使評點家由作者化爲讀者，對於作品進行評點，形成再創造的歷程，近似西方接受美學之「讀者反應理論」。評點家的功能在於「開通作者、文本和讀者心靈交流的作用，它是作者、文本與讀者的橋樑，評點除了點出作品精采處、激發作品藝術感染力，使讀者易於了然外，亦可抒發評點家之情懷、表現其卓越文學之觀點，藉以提昇作品之藝術境界。」〔註19〕

　　劉辰翁本爲博學之士，其評《莊子》多以文學的角度評論，或採儒、佛入莊，使《莊子點校》一書呈現出劉辰翁式的評點風格，茲歸納分析如下：

（一）評語主觀精煉

　　批評文學區分爲「文學批評」與「文學理論」。文學批評是以文學作品作爲分析，解釋和評價的實際批評活動，此爲狹義的文學批評；擴大與文學有關的一切課題之批評，是爲廣義的，稱爲文學的理論批評。〔註20〕評點文學重視直覺主觀，而文學理論需要反覆閱讀思考以及推敲，才能從理論上加以系統的歸納、概括。評點文學即興發揮，隨閱隨批，不強調抽象的思考，以主觀評論且形式不拘，評語通常簡短精煉，切中要旨。一般而言，不同的文學類型所用的評點形式略有不同，如詩歌、散文多爲眉批、旁批、題下批、夾批等；小說、戲劇的評點則由詩文評的基礎上發展，通常書前有一段讀書法，有如對全書的總評。注家的評語則長短不一，「通常詩文評點以精煉見稱，而小說、戲劇的評語篇幅較長，較重文采和口語。」〔註21〕

　　《莊子點校》屬於散文評點，如上述所說，劉辰翁以一個主觀的閱讀者，對莊文及林注做評，其評語亦以簡短精要見長，多至數百字的評語不常有，

〔註18〕蔡娉婷：《劉辰翁評杜研究》，頁7。
〔註19〕黃肇基：〈古文評點的意涵及其演進〉，頁90。
〔註20〕張雙英：《文學概論》（台北：文史哲出版社，2004年1月），頁379～381。
〔註21〕孫琴安：《中國評點文學史》，頁6。

長句則是作爲整篇的總評，其他段落間評最多數十字，多以短評爲主，如「鳥景語，有悟入。」（〈天下〉注，頁607）「窮極心髓。」（〈列御寇〉注，頁585）「汎言治道，亦自簡當。」（〈則陽〉注，頁494）「語從容，寫得人心事好。」（〈徐無鬼〉注，頁462）評語僅有一字，如「自三代以下者，天下莫不以物易其性矣」下注「峻」字（〈駢拇〉注，頁191），在說明庖丁目無全牛一段，注「鈔」字（〈養生主〉注，頁76），於子貢稱爲圃者爲全德之民一段，下注「好」字（〈天地〉注，頁248）。

（二）鑑賞表現方式

自呂祖謙《古文關鍵》後，評點多了鑑賞的功能。所謂帶有鑑賞性，是相較於文學理論而言。以文學史爲例，多是以時代爲經，以作者爲緯，往往脫離文學作品去作理論上的建構，偶而摘引原句做說明，非以作品爲主軸。評點文學帶有美學鑑賞功能，即文學美感由文學作品中產生，批評家針對某一特點有感而發，品評得失，有時還得加一二考證作文字上的疏通，故而有賞析的性質。

劉辰翁評《莊》帶有鑑賞的特質，採用「、」「。」的符號標出要義，再低一格於段落間提出看法，作出評語。其一，兼用「、」「。」，以「罔兩問景」爲例：

> 罔兩問景曰：「曩子行，今子止；曩子坐，今子起，何其無特操與？」
> 景曰：「吾有待而然者邪？吾所待又有待而然者邪？吾待蛇蚹蜩翼邪？
> 惡識所以然！惡識所以不然！」（〈齊物論〉注，頁71）

劉辰翁先以「。」的符號標示，接著加「、」以示分別。標示原文後，劉辰翁則評曰：

> 林云：「罔兩，影邊之淡薄者。蜩蛇既化，而蚹翼猶存，是其蛻也。」影已無形之物，罔兩又非影之比也。寓又寓者也，意奇、文奇、事又奇，待有所待甚精，相待之無窮，而實者皆無所待，則俱空矣。蛇蚹蟬翼，影喻罔兩也，微乎微者也，吾更彼汝邪。（〈齊物論〉注，頁71～72）

劉辰翁先列舉林希逸注「罔兩」、「蛇蚹蜩翼」之意，再以己意說明罔兩本爲

無形，林希逸卻以實相解之，故釋義有誤。接著稱賞莊子爲文之妙，寓中有寓，舉無形之罔兩爲喻已新奇，再以罔兩問影，引申出無待之喻意，更是奇上加奇。劉辰翁以此應證莊文寓言十九，並標舉《莊子》意奇、文奇、事奇之特色。

其二，只用「、」標示，如「匠石運斤成風」一段：

> 莊子送葬，過惠子之墓，顧謂從者曰：「郢人堊慢其鼻端若蠅翼，使匠石斲之。匠石運斤成風，聽而斲之，盡堊而鼻不傷，郢人立不失容。宋元君聞之，召匠石曰：『嘗試爲寡人爲之。』匠石曰：『臣則嘗能斲之。雖然，臣之質死久矣！』自夫子之死也，吾無以爲質矣，吾無與言之矣！」（〈徐無鬼〉注，頁 460～461）

劉辰翁於「運斤成風，聽而斲之」間評「奇又奇」，於末句則評曰：「是事苦甚，將達者亦不無傷心乎，何以言之悲也。」深能體會莊子痛失知音的遺憾。

其三，只用「。」標示全段之重點，如〈庚桑楚〉中論「天鈞」曰：

> 學者，學其所不能學也。行者，行其所不能行也。辯者，辯其所不能辯也。知止乎其所不能知，至矣！若有不即是者，天鈞敗之。
>
> （〈庚桑楚〉注，頁 432）

由上例即能瞭解「知止乎其所不能知，至矣」是爲整段之要。換言之，劉辰翁以評點的形式，以意逆志去解讀《莊子》之文本，並用頓點、句號閱讀符號標示出來，接著加以評語，探討莊子文學與思想，呈現文學鑑賞的興味。

（三）呈現文學自覺

劉辰翁雖非評點之第一人，但由於他大量的詩文評出現後，才蔚爲壯觀，把宋代的文學評點推到一個前所未有的高度。〔註 22〕一個優秀評點家的影響在於其評點的書籍、體例規模及評點的用語被後世沿用。因此，使評點書籍流通成爲首要之務，而「找尋具有權威的論者評點，同時更成爲商業出版中

〔註22〕孫琴安：《中國評點文學史》，頁 56。

重要的行銷手法。」〔註 23〕劉辰翁的評點當然具有權威性，加上北宋雕版印刷快速發展，慶曆年間發明活字印刷術，因此擴大刻書範圍，印刷開始用句讀圈點的符號，因此將劉辰翁評點的形式也保留下來，葉德輝在「刻書有圈點之始」下云：「須溪劉辰翁批點，皆有墨圈點注。劉辰翁，字會孟，一生評點之書甚多。……坊估刻以射利，士林靡然向風。」〔註 24〕另一方面，宋代評點興盛的原因和宋人讀書認真的風氣有關。宋人讀書，講究虛心涵泳，熟讀精思，喜歡獨立思考，倡自得悟入之說，所以讀書有心得處，多有題跋或筆記，一旦把這種心得批在所讀的作品中，就是評點。〔註 25〕讀書風氣的興盛，目的當然在於科舉應試。朱自清在〈詩文評的發展〉一文中提到：

> 評點大概創始於南宋時代，為的是給應考的士子揣摩；這種選本一向認為陋書，這種評點也一向認為陋見。可是這種書漸漸擴大了範圍，也擴大了影響，有的無疑的能夠代表，甚至領導一時創作的風氣，前者如宋末方回的《瀛奎律髓》，後者如明末鍾惺、譚元春的《古唐詩歸》。〔註 26〕

於此可見，評點正式出現時在南宋，目的是取便科舉，帶有實用性質，又評點形式開始並非有意而為之，而是經由部分文士有意創作後，蔚然成為評點之風；另外，評點之風之所以能在宋代成形，與「宋人對注釋煩瑣的反動及文體本身的自覺有一定的關聯。」〔註 27〕

以劉辰翁而言，他對評點的另一個創舉在真正擺脫以科舉為目的，專以詩文評點成書之第一人。一般而言，評點之選本著重於科舉，自無工拙可論，而「劉辰翁，以全副精神，從事評點，則逐漸擇脫科舉，專以文學論工拙。」〔註 28〕其採類似「印象法」〔註 29〕的批評方式，對於元明漫批之風具有開創

〔註 23〕蒲彥光：〈傳統評點學試探〉，《中國海專學報》93 學年度（2005 年 2 月），頁183。

〔註 24〕葉德輝：《書林清話》（台北：文史哲出版社，1988 年 4 月），頁 86。

〔註 25〕吳承學：〈評點之興——論文學評點的起源和南宋的詩文評點〉，《文學評論》第 1 期（1995 年），頁 26。

〔註 26〕朱自清：《朱自清古典文學論文集・詩文評的發展》（台北：源流出版社，1982年 5 月），頁 189。

〔註 27〕蔡娉婷：《劉辰翁評杜研究》，頁 19。

〔註 28〕羅根澤：《中國文學批評史・兩宋文學批評史》（台北：學海出版社，1980 年9 月），頁 297。

〔註 29〕「印象法——這是中國傳統文學批評最常用的方法。批評家全憑主觀的好惡，閱讀文學作品而獲得某些印象，然後用直陳或譬喻的方式表達出來。……

性的意義，甚至影響小說、戲曲亦採以漫批方式來進行評論者。在歷史上，文學評點是由注疏發展而來，而劉辰翁超越注解，而有了自覺意識，這種精神，主要來自《莊子》。由「得意忘言」的語言觀提供靈感，以致於有了脫略形跡、靈活的語言、超越訓詁的精神。劉辰翁採取第二序的閱讀，超越訓詁、傳記、比興、出處等傳統解釋，轉向文本自身，將詮釋重心，從「所指」移向「能指」，把文本內部的意向性，透過讀者重新建構，擴大、普遍了文本的能指，改變古文的實用取向，使得純粹文學性的評點，有了理論的自覺聲明。〔註30〕

　　散文評點的發展，劉辰翁受呂祖謙的影響，多側重文學，然而呂祖謙的評點在某種意義上還是爲了政治而服務，故有其侷限性。與劉辰翁同期的謝枋得，評點具有系統性，是以教學目的爲主，類於文章作法。劉辰翁受謝枋得影響可見於重法度，也用在教學，差別在於劉辰翁完全去除科舉的考量，全然因喜好閱讀而批閱，較接近純粹性的文學評點。劉辰翁的文評，雖未成體系，然自有其獨到之處，當然由於主觀詮釋，對文本直接干預，難免產生評語偏執過當的現象，而不能否認的是劉辰翁的學術涵養與眼光敏銳度，故而評點之文籍仍受到學者、書商的青睞而刊印於世。

　　整體而言，劉辰翁呈現文學自覺的意識，深刻影響後人評點方式及語言觀。在他之前，詩文評已相繼出現，仍呈現零散狀態，自從他的評點出現，規模才開始宏大起來，境界也才得以拓寬、系統化。又例如開創和穩定「雙行夾批」這一後人最常見的評點形式，且創造一系列的評點語彙，如奇、清嫩、妙等，爲後人所沿用。另則是重主觀、重文本的評點方式，曾對明代詩文評點產生重大的影響，如鍾惺、譚元春的評點形式，受劉辰翁影響極深。〔註31〕因此可說劉辰翁之評點開啓後人無數門徑，椎輪大輅，逐步完善，是爲評點文學的定基者。〔註32〕

顯著運用此法而較有成績者，有劉辰翁、鍾惺、譚元春、歸有光、金聖歎等……所謂的點法、眉批法，均可歸屬於此類。」見張健：《中國文學批評》（台北：五南圖書公司，1992 年 8 月），頁 19。

〔註30〕 楊玉成：〈劉辰翁：閱讀專家〉，頁 202～205。

〔註31〕 四庫館臣撰《班馬異同》提要曰：「辰翁人品頗高潔，而文章多涉僻澀。其點論古書，尤好爲纖詭新穎之詞，實於數百年前預開明末竟陵之派。」見《四庫全書總目》，頁 1003。

〔註32〕 孫琴安：《中國評點文學史》，頁 65～70。又，孫琴安：〈劉辰翁的文學評點及其地位〉，《天府新論》第 6 期（1997 年），頁 72～74。

第二節　《莊子點校》之論文特色

一、閱讀與注解之法

　　莊子於〈寓言〉篇言著書之體例爲：「寓言十九，重言十七，巵言日出，和以天倪。寓言十九，藉外論之。……重言十七，所以已言也，是爲耆艾。……巵言日出，和以天倪，因以曼衍，所以窮年。」〔註33〕採寓言、重言、巵言爲立說方式，是莊子思想之特徵，蓋因「以天下爲沈濁，不可與莊語」，故「以謬悠之說，荒唐之言，無端崖之辭，時恣縱而不儻，不以觭見之也。」〔註34〕因此，劉辰翁認爲讀《莊子》首要於「知是寓言，且識所以遊者，則是書大略可觀已。」（〈逍遙遊〉注，頁 8）明白何者爲寓言之外，《莊子》一書專說遊意，故識其所謂遊者，則已掌握閱讀的關鍵。莊子所說之遊意，不僅在首篇而已，「此篇雖名〈逍遙遊〉，而未及逍遙之趣，直發端耳，得其所以遊者，則此書無徒，非逍遙篇也。」（〈逍遙遊〉注，頁 23～24）因此，瞭解莊子寓言十九的著書方式，以及在謬悠荒唐之辭中，識其所以遊者，才能算是一個優秀的閱讀者及注解者。

　　閱讀《莊子》知何者爲寓言是第一步，其次則須在寓言之中，找尋莊子欲表達之至理。如〈大宗師〉提及知天人之所爲，且眞人而後有眞知一段，劉辰翁曰：

> 天之生，非天生之謂也，此言其靈靈綿綿者，然大意在人之所爲一句，天人原是一片，及其說人之所爲，又只在心知上與他省煩惱，此是有用實話，非著書寓言，良可感歎。……故以不知爲知，盛矣，然又安知所知者之爲眞知乎？知有所待，然後當如人用法隨所附會，故曰未定，在所謂庸詎知云云者，是自解盡了，此其爲大宗之道，此其爲逍遙之書。（〈大宗師〉注，頁 141～142）

劉辰翁所理解爲天人原是合一，故莊子所言無非希望世人能破除對知識的執著，因爲連萬物基本的食衣住行問題，都沒有標準答案，人何以確定已獲得的知識是眞知呢？故莊子且以眞人而後有眞知來自說自解，明白此理者，才能識莊子之理爲大宗之道，莊子所撰爲逍遙之書。另在〈應帝王〉中有儵、忽謀報渾沌之德一段，劉辰翁評曰：

〔註33〕〔清〕郭慶藩：《莊子集釋》，第 4 冊，〈寓言〉，頁 947～949。
〔註34〕同前註，〈天下〉，頁 1098。

以爲報德，甚奇。凡皆愛之，不知其害，欲復爲渾沌難矣哉！名狀
至此，無復餘蘊。知者以爲此太極，不知者以爲此寓言也。
（〈應帝王〉注，頁181）

莊子雖不可以莊語如此，但欲明愛之適足以害知之理，表達唯有順應自然而
爲，才能保存全神。體會莊子義理者，適能瞭解七竅不鑿，混沌適可以爲太
極；不知者則以爲寓言讀過而已。對此，劉辰翁於他篇亦提及閱讀《莊子》
容易被忽略之處，曰：

目將熒之，色將平之。此兩語極一時流遁之狀，此時方恍然失其爲
我，方遷就求退之不能，況暇與之辯，此段苦處，非莊子不能道，
史傳之外，固多有之，讀《莊子》者，又忽過了。（〈人間世〉注，
頁88～89）

吾以爲止矣，倦矣，方無崖，方得意，如未嘗言者。去皮，去其國
也；去累，去其左右也，此言虛己，則並魯君而去之矣。從淺至深，
句句是道，今人作小說看了，喜其文而已，空有此書。（〈山木〉注，
頁368～369）

前項是注〈人間世〉：「目將熒之，色將平之」句，原以爲能用仁義來規勸暴
君，反落得進退兩難的局面，只有莊子能將這種苦處，用流暢生動的言語表
達出來。後項說明市南宜僚勸魯侯「虛己以遊世」，才能消弭權位所啓之紛爭。
莊子文字的鋪陳，由淺而深，層層遞進，且句句是道，如果只將此段文字當
作小說閱讀，而不識其眞意，只是空有此書罷了。因此，知者是爲識寓言中
之非寓言處，明莊子之理者。

　　閱讀而後注解，劉辰翁提出注家必須瞭解莊文有「不可訓詁」及「不必
解也不可解」的特性，故曰：「觀書大略如《莊子》，尤不可以訓詁。」（〈駢
拇〉注，頁183）「解莊子之法，一句兩句未喻，皆無害。」（〈在宥〉注，頁
229）莊子不可解的部分，劉辰翁舉數例說明曰：

前兩段問疾，一言死生之變，一言死生之理，至此處弔死獨言所以
不死者，其本末終始，深淺無不備。所謂遊乎一氣，假於異物，托
於同體，粲然前陳，無所可隱，雖欲復下注腳，不可。（〈大宗師〉
注，頁162～163）

異日，桑雩又曰，只如此更簡徑可喜，眞冷，不可解，以爲令字又
淺，把作丁寧字看。（〈山木〉注，頁374）

難如字，此欠解而不可解。（〈知北遊〉注，頁 410）

列子自驚如此，則自愛至矣。瞀人猶以人將保汝疑之，此所不可解
也。（〈列御寇〉注，頁 576～577）

第一項是莊子借孔子之形象說明儒家拘於禮教，其中含死生之變與死生之
理，論述由始至終，淺深無所不備，故當論及「遊乎天地之一氣」，已不可再
下注解。第二項注解〈山木〉：「異日，桑雩又曰：『舜之將死。』眞冷禹曰：
『汝戒之哉！』」〔註 35〕莊子用極精簡的詞語，就能生動地描繪出人物的形
象，行文至「眞冷」（今本作「眞泠」），實不可解，如將「冷」作「令」字解，
則又淺矣，應作「丁寧」解之。再者如〈知北遊〉：「果蓏有理，人倫雖難，
所以相齒」〔註 36〕，難字如其字，雖欠解而不可解。第三項是伯昏瞀人勸誡
列子不可炫智，不可以外鎮人心，列子謹守師訓，然瞀人仍以人將保汝疑之，
此謂不可理解之處。

除不可解外，劉辰翁注解《莊子》常有不知如何下注腳之情況，如〈知
北遊〉：「自本觀之，暗醷物也。雖有壽夭，相去幾何？須臾之說也。奚足以
爲堯桀之是非！」〔註 37〕劉辰翁曰：「超超。讀至此，了與人意不異，不知復
當如何下注腳也。」（〈知北遊〉注，頁 410）在〈天運〉篇中，老子因孔子明
白六經皆陳跡及與造化爲友之理，故稱孔子已得道。劉辰翁則曰：「語不犯一
字正位，雖與化爲人，已是注解，而亦不知其何語也。」（〈天運〉注，頁 294）
莊子行文不犯一字正位，論與造化爲人，雖已是注腳，卻不知所云爲何。遇
不知如何解《莊》之情況，劉辰翁亦提出解決之法，是爲注家「當自得之」，
下舉二例說明之：

本論小知，因及小年，其筆墨自恣無復初意，再舉鯤鵬，與前面所
以言鯤鵬者又不同矣。非得其自得於文字之外，不勝其纏繞也。此
段之意，在冥靈，而大椿附之，其所以爲鵬者未之言，言之在此。
（〈逍遙遊〉注，頁 12～13）

此處難以貼說解註，當自得之。蓋至於氣與符則精矣，不容言矣。
此至人之道，其於以化人，未也。此氣字，非志帥氣之氣。符字契
合字，訓不得，應字校說得一邊。符者，看如氣候之將至，隱然中

〔註 35〕同前註，第 3 冊，〈山木〉，頁 686。
〔註 36〕同前註，〈知北遊〉，頁 744～745。
〔註 37〕同前註，頁 744。

爲之動，止於符，則隱然者亦不復起矣。（〈人間世〉注，頁96）

前者言〈逍遙遊〉「小知不及大知，小年不及大年」一段，又舉用鯤鵬爲例，在首段鯤鵬是象徵逍遙廣大的境界，此處則與蜩和鷽鳩的小知作爲小大之辯的區別，如果注家不能自得於莊子文字之外，就會被重覆的文意所束縛。劉辰翁強調此段文意主要是以冥靈（小年）爲主，而用大椿（大年）比附說明，其所以爲鵬者未之言，而言之在此，此即呼應〈逍遙遊〉篇意「專主至大，正不以二蟲小知爲然」。下段則是說明「心齋」之義理，難以妥貼詮釋，尤其於「心止於符」及「氣也者，虛而待物者也」之符與氣字，已無法詳細言說，雖然劉辰翁嘗試解之，猶訓不得，故強調注家須自得之，從莊子思想去作全面理解，才能理解「心齋」之意義。

綜論之，閱讀《莊子》須識其寓言、重言、卮言的寫作體例，分辨莊文中何者爲寓言，並識其所謂遊意；在寓言中，明白莊子之自得爲何。閱讀而後注解，注家不可以訓詁之法解莊文，不必強作解人，須瞭解其中有不可解的部分，如果遇到不知如何下注腳的情況，則當自得之，蓋因「《莊子》豈易註哉，知與不知，一也，任其所知，足矣。」（〈德充符〉注，頁123～124）

二、評點《莊子口義》

劉辰翁在諸注家中選評林希逸《莊子口義》，一方面是《口義》本爲宋元時期的通行本，方便取閱，另則要追溯到其師歐陽守道與林希逸往來的淵源。歐陽守道曾致信林希逸，謝贈三子之書，文曰：

> 《莊子》讀書有年，然以辭旨多奇奧思之不得，則又置之，故不能精
> 熟。及得解義，如得老師在坐，聽其讀稍艱棘，不待問而自告之。此
> 書無疑則《老》、《列》固可類通矣，而二解又至，何幸又何幸也。要
> 之，讀三子之法，且知以三子讀不必先頓，以儒者正說非之，此近世
> 諸儒之所未及。宸翰冠編端天語極有斟酌，三書萬世一遇也。解義中
> 時引文軒、樂軒、網山微意，淵源所自可敬可仰，力請於上而褒表之，
> 手代王言以華其力，後清風高誼，豈獨闊中之爲師友者聳動哉？〔註38〕

巽齋信中提及對莊子之奇思奧義不能解，幸蒙林希逸贈之三子《口義》，並稱林希逸是以儒家立場來解莊子，是近世諸儒所不能及。林希逸注解時引林光朝（艾軒）、林亦之（網山）、陳藻（樂軒）微意，蓋因其師承艾軒學派而來。

〔註38〕〔宋〕歐陽守道：《巽齋文集・與林竹溪書》，卷6，頁423。

艾軒學派源於二程之洛學，以宣傳儒家聖賢之教為本；歐陽守道終生宏揚程朱理學，劉辰翁又師承歐陽守道，可知林、劉二人具有相同的理學背景，而且其師與林希逸有交遊往來。林希逸於其《口義》發題曾曰：

> 是必精於《語》、《孟》、《中庸》、《大學》等書，見理素定，識文字血脈，知禪宗解數，具此眼目而後知其言意一一有所歸著，未嘗不跌蕩，未嘗不戲劇，而大綱領、大宗旨未嘗與聖人異也。〔註39〕

由上述可見林希逸是以儒家之經典來解《莊》，並援禪宗等佛理解《莊》，另則是講究文章技巧，是艾軒學派的重要特點，故林希逸說其「文字血脈稍知梗概」，因此以文學角度評《莊》也成為林希逸之特色。總合上述，亦可瞭解劉辰翁選評林希逸《口義》，其來有自。

評林希逸注的部分，劉辰翁之反駁多於肯定。〔註40〕在認同之部分，劉辰翁通常以二種方式，一是直接引用林注，如：

> 林云：「天，天然之腠理也。大郤，骨肉交際處也。窾，空也。大窾，骨節間大空缺處也。肯綮，骨肉相著處也。軱，大骨也。」
> （〈養生主〉注，頁76～77）

> 林云：「馮夷，水神；肩吾，太山之神；禺強，北方之神。」
> （〈大宗師〉注，頁153）

> 林云：「道盡者，言其天理滅盡也。」（〈外物〉注，頁506）

> 林云：「苦獲，已齒，鄧陵子，皆人名。」（〈天下〉注，頁596）

除直接引用，或有舉例加以申論，如：「王字，林作王天下之王，固奇，只作王駘之王，更奇。」（〈德充符〉注，頁120）「林云：『帛猶何故也。』汪訓法字，法亦故也，崔氏作爲。」（〈應帝王〉注，頁173）二是對林注作出肯定之評語，茲舉例說明如下：

> 林云：「這一轉，又好自細視大者，不盡管中窺天之類是也。自大視細者，不明鵬鳥塵埃之類是也。」辯得本分。（〈秋水〉注，頁312）

〔註39〕〔宋〕林希逸著，周啓成校注：《莊子鬳齋口義校注》，〈發題〉，頁1～2。

〔註40〕關鋒介紹劉辰翁《莊子點校》曰：「此書大旨與林希逸同，很尊崇林希逸。」如是以文、儒、佛入莊的形式，並期回歸莊子原意的大方向而言，林、劉二人的要旨絕對是相同的；如以詮釋莊文的內容，則劉駁林處多，故關氏說法與事實有所出入。見關鋒：《莊子內篇譯解和批判·莊子注解書目》（北京：中華書局，1961年6月），頁380。

即下面一語，說盡病根，求馬彼唐肆，便是他交臂過處。林解唐肆
甚好。（〈田子方〉注，頁389）

林云：「令尹之貴，若在令尹，則與我無預，我之可貴若在於我，則
與令尹無預。」甚佳。（〈田子方〉注，頁400）

第一則是〈秋水〉篇中，北海若告訴河伯「自細視大者不盡，自大視細者不
明」，林希逸舉一反三，以管中窺天和鵬鳥塵埃來詮釋，劉辰翁頗認同，故評
曰：「辯得本分。」第二則是稱讚林希逸解「唐肆」甚好，林注爲：「肆，貨
馬之地也；唐，無壁之屋也。《詩》云：『中唐有甓』，唐肆，今之路過亭也，
貨馬者來去不常，止就其肆求之，刻舟求劍之意也。」〔註41〕第三則是肩吾
問孫叔敖三爲令尹而不榮華之寓言，劉辰翁對於林注「令尹」極肯定，故評
「甚佳」。

　　反駁林希逸注，是因林注與劉辰翁「不可訓詁」及「不必解」的理念相
違背，因而產生字句釋義有錯誤，且與莊子本意不相合。在林注字句訓詁下，
所解字義有誤者如：「林云：『上之字助語；下兩之字往也。』三之字皆虛字，
無緣下兩之字訓往，言其向者，溺意之所爲之，不可使復爲之也。」（〈齊物
論〉注，頁32）此處是二人對「其溺之所爲之，不可復之也」中，三「之」
字見解有所不同。或如：「林云：『隊，轉也。』隊，磨齒也。」（〈天下〉注，
頁601）上舉二例，劉辰翁僅在林注後加注己意反駁之，並無評語，附有評論
之用語，皆稍嫌過當，如評林云造化是「費口煩」：

林云：「此者，造化也。言非造物，則我不能如此。然造物之所爲，
必因人身而後見，故曰非我無所取。如此說得來，雖若近而可見矣，
然其所爲見使於造物者，人實不知之，故曰是亦近矣，而不知其所
爲使。」
此數語甚明，本不須解，爲他說此做造物，遂費口煩。（〈齊物〉
注，頁35～36）

劉辰翁認爲莊子語意已明，本不須解，而林希逸卻用如此冗長的敘述來說明
造物，遂費口煩。或以林解「每欲求異」來批評之，如：

此樣語痛至，讀自有省，本不須著一字，林解每欲求異，只添造物
在不亡上，便解不去，不亡只是不死耳，芒與忙同。《孟子》：「芒芒

〔註41〕同前註，頁318。

然歸」是也。但作忙，豈不痛快！須要解作芒昧，卒無所發明，兩不相入。

林云：「芒芒然，無見識也。天理未嘗不明，人以人欲自昏，故至於此。」莊子又不說仁義，何必天理。（〈齊物論〉注，頁39）

林解每欲求異，於其本領無見，而纖悉致意，只如師曠瞽者，自是扶杖聽樂，癡獃入神，豈不名狀分曉，何用詭怪牽引。枝策爲擊樂之策，須用使人聾耳。以此解莊子，尤不類。（〈齊物論〉注，頁53）

前者針對〈齊物論〉中莊子感嘆「人亦有不芒者乎？」劉辰翁以爲此處本不須解，林氏解爲人不能順乎造物，乃爲外物所汩，過於標新立異，又解「芒」爲芒芒然，是無見識也。總之，劉辰翁無法苟同林希逸強作解人的方式，並批其爲「不切處常不休。」（〈馬蹄〉注，頁197）此外，亦有用強烈的語辭來批判林注，如「癡絕」、「詭怪」、「全錯」之評：

林云：「蓋言人之處世，豈得皆爲順境，亦有逆境，當前之時，又當委曲順以處之。」說近逆境，全錯！（〈養生主〉注，頁79）

林云：「矜音勤，與鰥同。矛，柄也。」《項籍傳》：「鋤耰棘矜」，非矜字豈須解，作此詭怪。（〈在宥〉注，頁220）

林云：「然與，然乎？《論語》子貢對曰：『然。非與？』即此意。」林解癡絕。（〈則陽〉注，頁494）

首先針對〈養生主〉中庖丁最後提刀四顧的得意神態，林氏用人之處世的順境、逆境立說，劉辰翁則用「全錯」來回應。其次談及〈在宥〉篇堯舜「矜其血氣，以規法度」之事，林氏解矜爲柄，而矜其血氣之矜，應解爲苦，因此被劉辰翁所譴責作此詭怪。再者是〈則陽〉篇中蘧伯玉行年六十，而「未知今之所謂是之非五十九非也」[註42]，林希逸卻用子貢之語解之，是爲「癡絕」。

　　總而言之，林希逸注確實有強將儒釋與莊作類比的缺失，劉辰翁以其見解申論之處，雖頗有可觀，也不盡然正確，但用帶有情緒性的批判詞語，極爲不可取，易流爲後人所詬病，而忽略劉注之價值。

三、字句篇章之辨僞

　　孟子曰：「盡信書不如無書」，漢王充《論衡》，其中〈語增〉、〈儒增〉、〈藝

〔註42〕〔清〕郭慶藩：《莊子集釋》，第4冊，〈則陽〉，頁905。

增〉、〈書虛〉諸篇，專論有關史實真偽之問題；唐劉知幾《史通》，有〈疑古〉、〈惑經〉等章，強調古書不可堅信等等，至宋代辨偽之風更熾。前章已揭宋仁宗慶曆之後，宋儒疑經、改經之風盛行，如歐陽脩疑《易傳》、蘇軾辨《莊子》、司馬光撰《疑孟》、王安石考《春秋》、朱熹疑《詩序》等，皆助長疑古辨偽之風。蘇軾撰〈莊子祠堂記〉首發〈讓王〉、〈盜跖〉、〈說劍〉、〈漁父〉四篇為偽作，成為後代辨《莊》者之依據。東坡論點先反對司馬遷《史記》所載：「莊子者……作漁父、盜跖、胠篋，以詆訾孔子之徒，以明老子之術」〔註43〕，再以韓愈提出莊子出於子夏、田子方之說為基礎，提出「莊子蓋助孔子者」的觀點，以此作為辨偽《莊子》篇章之根據。其文曰：

> 余以為莊子蓋助孔子者，要不可以為法耳。……故莊子之言，皆實予而文不予，陽擠而陰助之，其正言蓋無幾。至於詆訾孔子，未嘗不微見其意。……然餘嘗疑〈盜跖〉、〈漁父〉，則若真詆孔子者。至於〈讓王〉、〈說劍〉，皆淺陋不入於道。……去其〈讓王〉、〈說劍〉、〈漁父〉、〈盜跖〉四篇，以合於〈列御寇〉之篇……莊子之言未終，而昧者剿之以入其言，不可以不辨。凡分章名篇，皆出於世俗，非莊子本意。〔註44〕

東坡去除〈讓王〉等四篇後，「反復觀之」而以〈列御寇〉首段「列御寇之齊」與〈寓言〉末段「陽子居南之沛」接續合為一章，就莊子文意而已，頗有見地。於文末，東坡亦強調分章、名篇，皆出於後來學者之手，非自莊子本意。自東坡疑《莊》之說出，諸家評論四起，不論是反駁或認同，皆可稱東坡為莊子學辨偽的立基者。〔註45〕

劉辰翁對於《莊子》篇章辨偽，是針對三十三篇之字句、語意及篇章而論，雖以林希逸為底本，於辨文章之真偽的觀點不盡相同，反倒承續歐公、東坡之說並加諸己意而發。疑「用字有誤」的評語為：

> 諫而後悟，強而後改，雖悟雖改，人使也。人使者，彼亦以人應之，若為天使，則悟與改，且不知僞何從生，此二句多以僞二字，疑訛。
>
> （〈人間世〉注，頁98）

〔註43〕〔西漢〕司馬遷撰，〔劉宋〕裴駰集解，〔唐〕司馬貞索隱、張守節正義：《史記・老子韓非列傳》（北京：中華書局，1982年11月），頁2143～2144。

〔註44〕〔宋〕蘇軾撰，孔凡禮點校：《蘇軾文集・莊子祠堂記》（北京：中華書局，1992年9月），第2冊，頁347～348。

〔註45〕姜聲調：《蘇軾的莊子學》（台北：文津出版社，1999年12月），頁238。

句字疑非，當作身。（〈駢拇〉注，頁 185）

前項是評〈人間世〉：「為人使易以偽，為天使難以偽」句，劉辰翁以文意推論多出「以偽」二字；後者評〈駢拇〉：「竄句遊心於堅白同異之間」，以為「句」字有誤，或可用「身」字替代之。此外，亦有疑「衍句」，或以「語無味」等標準來分辨，如〈養生主〉：「庖丁釋刀對曰：『臣之所好者，道也。進乎技矣。』」〔註46〕劉辰翁於下評：「猶疑多了此句」（〈養生主〉注，頁 75），或可推論此評是經由反覆閱讀後所下的判斷。在〈達生〉：「以己養養鳥也，若夫以鳥養養鳥者」，劉辰翁評曰：「此等重出無味。」（〈達生〉注，頁 361）此與〈至樂〉之「以己養養鳥也，非以鳥養養鳥也」互見重出，應是模仿莊文而寫，但顯語言無味。另一段則是評〈徐無鬼〉之第一段與第二段重出，曰：「溫潤可玩，雜說重出，若得之他人隨記之者，皆可觀。」（〈徐無鬼〉注，頁 451）雖語意重複，但呈溫潤可玩，就算是他人隨記之，皆有可觀。或有從文字所呈現的氣度來斷定是否出自莊子之手，如〈列御寇〉中莊子反諷受宋王賜者為龍頷取珠，一定會遭受禍害，劉評曰：「此與赫鼠同，非莊子之量也。」（〈列御寇〉注，頁 589）此外，亦有從章節段落評論，如「兩節衰颯」（〈秋水〉注，頁 326）、「使無公孫龍、相梁兩段更好。」（〈秋水〉注，頁 329），前者云「孔子被誤認為陽虎」一事與「公孫龍問魏牟聞乎莊子之言」，劉辰翁認為兩段均呈衰颯之氣，於篇末再次強調，若無公孫龍與惠子相梁兩段更好。以劉辰翁之語評，可推論他懷疑這三段寓言是後人所羼入，但並無進一步分析說明。

在篇章之辨偽，劉辰翁採東坡之說，於〈讓王〉、〈說劍〉、〈漁父〉僅錄原文而無評點，在〈盜跖〉有二條註文：

此非顓孫師邪，不特斥其師以不見母，非實，此時又未有匡章子也。

（頁 555～556）

盡性，諺索性也，單字亦此義。（頁 560）

第一條在說明〈盜跖〉：「孔子不見母，匡子不見父，義之失也」一段。〔註47〕顓孫師，即子張，《論語》有〈子張〉篇；匡章，又稱匡子、章子，其事蹟可見《孟子·離婁下》。劉辰翁認為子張斥孔子應聘歷國，其母臨終而不見，並非史實；另則是匡章求其父歸向正道，反被驅逐一事稱「此時又未有匡章子」，表示是後人所偽作，以致與實際情形不合。第二條評語，則以諺語與字義解

〔註46〕〔清〕郭慶藩：《莊子集釋》，第 1 冊，〈養生主〉，頁 119。
〔註47〕同前註，第 4 冊，〈盜跖〉，頁 1007。

釋「求盡性竭財」句，亦與義理無關，似以其僞作之故。〔註48〕劉辰翁直接說明爲僞篇者爲〈天道〉，錢穆《莊子纂箋》亦有提及，評曰：

> 歐陽修曰：「此篇是學莊子者。」劉須溪曰：「才看一二語，便不類前篇。」王夫之曰：「此篇之說，有與莊子之旨迥不相侔者。特因老子守靜之言而演之，亦未盡合於老子。蓋秦漢間學黃老者之所作也。」
> 〔註49〕

由上述可知〈天道〉篇應爲後人僞作。劉辰翁於〈天道〉前三節之評，均採歐公之說，第一節至「以此退居而閒游江海，山林之士服」，歐陽脩曰：「讀至服字，是學莊子語者」〔註50〕；劉辰翁曰：「是學莊子語者，讀至服字可笑。」（頁258）第二節中「與天和者，謂之天樂」，歐陽脩曰：「處語無味」〔註51〕；劉辰翁曰：「語無味。」（頁259）至末句「天樂者，聖人之心，以畜天下也」，歐陽脩曰：「至此敗筆」〔註52〕；劉辰翁亦曰：「至此敗也。」（頁260）第三節開頭「夫帝王之德」之句下，歐陽脩曰：「此以下，俱不似莊子」〔註53〕，劉辰翁曰：「此以下豈莊子哉！」（頁261）於「此之謂太平，治之至也」句下，歐陽脩曰：「亦淺而拙」〔註54〕；劉辰翁亦曰：「儳拙」。（頁264）至此，劉辰翁完全認同歐公之說，甚至可說是對歐公之辨僞進行再確認。以下至〈天道〉篇末，劉辰翁則以作文之法來對文章進行評論，在「此下之所以事上，非上之所以畜下也」段後曰：「轉見衰颯說不行。」（頁265）於「昔日舜問於堯，天王之用心何如」之寓言，則評「尚未得爲似。」（頁266）表示此段是學莊子語者，但尚未表達出莊文之精髓。「孔子西藏書於周室」之寓言，評曰：「此以前篇一兩語申之，不知樹木語，如此蛇足，不稱言者少知。」（頁267）將以前篇章已提及的觀點說仁義，描述至「樹木固有立矣」已是多餘，如此蛇足，不如刪去。下段「士成綺見老子」，則曰：「漸入佳境」（頁268）、「是莊子別此，意甚好。」（頁269）稱讚撰此文者，已漸入佳境，雖與莊子有別，亦頗有意味。讀至「知者不言，言者不知，而世豈識之哉！」感嘆曰：「悲夫，

〔註48〕簡光明：〈劉辰翁《南華眞經點校》綜論〉，頁156。
〔註49〕錢穆：《莊子纂箋》（台北：東大圖書公司，2003年11月），〈天道〉，頁106。
〔註50〕同前註，頁107。
〔註51〕同前註。
〔註52〕同前註。
〔註53〕同前註，頁108。
〔註54〕同前註，頁110。

一語不盡有態，是莊子語。」（頁 271）雖是仿作，但已將莊子欲去世人認知之執表達出來。末段「輪扁謂桓公所讀者爲古人之糟魄」之寓言，則評曰：「每讀每嘆，能言者不能加矣。」（頁 272）

綜言之，劉辰翁辨別《莊子》之眞僞，由字句、語意、篇章等方面著手，兼採歐陽脩及蘇軾之說。其中評語不見有系統之論述，亦無清楚說明辨僞之標準，乃因劉辰翁是以評點之形式，而且文評之評語本是以簡短精要見長，以文學鑑賞的角度而言，亦可作爲對文章詮釋的特色。

第三節　《莊子點校》之義理見解

劉辰翁是以儒家本位對《莊子》進行詮釋，「以儒評莊」亦是解讀莊子思想之大宗，自魏晉之後，注莊者多以向、郭義理做爲再發揮的基礎，注家以溯源莊子思想爲主軸，會通儒道，或認同韓愈以莊子出於孔門子夏、田子方，東坡以莊子蓋助孔子者的觀點，因此在論釋莊子義理，多與《易傳》、《中庸》之思想銜接。〔註55〕劉辰翁延續儒道會通的觀點來評莊，其中引用《孟子》的思想較其他經典頻繁，另受到三教合流的思潮影響，故有兼援引佛道思想的呈現。劉辰翁以儒進取，以道安身立命，以莊子爲有儒者氣象者，以佛道之教義互爲說解，自成不同之注莊風貌。關於劉辰翁以儒、釋評莊之內容，將由下章詳析之，本節先就其所提及的重要義理觀點，作爲總論說明之。

一、《莊子》專說遊意

〈逍遙遊〉爲《莊子》之第一篇，歷來學者對莊子逍遙思想有多樣的解讀、詮釋，劉辰翁於篇名下作了一段總評，以郭象及林希逸注作爲分析的對象，曰：

> 舊見郭解以爲逍遙遊爲大小各適其分，意亦是之。今見林解，又以
> 爲形容胸中廣大之樂，近之，而非也。（〈逍遙遊〉注，頁 7）

劉辰翁認同郭象之逍遙義爲「大小各適其分」，而林希逸所解逍遙爲「胸中廣大之樂」，劉辰翁以爲接近莊子的境界，但不等同。由於郭象注素有作者爭議，在《世說新語・文學》提及郭象「爲人薄行，有儁才，見秀義不傳於世，遂竊以爲己注，乃自注〈秋水〉、〈至樂〉兩篇，又易〈馬蹄〉一篇，其餘眾篇，

〔註55〕錢奕華：〈莊學詮釋現象與意義〉，《國文學報》第 3 期（2005 年 12 月），頁 160。

或定點文句而已。其後秀義別本出，故今有向、郭二《莊》，其義一也。」〔註56〕《晉書・郭象傳》所載與《世說新語》文義相同，認爲郭象剽竊之。而《晉書・向秀傳》則記「秀乃爲之隱解，發明奇趣，振起玄風……郭象述而廣之。」〔註57〕同一書而有二種觀點，遂形成《莊子注》作者公案的由來。《四庫全書總目》則綜合前述，並舉證《經典釋文》、張湛《列子注》所徵引向、郭注，來評斷二者「大同小異。是所謂竊據向書，點定文句者，殆非無證。」〔註58〕錢穆先生亦曰：「當時謂象竊秀注爲己有，此殆未必直鈔其文字，義解從同，即謂之竊矣。」〔註59〕侯外廬則以對照方式於張湛《列子注》輯出其所引〈應帝王〉、〈達生〉中向秀的佚文，與今傳郭象本比較，認爲沒有理由爲郭象的剽竊辯護。〔註60〕何啓民亦在此基礎上校勘向、郭注文，得出有文義皆同，有文異而義同，有向注之而郭無有者，有向有而郭增補，故可知郭注盜自向秀。〔註61〕持反對意見者，以爲郭象非竊取向注者，最早出自錢曾《讀書敏求記》，後有王先謙《莊子集解》等，並無提出有利的確證，僅抱持存疑的態度。近人劉運好則以《四庫全書總目》和侯外廬所列之對照表爲例，以爲二者均割棄郭象注文，僅引向注以校郭注，故造成郭象竊取的假象。〔註62〕康中乾列舉諸說對於《莊子注》的著者疑案，用史料釐定的方式，以爲應視爲向、郭的綜合作品。〔註63〕綜述之，郭象有無竊自向注，嚴謹如錢穆先生以爲「義解從同」即是竊取；或有以「郭象述而廣之」，是在向本的基礎上增補，不全然是剽竊。可見爭議點在於學者對剽竊的定義不同，又加上向秀本今已不傳，故將郭象注視爲向秀注之替代，應是較公允之看法。

〔註56〕〔劉宋〕劉義慶撰，楊勇校箋：《世說新語校箋》（台北：樂天出版社，1972年9月），〈文學〉，頁157。

〔註57〕〔唐〕房玄齡等：《晉書・向秀傳》（北京：中華書局，1982年11月），頁1374。

〔註58〕〔清〕永瑢等：《四庫全書總目・莊子注》，頁2877。

〔註59〕錢穆：《莊老通辨・記魏晉玄學三宗》（台北：東大圖書公司，1991年12月），頁359。

〔註60〕侯外廬主編：《中國思想通史》第3卷（北京：人民出版社，1957年5月），頁208～217。

〔註61〕何啓民：《竹林七賢研究・向秀研究》（台北：臺灣商務印書館，1966年3月），頁119～126。

〔註62〕劉運好：〈郭象《莊子注》非竊自向秀再考辨〉，《皖西學院學報》第17卷第1期（2001年2月），頁55～59。

〔註63〕康中乾：〈《莊子注》的著者歸屬之爭與中國哲學史料的釐定方法〉，《南開學報》第2期（2002年），頁21～28。

（一）大小各適其分

　　郭象玄學的核心思想是「獨化論」，並以「適性」闡發逍遙之義，以爲人人盡其性、分，則能致跡冥圓的聖人境界。其於〈逍遙遊〉篇下注：

> 夫小大雖殊，而放於自得之場，則物任其性，事稱其能，各當其分，
> 逍遙一也，豈容勝負於其間哉！〔註64〕

適性即能逍遙，萬物各有本性，不論小大，只要合乎本性，讓本性充分表現就能自在自得，就能逍遙。於此以逍遙與自得並提，故將逍遙與「性分論」關聯起來。郭象之性分論是緣於莊子之「性分自足」，莊子對人的定位論及「性分」及「命」，其文曰：

> 未形者有分，且然無閒，謂之命；留動而生物，物成生理，謂之形；
> 形體保神，各有儀則，謂之性；性脩反德，德至同於初。〔註65〕

莊子認爲道生萬物，人也是萬物之一，所以經過道的安排，人和萬物皆找出自己的本眞（德）；在出生之前，個人的秉性、材質皆已確定，這就是「分」；而人的一生中，能否不與人事物有所衝突、產生閒隙，這就是「命」；而人必須保有虛靜謙退的心，才能返回本眞，而本眞即等同於道。郭象於下注曰：「夫德形性命，因變立名，其於自爾一也。」〔註66〕又於〈齊物論〉曰：「言性各有分，故知者守知以待終，而愚者抱愚以至死，豈有能中易其性者也。」〔註67〕即生言性，以爲生之謂性，性成命定，人性的善惡，決定於稟氣的厚薄。郭象論性分承莊子而來，其中略有不同是莊子論命，是以「閒」爲主要因素，在宿命中帶有超脫；而郭象以氣性命定的思路，人只能安於所受終其一生。回歸於逍遙義，人人各適其性分則能逍遙，而逍遙之境界爲何？郭象曰：

> 夫莊子之大意，在乎逍遙遊放，無爲而自得，故極小大之致以明性
> 分之適。〔註68〕

郭象所說「無爲而自得」的境界，在莊子則須透過至人、神人、聖人的工夫修養，以致「乘天地之正，而御六氣之辯，以遊無窮者」，並強調「彼且惡乎待哉」，故可知莊子所示現之逍遙，是一種無待的境界。郭象則曰：

> 夫唯與物冥而循大變者，爲能無待而常通，豈獨自通而已哉！又順

〔註64〕〔清〕郭慶藩：《莊子集釋》，第1冊，〈逍遙遊〉篇下注，頁1。
〔註65〕同前註，第2冊，〈天地〉，頁424。
〔註66〕同前註，〈天地〉：「形體保神，各有儀則，謂之性」句下注，頁426。
〔註67〕同前註，第1冊，〈齊物論〉：「一受其成形，不亡以待盡」句下注，頁59。
〔註68〕同前註，〈逍遙遊〉：「化而爲鳥，其名爲鵬」句下注，頁3。

有待者，使不失其所待，所待不失，則同於大通矣。〔註69〕

在莊子處，將逍遙一理境系於「無待」，而將有待者如列子視爲未得於逍遙者。然郭象機鋒一轉，不論有待、無待，皆同得逍遙。由此可知郭象判定能否逍遙的條件不在於有待或無待，而在於是否「各安其性」，也就是適性與否。另則是莊子並無論及小大皆能逍遙，必須具備聖人之才與聖人之道，透過工夫主體之修養，才能逍遙；而郭象不離現實世界，以命定之性的逍遙義解之。然而即使如郭象所說的適性、當分，若無工夫，則人人未必能逍遙。〔註70〕綜言之，莊子與郭象囿於其時代背景，莊子身處亂世，深知無用之用方爲大用，郭象則上承王弼「齊一儒道」的立場，任自然而不廢名教，故言用（自然）得其所（名教），則物皆得逍遙。〔註71〕

（二）胸中廣大之樂

劉辰翁評林希逸以樂之逍遙來形容體道之境界，是近似而非，林注云：

> 遊者，心有天遊也；逍遙，言優游自在也。《論語》之門人形容夫子，只一「樂」字，《三百篇》之形容人物，如〈南山有台〉曰：「樂只君子。」亦止一「樂」字。此所謂〈逍遙遊〉，即《詩》與《論語》所謂樂也。

> 一部之書，以一「樂」字爲首，看這老子胸中如何？若就此見得有些滋味，則可以讀〈苤莒〉矣。〈苤莒〉一詩形容胸中之樂，併一「樂」字亦不說，此《詩》法之妙，譬如七層塔上又一層也。〔註72〕

林希逸認爲逍遙爲「優游自在」而「心有天遊」，爲使讀者更能理解抽象的意涵，故用《論語》和《詩經》之樂作爲逍遙義之註解。《論語》出現門人形容夫子之樂，僅有〈先進篇〉：「閔子侍側，誾誾如也；子路，行行如也；冉有、子貢，侃侃如也。子樂。」下鄭玄注：「樂各盡其性行。」〔註73〕可見孔子之

〔註69〕同前註，「若夫乘天地之正，而御六氣之辯，以遊無窮者，彼且惡乎待哉」句下注，頁20。

〔註70〕莊耀郎：《郭象玄學》（台北：里仁書局，1998年3月），頁61。又，莊耀郎：〈郭象《莊子注》的性分論〉「兩岸三地『詮釋學與經典解釋』學術研討會」論文（台北：世新大學，2007年5月4、5日），頁12～13。

〔註71〕蕭安佐：《宋代「逍遙義」的開展》，頁58。

〔註72〕〔宋〕林希逸著，周啓成校注：《莊子鬳齋口義校注》，頁1。

〔註73〕〔魏〕何晏集解，〔宋〕邢昺疏：《論語注疏》（台北：藝文印書館，2001年12月，據一八一五年阮元刻本影印），卷11，頁97。

樂，樂在於弟子能各盡其性行。又舉《詩經·小雅·南山有臺》之例，孔穎達《正義》疏：「以有賢臣各盡其事，故能致太平。」〔註74〕可知詩中之樂，樂在得賢臣治世。因此，《論語》之弟子各其盡其性行，《詩》之賢臣各盡其事之樂，即所謂逍遙之樂也。

再舉〈芣苢〉一詩形容胸中廣大之樂，並以此說貫穿〈逍遙遊〉全篇之注文，而〈芣苢〉之義爲何？〈詩序〉：「〈芣苢〉，后妃之美也。和平則婦人樂有子矣。」〔註75〕可見婦人之樂，樂在有子。不過〈芣苢〉全詩無一樂字，含不盡之意見於言外，讀者須自行領會乃能得之。又以「七層塔」爲例，七層塔即佛家七寶塔，表相是莊嚴華麗的建築，在境界上則是「具足七寶，光明遍滿」，此象徵佛國淨土是由清淨心幻化而成，而〈芣苢〉以如此精妙的詩法，來形容胸中廣大之樂，比佛家所言七層塔之境界更爲上乘。

綜合上述，林希逸以儒家經典作爲譬喻，便於讀者取資實際經驗理解逍遙之境，並解〈逍遙遊〉之要旨在於「樂」，莊子描述的境界，更勝於七寶塔的佛國境界一籌。然而，林希逸之說缺乏功夫歷程，且儒家之樂與莊子之逍遙，終究難以畫上等號，換言之，林希逸注是以現實世界的經驗基礎爲論說，而莊子是以境界論逍遙，故難以符合莊生之旨。〔註76〕

（三）識其天遊之樂

劉辰翁於「逍遙義」認同郭象注而駁林希逸注，在其他篇章亦如是，或在郭注上發揮，時而批評，偶爾認同林注，期能貼近莊子原意，是劉辰翁評莊的基本態度。在〈逍遙遊〉篇下續云：

> 此篇文意專主至大，正不以二蟲小知爲然，郭解乃篇外意，林則知逍遙之名篇矣。不知《莊子》一部書，專說遊意，其所謂遊，非縱觀宇宙之大而已。則其所謂樂者，亦非勝於鷦鳩斥鷃，與爲人所羨而已，其必有所得也。老子曰：「吾遊於物之初」，莊子著書之意，欲人知天遊之樂，然終非耳目間意，若以夢蝶喻之，又惡其小，且未離乎夢也。將求物外之大者，無如海與鵬，而海又不足以鼓動言

〔註74〕〔漢〕毛亨傳、鄭元箋，〔唐〕孔穎達疏：《毛詩正義》（台北：藝文印書館，2001年12月，據一八一五年阮元刻本影印），卷10，頁347。

〔註75〕同前註，卷1，頁41。

〔註76〕簡光明：《林希逸莊子口義研究》，頁61～63。又，蕭安佐：《宋代「逍遙義」的開展》，頁88～89。

之，故托之風，其第一義，使人知是寓言，且識所以遊者，則是書
大略可觀已，非其自喻有所得，即是篇之作與紙鳶何擇？看他纏說
幾句，便依稀恍惚入於野馬塵埃與生物之息，此豈爲鵬翼作注腳耶？
其視下也，謂天也已，與造物爲人而出於萬物之表，方見蒼蒼者之
非色，方知人世是非起滅，生死去來不過如此，此心此目，豈爲鵬
視下也。物之與境本難言者，故或出於鵬，或出於人，以爲非鵬，
身安得至此？以爲鵬也，於我何與？倘知立言之意，則莊子用心之
苦，有甚於子思，引飛躍之喻道者，風在下，培風皆不類書傳語言，
此其去人遠矣！（〈逍遙遊〉注，頁7～9）

《莊子》一部書專說「遊」意，以「遊」作爲全書之旨，其著書之意，目的
欲人知「天遊之樂」。莊子之「遊」並非縱觀宇宙之大而已，而是「遊心於物
之初」〔註77〕之天遊；莊子之「樂」，樂在大小各適其分且自在自得，逍遙遊
即是達到與道化合的境界。莊子透過寓言去描寫物之與境，以海與鵬來形容，
而海不足以鼓動鵬之大，鵬何以大，在於蓄積厚養而來，故托之以風。大鵬
乘風翱翔於天際時，其視下方知蒼蒼者之非色，方知人世間之是非、生死不
過如此而已。因此，識《莊子》第一義，必先知何者爲寓言，知要旨在於「遊」，
進而體會莊子立言之意在於「天遊之樂」，如果留心僅於耳目間意，那麼大鵬
不過是紙鳶，〈逍遙遊〉不過是一堆文字而已。因此，體會莊子著意之意，亦
能瞭解莊子用心之苦甚於思，於此可見劉辰翁是以儒家立場來評《莊子》。

　　莊子之逍遙，是進一步將有待透過工夫修養轉化爲無待，則成就一逍遙
境界。換言之，能不能達到逍遙的關鍵在於無待，而唯有至人、聖人、神人
透過修養，達到無己、無功、無名，故能與道化合而遊於無窮。因此，在莊
子的筆下，定乎內外、辯乎榮辱的宋榮子；御風而行的列子，仍有所待，未
得真正的逍遙。劉注曰：

宋榮子則是矣，然未得爲逍遙也；雖列子御風至矣，猶未得爲逍遙
也。如佛說空，空亦未是，直至都無所待，而後謂之遊。是前之語
培風者，亦未得爲逍遙也。鵬者遊之始也，萬里出門，初見天色及
其至此，鵬又不足言矣。未樹者，猶有所倚也；猶未離乎是非者也。

〔註77〕老子遊心於物之初，孔子問曰：「請問遊是？」老子曰：「夫得是，至美至樂
也。得至美而遊乎至樂，謂之至人。」〔清〕郭慶藩：《莊子集釋》，第3冊，
〈田子方〉，頁714。

冷然者，在人世是非之外矣，以形御氣，則猶未離乎氣也。(〈逍遙
遊〉注，頁 15～16)

劉氏以爲宋榮子仍有所倚，未離乎是非；列子雖離乎是非，御風至矣，仍未
離乎氣，故二人皆未得爲逍遙，甚至前述之大鵬培風而飛，亦未得爲逍遙，
只是遊之開端而已，須直至無所待，才能達到逍遙遊之境界。莊子以無待而
逍遙，劉辰翁則據郭象注，以爲有待、無待皆可逍遙，取消一切的分殊、大
小、壽夭，故稱「郭解以爲逍遙遊爲大小各適其分，意亦是之」。此處又延伸
出郭象是否誤解莊子「之二蟲又何知」的小大之辯問題。郭注曰：「二蟲，謂
鵬蜩也，對大於小，所以均異趣也。夫趣之所以異，豈知異而異哉？皆不知
所以然而自然耳。自然耳，不爲也。此逍遙之大意也。」〔註78〕郭象認爲不
知所以然而然，即是適性，小大皆有各自的逍遙，沒有所謂的優劣，並解二
蟲爲「鵬、蜩（鳩）」。由於郭象以「小大平等」的立場發揮，直接由境界言
說，而缺乏功夫的進程，遂引發後世學者歧義紛說〔註79〕。劉辰翁則曰：「解
逍遙者，多爲此二蟲所惑，實不同道。」〔註80〕（〈逍遙遊〉注，頁17）劉辰
翁以爲不論「之二蟲」是鵬、蜩（鳩），或是蜩、鳩，應瞭解「此篇文意專主
至大，正不以二蟲小知爲然」，由小知而知大知，小年而知大年，追求至大的
境界，才是莊子之原意。誠如唐君毅先生所言：

〔註78〕 同前註，第 1 冊，〈逍遙遊〉篇下注，頁 1。

〔註79〕 一、解二蟲爲蜩、鳩，不同於郭注之鵬、蜩（鳩），仍延續郭象「小大平等」
的詮釋立場，如張默生曰：「雖似卑視蜩與學鳩，而高看大鵬，其實不然。蓋
因『物之不齊，物之情也』……大鵬與蜩鳩，同是有所待的，同是不自由的。
若物物各安其所受之性，而自適其適，大者安其大，小者安其小，不作虛妄
分別，不存彼我之見。」見張默生：《莊子新釋》（台北：明文書局，1994 年
1 月），頁 96。二、解二蟲爲蜩、鳩，以「小不知大」的立場詮釋，如林希逸
曰：「二蟲者，蜩、鳩也。言彼何足以知此。」見〔宋〕林希逸著，周啓成校
注：《莊子鬳齋口義校注》，頁 4。俞樾曰：「二蟲即承上文蜩、鳩之笑而言，
謂蜩鳩至小，不足以知鵬之大也。」見郭慶藩：《莊子集釋》，第 1 冊，〈逍遙
遊〉，頁 11。近人吳怡則認爲郭象誤解「之二蟲」的意涵，是以人性去牽就物
性，由此而錯解逍遙遊的境界，其中最主要的關鍵在於未能把握「自然」二
字。見吳怡：《新譯莊子內篇解義》（台北：三民書局，2004 年 1 月），頁 23
～24。吳怡：《逍遙的莊子》（桂林：廣西師範大學出版社，2006 年 1 月），頁
8～13。

〔註80〕 劉辰翁注「解逍遙者，多爲此二蟲所惑，實不同道」，是評「之二蟲又何知」
句，而文本將劉注放在「鷦鷯巢於深林，不過一枝。偃鼠飲河，不過滿腹」
句下，應是明刻本排版錯置。

郭象謂逍遙之旨，乃以大小並觀，小者自適於體內，即自足無待，而可得逍遙，大者不自足，則大者亦不得逍遙云云，即與莊子明言大知小知之不同，而實有小大之辯者不合。依郭象意……無大無小，乃可超小大之辯。此固是一義……如大知涵小知，小知不足以涵大知。固仍當尚其大，以超於小之外也。……莊子此篇之必由大鵬之飛來說，而又歸在善用大，則郭象之謂莊子之於斥鷃與大鵬，自始平觀，亦非是也。莊子自是欲人由小知以及大知。〔註81〕

劉辰翁認同郭象解逍遙遊爲「大小各適其分」，然對於工夫修養，仍依循莊子從有待至無待的層層轉化，故曰：「如佛說空，空亦未是，直至都無所待，而後謂之遊。」其以空來解遊的境界，稱「空亦未是」，須至「空諸所有，空空亦空」（〈德充符〉注，頁 138），猶似莊子之「無無」，劉注曰：「佛說無法無覺，展轉諦空……便如有無推到無處，並無亦失了。」（〈齊物論〉注，頁 54～55）劉辰翁以佛家的「空」來解道家之「無」，亦是宋代注莊者援佛入莊的常見形式。

綜論之，劉辰翁以「天遊之樂」爲逍遙義，是由林希逸「胸中廣大之樂」引申而來，境界更爲深遠，其以「遊」字貫串全書，鉤玄提要。近人王叔岷先生亦認爲〈逍遙遊〉之「遊」，正是見莊子之大全的大通之旨，蓋因莊文各篇均涉及「遊」字，且一切議論譬喻，似皆由「遊」字發揮之。又稱「至樂，即天樂也。故莊子所謂遊，即所以致天樂之道也」〔註82〕，此見與劉辰翁之「天遊之樂」也能相互呼應。於〈逍遙遊〉篇末，劉辰翁亦強調曰：「此篇雖名〈逍遙遊〉，而未及逍遙之趣，直發端耳，得其所以遊者，則此書無徃非逍遙篇也。」（頁23）因此，只要能識得莊子之遊意，任何一篇皆是〈逍遙遊〉。

二、以不齊齊物

道家哲學是以「道」爲核心展開論述，「道」在道家，指萬事萬物之形成之理之綜合，借《韓非子・解老》之言，乃「萬物之所然也，萬物之所稽也。」簡而言之，道，即是自然。〔註83〕莊子的道承老子而來，較之老子而更重「人

〔註81〕唐君毅：《中國哲學原論——原道篇》卷一（台北：臺灣學生書局，1978 年 4 月），頁 349～350。

〔註82〕王叔岷：《莊學管闚》（台北：藝文印書館，1978 年 3 月），頁 179、211。

〔註83〕劉文起：〈由明道與法道論老子之無爲自然思想〉，收錄於《國學論叢》（台北：康橋出版社，1985 年 12 月），頁 160。

道」，即個體生命的安頓。莊子認為人的自困自苦，主要來自對形軀的執迷，其次是對心知的執迷。人有形軀執，也就是有死生之惑，因此，莊子由生死分別顛破，薄生死、外形骸，表達死生一如，物我相通的境界。人有認知執，則以己是論人非。因此，莊子以否定知識的活動，進而薄辯議、泯是非，如此才能獲眞知、顯眞我。總之，在道家思想中，人與萬物等同齊觀，並不高估人的能力，強調道才是最終的本源，在莊子則呈現「天地與我並生，萬物與我爲一」〔註84〕的齊物觀。

（一）破死生、外形骸

破形軀執，最重要的成分即是「生」與「死」，故莊子提出了「破生死」的看法，又言「死生亦大矣」，劉辰翁解曰：

> 所謂生死事大是也，死生亦大矣，此在《莊子》中一語，亦與常言常辭無異……直發端耳。（〈德充符〉注，頁120）

劉辰翁以爲莊子用死生之語是常言常辭，作爲論述義理的開端。莊子以「性修反德，德至同於初」，即「性分自足」的觀念來論人之生，劉辰翁據莊子之意，注曰：「謂之德者，自然之性也。」（〈齊物論〉注，頁58）「德，猶性也。」（〈庚桑楚〉注，頁429）「理其所謂性，即所謂德也。」（〈駢拇〉注，頁183）莊子認爲人之一生，「且然無閒，謂之命」，其所謂命，乃德與性，即是把人生中的所遭遇事之變，壽夭貧富等，稱之爲命。〔註85〕人受道的安排而成形，從出生至死亡，與物相刃相靡，似策馬狂奔而身不由己，既然變存於命之中，不如轉變心念面對之，故莊子於〈人間世〉曰：「知其不可奈何而安之若命，德之至也。」又於〈德充符〉再次強調：「知不可奈何而安之若命，唯有德者能之。」〔註86〕眞正通達性命的有德者，不論所遇何事，皆能安之若命，不爲外物所累，知命且順命。劉辰翁對此亦有所評曰：

> 知其不不（案：疑可字）奈何，而安之若命，非無規避處也。只此一句，慷慨明達，談笑有餘，晉人清談相尚，臨難往往不懼，緊得此意，不可奈何，非衰颯之謂也，其自決如此。（〈人間世〉注，頁104～105）

舊解莊子「知其不可奈何，而安之若命」，都以宿命觀詮釋之，而劉辰翁時稱

〔註84〕〔清〕郭慶藩：《莊子集釋》，第1冊，〈齊物論〉，頁79。
〔註85〕徐復觀：《中國人性論史》（台北：臺灣商務印書館，1999年9月），頁376。
〔註86〕〔清〕郭慶藩：《莊子集釋》，第1冊，〈人間世〉，頁155、〈德充符〉，頁199。

莊子爲達者，認爲莊子是眞正慷慨明達之人，一句安之若命，呈現出優遊自得的態度，劉評又以魏晉名士風度相比較，認爲名士受莊子影響，故於臨難時不喜不懼，因其「自決」如此，非由外力所致，呈現知命順命的風範。

死與生是相對的，人對死亡多少存有恐懼，莊子則以爲人的死生皆由道來安排，「夫大塊載我以形，勞我以生，佚我以老，息我以死。故善吾生者，乃所以善吾死也」〔註87〕，應以「安時而處順」的態度來觀照生命的過程，劉評曰：

> 養生者，甚以哀樂爲寇，傷害心者哀爲甚，吾欲逆此得乎？哀哉！
> 縣解者苟能脫此，便是第一，如言超縛出世外之見也。(〈養生主〉
> 注，頁82)

善養生者，安時而處順，且心不被哀樂易，「不知說生，不知惡死」，而後能懸解而超脫。面對死亡的態度，莊子則提出死生一如，及物化、形化的觀念。

1. 死生一如

在〈至樂〉篇中，莊子妻死，莊子從宇宙萬物的至情至性，體會出死生無變於己的至理，故惠施弔之方見莊子鼓盆而歌。其次，死亡只是形體的消失，值得注意的是，文中並無提及靈魂的主體，此種宗教觀念須發展至後來的佛、道教才有，至於人死不是消失，而是形體的轉化，即所謂「形化」，劉注：

> 此更以自己哀樂，推見骨肉離合，其於爲人也切矣，其情文俯仰，
> 則不期而得於言，故尤明日瀧落如此也，不知幾回說到此，常有新
> 意。(〈至樂〉注，頁334)

莊子論死生，時有新意，此處以自身經驗來說明生死只是一氣之聚散、形軀的暫失消失，它會不斷的流衍轉化，這是自然的定律，就像四季的運行有其規律，周復始且不曾停歇。劉辰翁對於莊子死生一如之觀念，有多處論及曰：

> 索意精到。謂死爲歸，常語耳。他發得別齊物者，齊死生至矣。誦
> 其言，眞足以爲笑傲去來間也。(〈齊物論〉注，頁66)
>
> 鬼，屈也，往而不來，則屈矣。得死，則生隨之矣。
> (〈庚桑楚〉注，頁436)
>
> 人心未嘗一息，死則死矣，自至人觀之，則其所以生者，乃其所以

〔註87〕同前註，〈大宗師〉，頁262。

> 死也，所謂其形化，其心與之然可不謂之大哀，與此又以日爲喻，
> 甚明甚切。（〈田子方〉注，頁 387）

莊子用精妙之筆法，說明悅生惡死未嘗不是一種迷惑，用以死爲歸的態度，將齊物、齊死生之理發揮到極至。劉辰翁評曰：「得死，則生隨之矣」，認同死生不停地流轉變化的概念。再者，莊子借孔子之口告訴顏回「哀莫大於心死，人死亦次之」，說明人死而形化，如果心死不能跟隨自然變化才是大哀，故以是「日徂」。

2. 物我相通

莊子強調「死愈於生」，是希望人能隨大化所趨，與萬物同層流轉，即所謂「物化」，此理可見於「莊周夢蝶」之寓言，劉注曰：

> 夢覺，齊人物，齊小大，齊是非，齊生死，齊盡在是矣。奇又奇也……
> 曰周與蝴蝶必有分矣。不知者以爲尚生分別，知者以爲人牛俱失之
> 機也。正言似反。（〈齊物論〉注，頁 72～73）

「知者以爲人牛俱失之機」，是以禪宗所謂「人牛俱忘」而解，此處又見劉辰翁以佛解莊。莊子以正言若反的方式，說明形軀與外物並非截然分立，故莊周和蝴蝶分別的是事物的幻象而已，他稱之爲「物化」，因爲沒有分別的本體，才是絕對的、永恆不變的眞理，所以夢爲莊周，或夢爲蝴蝶，皆是物象的幻化而已。〔註88〕

因此，氣聚氣散，一物化爲一物的循環反復，萬物以不同相互傳接，生命是永不止息的。〔註89〕換言之，死亡只是形體的消失，是道「息我以死」，精神會永恆地存在，它或許轉化到另一個形體，甚至是花鳥蟲魚身上，只要能順任物化推移，適然而來，適然而往，在宇宙的流衍變化中，隨時都能安頓性命，不論轉變成什麼形體，不論到何處去，從宇宙的巨視來看，天地曾不能以一瞬，故無增減，無生死，生命無時無刻的流轉，就是眞相。

（二）薄議論、泯是非

莊子所處的時代，爲百家爭鳴的戰國時期，因親見知識活動帶來言論爭端的弊害，故提出去知的思想。去知並非反知，而是要世人明白大知、大言

〔註88〕黃錦鋐：〈莊子〉，收錄於王壽南主編：《墨子、商鞅、莊子、孟子、荀子》（台北：臺灣商務印書館，1999 年 9 月），頁 121。

〔註89〕江淑君：〈死生無變於己──《莊子》生死觀析論〉，《淡江大學中文學報》第 6 期（2000 年 12 月），頁 79。

之可貴，故曰：「大知閑閑，小知閒閒；大言炎炎，小言詹詹。」〔註90〕劉辰翁以爲「此十六字便盡是非底蘊，自大而觀小，知小言何足道哉？然是非偏起於閒閒與詹詹者，知其閒閒與詹詹，則待之亦無物矣，此下極人情之變態。」（〈齊物論〉注，頁30）智者明白小知、小言爲是非之源，故視之爲無物，而深陷其中之人，則表現出種種不合理性的行爲，日思夜夢，與接爲搆，日以心鬥，如此「開眼便是事生是非，寧有已哉！」（頁 31）「小恐惴惴，大恐縵縵」，莊子細膩描繪人情的憂懼之變，由於心存是非，故對人則「發若機栝」、「留如詛盟」，表現出「喜怒哀樂，慮嘆變慹，姚佚啓態」的情狀。因此，破除世人對聰明巧知之執迷，是莊子欲人明「真知」，期能建立一個無分別心的認識觀，如破除對美醜、善惡、用無用等二元對立的思考模式，此因「統一這大小是非死生的差別的，便是道」〔註91〕，故曰「恢恑憰怪，道通爲一」。

1. 真知

莊生「其學無所不窺」，學富五車，「故自王公大人不能器之」，因此深刻地瞭解知識的畛域過於廣泛，如果強不知以爲知，就會受到傷害，故曰：「吾生也有涯，而知也無涯。以有涯隨無涯，殆已。已而爲知者，殆而已矣！」〔註92〕劉辰翁則評曰：

> 莊子言養生主，第一義主於知。人生惟多知求勝最大患，如火銷膏，他外物之好不及此，唯莊子能言之，三十二篇屢致此意焉。絕學無憂，爲之反覆，三四語常恐負之。（〈養生主〉注，頁73）

養生之第一義在於知，人生最大患爲多知求勝，故保養全神最重要的在於去知與爭，即莊子所云：「去知與故，循天之理。」〔註93〕道家提倡「絕學無憂」、「爲學日益，爲道日損」，乃希望世人追求真理智慧而揚棄耳目聞見的知識，此因知識累積，伴隨的是習氣與派頭的遞增、聰明巧智的爭奪，故要損除日益倍增的習氣，而不在反對學習。對知識的認知，老子講「無」，莊子講「無無」，莊子以「無無」來與老子的「無」作一層次性的區分，此亦是老莊論境界之差異處。「無無」是將無的執著泯除，境界更躍升一層，劉辰翁則曰：「謂其初，本無一字，安得是非，自以爲是未必是，便如有無推到無處，並無亦

〔註90〕〔清〕郭慶藩：《莊子集釋》，第 1 冊，〈齊物論〉，頁 51。
〔註91〕葉國慶：《莊子研究》（台北：臺灣商務印書館，1967 年 3 月），頁 67。
〔註92〕〔清〕郭慶藩：《莊子集釋》，第 1 冊，〈養生主〉，頁 115。
〔註93〕同前註，第 3 冊，〈刻意〉，頁 539。

失了。」（〈齊物論〉注，頁 54～55）

　　莊子所謂的「真知」，即「知止乎其所不能知」，又如〈大宗師〉所云：「知天之所為，知人之所為者，至矣。」〔註 94〕在西方哲學上的知，都是偏於知識方面，如哲學一詞，原義是指愛知，實際上是一種思索，一種向外的探討。在中國哲學上的知，都是偏於「智慧」方面，如哲字，《爾雅》訓之為「智」，但這個智非指外在的知識。《尚書・皋陶謨》云：「知人則哲」，正說明中西哲學特質之不同。西方哲學重知物，而中國哲學卻重在知人；知人乃屬於智慧，是反觀內心，推己及人的。〔註 95〕莊子又稱「有真人而後有真知」，在莊子筆下的至人、神人、真人，皆等同於道家理想中的「聖人」。〔註 96〕「眾人役於知，聖人無知」（〈齊物論〉注，頁 66），存有真知的聖人，發自然無心之言，以不分為分，不辯為辯的精神，用「懷之」的心態，面對「眾人辯之以相示」。劉評曰：「聖人亦何曾與人辯，橫來豎去，皆留得自家地位。在懷者，如少者懷之之懷，溫存他無悖爭也。分是從一上分，辯是從不心服處辯，心服則無辯，故凡辯皆有所不辯不見也，無便宜。」（〈齊物論〉注，頁 59）

　　因此，莊子並非反智，只告訴世人不可盡「隨」無盡的外在知識，使內心失主；再則不可求盡。〔註 97〕總之，真知可以啟發人生，體會「道通為一」的境界，進而破除對知識活動的執著，去私心成見，如此才能達到莊子無無之境。

　　2. 道通為一

　　由於經驗認知的不同，而產生言論爭端四起，小則存於個人的爭辯，大則猶似學派之是非，對於物之論，莊子提出薄辯議、泯是非的觀點。劉辰翁對「物論」別具隻眼，解曰：

〔註 94〕同前註，第 1 冊，〈大宗師〉，頁 224。

〔註 95〕吳怡：《逍遙的莊子》，頁 37～39。

〔註 96〕郭象對莊子筆下之天人、神人、至人、聖人，於〈天下〉注曰：「凡此四名，一人耳，所自言之異。」（第 4 冊，頁 1066）四者雖不同名，所指者為「聖人」。次於〈外物〉注曰：「神人即聖人也，聖言其外，神言其內。」（頁 945）表示神人即聖人也。再於〈大宗師〉注曰：「有真人，而後天下之知皆得其真而不可亂也。」成玄英疏曰：「夫聖人者，誠能冥真合道，忘我遺物。懷茲聖德，然後有此真知。」（第 1 冊，頁 226）成疏亦根據郭注，以真人為聖人，於同篇又注：「夫真人同天人，齊萬致。」（頁 240）以此類推，可知天人、神人、至人，均指道家理想中的「聖人」。

〔註 97〕周策縱：〈《莊子・養生主》篇本義復原〉，《中國文哲研究集刊》第 2 期（1992年 3 月），頁 11。

或謂莊子欲齊物論，非也，欲齊則愈不齊矣。不是齊他物論，是自
看得他物論原自齊；看得齊，則心平；心平，則無物論矣。物論謂
指戰國學問，亦非也。天地間，自有人我，即有是非，從堯舜事業、
六經議論、戰爭、興廢、出處、成敗、死生，皆是非也。身外無第
二物切於此矣，此不足動，皆不動矣，故齊爲上。（〈齊物論〉注，
頁24）

林希逸以物論爲「戰國時期學問」〔註98〕，劉辰翁認爲該說涵蓋過狹，而採
「物論皆是非」來分析，並定義物論的範圍：舉凡「堯舜事業、六經議論、
戰爭、興廢、出處、成敗、死生，皆是非也。」又言莊子非要齊「物論」，欲
齊則愈不齊矣，是看得物論原自齊，看得齊則心平。所謂心平，如〈達生〉：
「無累則正平，正平則與彼更生，更生則幾矣。」〔註99〕心正氣平則能順應
自然，與自然同化，離道的境界已相去不遠；又如〈庚桑楚〉：「欲靜則平氣，
欲神則順心。有爲也，欲當則緣於不得已，不得已之類，聖人之道。」〔註100〕
不得已而應事，「是形容主觀上毫無要有所爲的欲望，而只是迫於客觀上人民
自動的要求，因而加以順應的情形」〔註101〕，此即所謂聖人之道。因此，世
人應效法聖人平氣順心，心不以哀樂易，不得已而應世的精神，自能無視於
物論之存在與否，故「心平則無物論矣」。

（1）三籟說

莊子在〈齊物論〉中，以人籟、地籟、天籟，天地間自然的聲響，象徵
合於自然的無心之言，來對應當時百家紛爭，萬竅怒號之情況。劉辰翁評曰：

莊子欲形容物論之無情，卻從天地間得其尤，無根者曰風，知風之
所從起，與其所受，則其不齊者齊矣。（頁26）

世間無日無是非，非彼則此，小是小底風，大是大底風，古今不知
其幾。終必寂然而止，此所謂齊也，識其所從生，則不待止而齊矣。
（頁29～30）

風象徵道，經由風的安排而產生萬物，道創生萬物而任其自爲，長而不宰，
故不齊之齊，而萬物自齊。風吹孔竅產生不同的聲響，竅穴代表人的德性、

〔註98〕〔宋〕林希逸著，周啓成校注：《莊子鬳齋口義校注》，頁13。

〔註99〕〔清〕郭慶藩：《莊子集釋》，第3冊，〈達生〉，頁632。

〔註100〕同前註，第4冊，〈庚桑楚〉，頁815。

〔註101〕徐復觀：《中國人性論史》，頁411～412。

本眞，也就是經過道的安排，萬物找出自己的本眞，而有不同的性格。世間無日無是非，皆因人分你我、彼此，以不合道之言論互相傷害，故產生當時群說並起的亂象。雖然萬竅怒號影射百家爭鳴，但兩者卻不同，風一停，則萬竅沉寂，此所謂齊也，不似百家爭鳴，個個充滿主見，因此爭論是非不休。

（2）眞君

這些因言論而造成反覆無常的情態，難道沒有控制的根源嗎？莊子以人的百骸、九竅、六藏舉例來說明「眞君」的存在，也就是道如何在眞我上產生表徵。劉辰翁反駁林希逸解眞君爲造物，而以五行相生相剋之理來說君臣、臣妾之相爲用，並曰：

> 有在四時之外者，衰王不足以相奪，此所謂眞也，彼爲至人如此，皆以此身內事也，非身外是非比也。雖然苟不知亦已，必求其所不知，以爲知非眞也，是君也人人有之而不知，亦無損此所謂齊也。（頁37）

眞君等同於至人之心，也就是心有心志的作用力。劉辰翁依循莊子「不離於眞，謂之至人」的說法，認爲人人皆有一顆至人之心，雖日用而不知，卻無損於眞君之價值。莊子認爲人的一生與物相刃相靡，而莫之能止，且隨「成心」而師之〔註102〕，即人心時常存有成見，故而有是非。從個人堅持己見之言論，擴大則成爲整個學派的辯論，「道隱於小成，言隱於榮華。故有儒墨之是非。」〔註103〕

（3）莫若以明

是故，如何解決議論所生之是非？莊子提出「莫若以明」的方法，使世人瞭解「物無非彼，物無非是」。劉注曰：

> 此是彼非，常情，取是字一邊看我，故惟見彼之爲非；自齊物我者論之，則無彼無此，此即是矣，是字不必專在此，則彼亦是矣。以

〔註102〕謝明陽以爲劉辰翁所詮釋「成心」，與郭象注最爲接近。「注文中兩度使用『所見』一詞來解釋『成心』（但隨「所見」而師心，未有不得師者。……有未成而自謂已有「所見」者。〈齊物論〉注，頁40），可知此一『成心』帶有後天的見聞、習染之意，是個人的一偏之見。而對此『成心』，劉辰翁同樣未賦予負面意涵，反而視之爲吾身之師，奉之爲家家皆有之至寶；如此的詮釋，雖未直揭性分自足之論，但與郭象所述的足以制身之心，內涵略可相通。」見其〈齊物論「成心」舊注詮評〉，《東華漢學》第3期（2005年5月），頁32～33。

〔註103〕〔清〕郭慶藩：《莊子集釋》，第1冊，〈齊物論〉，頁63。

為他人則不見，其是作自己看，則與之齊矣。直把是字代了此字，
卻對彼字，則彼出於是矣；有彼方有此，則我之所謂是亦因彼矣，
如此便明。（頁 42～43）

只要瞭解是非、彼此皆是相對而成，如此便明。莊子進一步說明只有聖人能
知「以明」來和之是非，並創造出「道樞」、「天鈞」、「兩行」等名詞來立論。
首先以「聖人不由，而照之於天」來論述，乃聖人不由是非之途，而因任於
自然，劉辰翁則稱：「惟立乎萬物之表者看得破，卻是因其是而是之，其是無
窮。」（頁 43）於此莊子又以「道樞」來說明是非各不相涉，各為無窮之理，
誠如劉注曰：

有對而後有爭，吾以是歸彼，而不得以此對，故不爭，不爭是謂道
樞，樞者，不待雙闔而各自旋轉為主者也。環中，即樞動處空處也。
是邪？非邪？各不相涉，各自為無窮，而是即非，非即是矣，不求
分曉，卻有分曉。（頁 44～45）

為使世人更明白此理，莊子又以「朝三暮四」的寓言來設喻，並再次強調「是
以聖人和之以是非而休乎天均，是之謂兩行。」〔註104〕劉注曰：

狙譬甚妙，莊子以世人不知是非之真，在只合以小智孩弄之，此小
智乃大道也，名之曰天均。在此無惡，在彼無怨，是謂兩行，若主
於一，是並自身容不得矣，此其微也。（頁 49）

不知者以為莊子合以小智孩弄之，知者則明小智乃大道也，而莊子用「天鈞」
表示之。在「狙公與狙」的寓言中，劉辰翁所解「兩行」為「彼、此」，說明
彼（狙公）、此（狙）之間的是非，聖人不譴是非，並和之使彼此無惡、無怨，
故因任物之本然，即「因物付物」之意。〔註105〕

（4）寓諸庸

以觀照的心對待萬物，則「天地一指也，萬物一馬也」，無物不然，無物
不可，「無小無大，適齊。」（頁 46）消弭物我彼此之分別對立，即莊子所云
「恢恑憰怪，道通為一」的理念，劉評曰：

為是不用而寓諸庸，政為看得物論終歸於一，不如藏於不用，但為
世間至庸者，謂尋常腐爛，無所可否。人也而未知其所以用也，故

〔註104〕同前註，頁 70。
〔註105〕婁世麗：《莊子「兩行觀」：一個「你行，我也行」的觀點》（台南：漢風出版
社，2002 年 11 月），頁 27。

　　曰：「庸也者，用也。（頁48）

人不知其所用而用，則無損所謂齊也，即前揭「看得物論原自齊」、「物論終歸於一」，此則回應莊子所說「已而不知其然，謂之道」。因此，真知可以啟發人生，瞭解道通為一，破除己見，開拓自我的生活境界，逍遙於無拘無束的畛域。其次，實用的知識則是爭辯的工具，是人類自尋煩惱的禍根，是大道分裂的本原。〔註106〕因此，莊子在破除人對耳目聞見的執迷外，亦要世人超脫用與無用之分別。莊子提出「無用之用」，即是「將世俗印象之無用提昇至無限妙用之意蘊，此際之有用，乃對人生充分體悟後所得之逍遙，即『為是不用而寓諸庸』之境界。」〔註107〕

　　綜合上述，齊物的精神，是肯定每一個存在生命的價值，人與萬物齊同平等，而莊子齊物的工夫，則是以「不齊齊之」，如劉辰翁所云：

> 莊子齊物本意專欲在中間，但又不肯如此說，此是他占地位，意謂睹是者乃齊物所甚忌也。不睹是者又吾心所未安也，堅白是也，名為糊塗者又莊子所不肯也。故其言支離出入，曼衍無端，使物自得之而不失我，謂其欲齊物者，乃未嘗深考也。若其微意，正欲以不齊齊之，求其齊，乃不可齊也。諸君子之所以失者，以其齊也。（〈齊物論〉注，頁56～57）

莊子齊物本意專欲「在中間」，既不肯定是，又不否定非，憂心落於言詮，故在詰問的過程中，將自己的言論消融掉，達到「言無言」的立意原則。莊子又以謬悠荒唐，無端崖之言來說明齊物之理為「使物自得之而不失我」，即順道而化則萬物自齊。劉辰翁認為說莊子欲「齊物」，乃是「未嘗深考」，而莊子齊物的方法只有一個，即以「不齊齊之。」對於「物論」，劉辰翁將其等同「是非」而論，提出「看得他物論原自齊」、「心平則無物論」、「看得物論終歸於一」的觀點，表示物論本是不齊，故須看得他自齊。「蓋『物之不齊，物之情也』，所謂齊物，原非將種種不齊之物強使之齊，而是去除吾人之偏見我執，則物即不再以大小、長短、美醜等面貌呈現於吾人之前，而是以其唯一無二之獨與吾人相見。此即所謂齊物，所謂不齊之齊。而物既已齊，則種種之物論即無從起，則物齊而物論齊矣。」〔註108〕

〔註106〕黃錦鋐：〈莊子〉，頁132～133。

〔註107〕劉正遠：〈莊子處世哲學探賾──以「無用之用」為起點〉，《世新中文研究集刊》第3期（2007年6月），頁185。

〔註108〕高柏園《莊子內七篇研究》（台北：文津出版社，1992年4月），頁85。

第四章　《莊子點校》之以儒、佛評莊

第一節　儒、釋、道交涉之莊學視域

　　儒家思想位居中國學術之主流，千年不移，道家思想則具有與儒家互補調和之性質。戰國中後期，道家末流雜揉各家形成黃老，影響漢初近百年的思潮。東漢末期，黃老餘緒孕育出本土宗教——道教的興起，並融合道家思想於其中，此時佛學亦傳入中國。魏晉盛清談，玄風獨盛，以《易》、《老》、《莊》爲三玄。宋學以恢復先秦儒家爲口號，然而伴隨著佛道思想的交互影響，從而形成三教合流的局面。故本節擬由先秦至宋代學術的多元化中，分析莊子學之發展，以及三教合流的思想對於劉辰翁之影響。

一、宋以前的莊學發展概況

　　春秋戰國時期，學術起興而百家爭鳴，「天下多得一察焉以自好」〔註1〕，然而各派學說最終目的皆爲求當世所用，故至戰國中晚期，各家思想紛紛轉爲擷長補短以求交集。〔註2〕其中以儒、道二家影響甚鉅，代表典籍由《論語》、《老子》無題的記言體，過渡到抒情議論的《孟子》、《莊子》、《荀子》，篇幅內容增長，學說思想亦獲得充分闡釋；孟、荀之學說承繼孔子而發揚，莊子之學則爲老子的發明與完成。戰國中期以降，齊趙之地盛言「黃老」，乃道家後學向法家轉化而生的思想。「老」即「老子」，故當時道家思想是以老學爲

〔註1〕　〔清〕郭慶藩：《莊子集釋》，第 4 冊，〈天下〉，頁 1069。
〔註2〕　劉榮賢：《莊子外雜篇研究》（台北：聯經出版社，2004 年 4 月），頁 10。

宗，而「老學在戰國時代的發展，分化爲黃老之學與莊學兩學派。」〔註3〕發
展至漢初，黃老學說「以道家養生論爲主軸，結合戰國以來流行的氣化宇宙
論、陰陽五行說與神仙方術，籠罩了東漢近百年的政治、社會與文化各層面，
甚至孕育出本土宗教──道教文化」〔註4〕，至武帝獨尊儒術而止。現存最早
的黃老典籍，爲唐蘭考定之四篇古佚書，即是《黃帝四經》，其學說融合了治
術與養生術，學術特徵如《經法‧名理篇》曰：「是非有分，以法斷之，虛靜
謹聽，以法爲符」〔註5〕，是以道法結合、以道論法且兼納百家。司馬遷說莊
子著書「以明老子之術」，《漢志》稱道家「君人南面之術」，司馬談〈論六家
之要指〉：「道家使人精神專一，動合無形，贍足萬物，其爲術也。」〔註6〕其
所稱道家，即是黃老。因此，在黃老之說盛行的漢代，莊學並非顯學，雖然
也有《莊子》的注解，不過並沒有成書，或已亡佚。漢代《莊子》注，最早
爲淮南王劉安所撰《莊子要略》、《莊子後解》，其書已佚，僅見李善《文選注》
略有徵引。東漢則有班固爲《莊子》作章句，馬融曾爲《莊子》注音，可惜
今已不傳。〔註7〕

　　漢魏之際，清談之風大盛，是時佛經譯出頗多，於是佛教乃脫離方士而
獨立。〔註8〕佛教雖成爲獨立的思想，但在魏晉時期仍以玄學爲主，當時最主
要的課題，即在「會通孔老」，學術特徵「在儒而非儒，非道而有道。」〔註9〕
正始時期，「何晏、王弼雖重《老》、《易》，亦仍不廢莊子學，《論語集解》、《易》
注，多闡莊子之學。」〔註10〕竹林時期，文士逃避政治之殺戮異己，清談主
題由《易》、《老》轉向《老》、《莊》，如嵇康倡「越名教而任自然」，阮籍作
《達莊論》，或在文學作品中徵引莊文，故錢穆曰：「嵇阮意徑，則宵與莊周
爲近。」〔註11〕元康時期，「向、郭之徒，又詮而注之，莊子之學，遂駸駸乎

〔註3〕　曾春海：《兩漢魏晉哲學史》（台北：五南圖書公司，2002年1月），頁5。
〔註4〕　陳麗桂：《秦漢時期的黃老思想》（台北：文津出版社，1997年2月），頁5。
〔註5〕　陳鼓應：《黃帝四經今註今譯》（台北：臺灣商務印書館，1995年6月），第一
　　　　篇〈經法‧名理〉，頁244。
〔註6〕　〔西漢〕司馬遷撰：《史記‧太史公自序》，頁3289。
〔註7〕　黃錦鋐：〈莊子〉，頁150。
〔註8〕　湯用彤：《漢魏兩晉南北朝佛教史》（台北：臺灣商務印書館，1991年9月），
　　　　頁124。
〔註9〕　〔唐〕房玄齡等：《晉書‧王湛傳》，頁1966。
〔註10〕黃錦鋐：《莊子及其文學》（台北：三民書局，1977年7月），頁161。
〔註11〕錢穆：《莊老通辨‧記魏晉玄學三宗》，頁353。

駕陵經學之上矣。」〔註12〕如《晉書・孝愍帝紀》云:「學者以老莊爲宗而黜六經。」〔註13〕干寶《晉紀總論》亦曰:「學者以莊老爲宗,而黜六經。」〔註14〕換言之,向、郭注莊是以「寄言出意」的方式,並以「跡冥論」爲主要思想來調和儒道。從魏晉以前的「黃老」並稱,至魏晉以後盛稱「老莊」,直至注莊者倍增之後,又改以「莊老」合稱,均可以發現老莊學說已取代黃老學說,並凌駕於經學之上。

　　由於莊子思想與佛理多所相通,故自佛教傳入中國後,即興起以老莊思想來闡釋佛經,「以經中事數擬配外書,爲生解之例,謂之格義。」〔註15〕格義佛教時常援引道家的「無」、「自然」來解佛家的「空」。西晉後的高僧如支道林、慧遠等,即借助《莊子》來詮釋般若思想,從而使般若學與《莊子》產生了系聯,兩者相互發明,亦開啓注莊者「以佛評莊」的新途徑。〔註16〕至隋代,雖國祚短暫,然而在重建大一統的考量下,曾出現以儒學爲主體,形成儒釋道三家匯流之情況。〔註17〕唐代注莊學家,著名者有道士成玄英、孫思邈、李含光,陸德明、盧藏用等人。據《舊唐書・經籍志》與《新唐書・藝文志》記載之莊子注疏,較之《隋書・經籍志》多出二十餘種,至今存有全本者爲陸德明《經典釋文》、成玄英《南華眞經注疏》。唐代由於皇帝與道教始祖李耳同姓,故崇老尊莊,而《莊子》一書受到官方認可,始自玄宗朝,「天寶元年二月二十二日勑文,追贈莊子『南華眞人』,所著書爲《南華眞經》。」〔註18〕莊書被歸入儒家一派,始自韓愈,其〈送王壎秀才序〉曰:

　　蓋夏之學,其後有田子方,子方之後,流而爲莊周。故周之書,
　　喜稱子方之爲人。〔註19〕

韓愈見〈田子方〉的描述,即以師承的關聯性,認定莊子出自孔門,並稱莊

〔註12〕　黃錦鋐:《莊子及其文學》,頁 209。

〔註13〕　〔唐〕房玄齡等:《晉書・孝愍帝紀》,頁 135～136。

〔註14〕　〔清〕嚴可均輯:《全上古三代秦漢三國六朝文・全晉文》(上海:上海古籍出版社,2002 年 4 月,《續修四庫全書》本,第 1603 冊),卷 127,頁 9。

〔註15〕　〔梁〕釋慧皎:《高僧傳》卷 4,見《大正藏》,T50,p0347a。

〔註16〕　曹礎基:《莊子淺論》(廣州:廣東人民出版社,1987 年 8 月),頁 155。

〔註17〕　郭熹微:〈三教合一思潮──理學的先聲〉,《江海學刊》第 6 期(1996 年),頁 108。

〔註18〕　〔宋〕王溥,楊家駱主編:《唐會要・雜記》(台北:世界書局,1989 年 4 月),卷 50,頁 880。

〔註19〕　〔唐〕韓愈:〈送王秀才序〉,收錄於余冠英主編:《唐宋八大家全集》(北京:國際文化出版,1997 年 1 月),頁 193。

子思想淵源來自於田子方。而韓愈之說雖過於武斷,然從之者甚,至清代姚鼐、康有爲仍立持其說。〔註20〕及宋代,東坡延續韓愈之說,在〈莊子祠堂記〉中提出「莊子蓋助孔子者」、「陽擠而陰助之」的論點,並稱〈讓王〉、〈說劍〉等淺陋不入於道,故非自出莊子之手,亦非存有詆訾孔子之心,企圖以會通儒道的方式,來緩和莊文中諸多對儒者之批評。

二、宋儒對《莊子》的見解

宋學是以回歸儒家孔孟爲要歸,諸儒以傳道自命,以爲孔孟道統至宋復顯,故援儒入莊爲宋代注莊者常用之形式。兩宋莊學研究眞正呈顯出獨有的面貌,是從王安石和蘇軾開創而來,二人均是習染道家學說、深嗜《老》、《莊》的文壇領袖。〔註21〕王安石嘗作〈莊周論〉,首先列舉「學儒者」與「好莊子之道者」互有歧見,源自於「未嘗求莊子之意」,對於莊書有許多如絕聖棄知、去仁義禮樂等言論,王安石則解釋爲:

> 其心過慮,以爲仁義禮樂皆不足以正之,故同是非,齊彼我,一利
> 害,則以足乎心爲得,此其所以矯天下之弊者也。〔註22〕

即莊周是用正言若反的方式,並非要與儒家對立。又稱莊子推尊儒家,其一,莊子在〈天運篇〉首揭「六經」,又分述各經主旨曰:「《詩》以道志,《書》以道事,《禮》以道行,《樂》以道和,《易》以道陰陽,《春秋》以道名分。」〔註23〕其二,在〈天下篇〉,莊子推尊孔子爲道術之大觀,並自謙爲「不該不徧」之「一曲之士」,最後得出莊子「有意於天下之弊而存聖人之道」的結論,並比況孔子讚伯夷、柳下惠之態度,稱「莊子用其心,亦二聖人之徒矣。」王安石之子王雱則撰有《南華眞經新傳》、《南華眞經拾遺》,其注亦表現調和儒道之用心,如曰:「孔、孟、老、莊之道,雖適時不同,而要其歸則豈離乎此哉?讀《莊子》之書求其意而忘其言,可謂善讀者矣。」〔註24〕王雱之門人呂惠卿亦發揮

〔註20〕 簡光明:〈莊子思想源於田子方說辨析〉,《鵝湖月刊》第 226 期(1994 年 4 月),頁 28～31。

〔註21〕 耿紀平:〈略論宋代莊學的「儒學化」傾向〉,《中州學刊》第 6 期(2000 年 11 月),頁 45。

〔註22〕 〔宋〕王安石:《王安石全集・莊周(上)》(台北:河洛出版社,1974 年 10 月),卷 43,頁 148。

〔註23〕 〔清〕郭慶藩:《莊子集釋》,第 4 冊,〈天下〉,頁 1067。

〔註24〕 〔宋〕王雱:《南華眞經拾遺》,收錄於嚴靈峯編:《無求備齋莊子集成初編》(台北:藝文印書館,1972 年 5 月),第 6 冊,頁 8。

此論點，其《莊子解》中亦時常援引《易》、《四書》解莊之情況。〔註25〕

相對於文人集團會通儒道之方式，道學家多持反對姿態，對於莊子思想的批評，主要是將儒家傳統的倫理道德原則，昇華成理學的道德哲學，用以否定莊子自然主義的人生哲學。〔註26〕雖是如此，理學家仍多方取資、借鑒《莊子》，並化用於其著作之中。邵雍、周敦頤之時，莊學尚未受矚目，而二人嫻熟於《莊子》，且未曾對莊文有直接之評論。邵雍是理學詩派之創始人，作詩援引莊子之文句，在《伊川擊壤集》隨處可見，又〈觀外物篇〉摘引莊文比附《論》、《孟》、《易傳》及象數。至於周敦頤，其所撰《太極圖說》融會了陰陽五行、道教與道家的思想，而所用之「無極」、「太極」等語，顯然出自於莊子，如〈逍遙遊〉中「猶河漢而無極也。」〔註27〕〈大宗師〉中「在太極之先而不爲高，在六極之下而不爲深。」〔註28〕張載與莊學的關聯更爲深刻，其言「太和」、「太虛」之氣化理論，是理學思想發展中極爲關鍵的環節，此部分最具本體論色彩，正是淵源於莊子「通天下一氣」，和死生爲一氣之聚散的觀念。〔註29〕

自二程發聲對莊子批評後，連帶批評時人的莊學研究思路。二程視文爲翫物喪志，視莊子爲「無禮無本」之人，並提出質問曰：

> 莊子，叛聖人者也，而世之人皆曰矯時之弊。矯時之弊固若是乎？
>
> 伯夷、柳下惠，矯時之弊者也，其有異于聖人乎？抑無異乎？莊周、老聃，其與伯夷類乎？不類乎？〔註30〕

上文顯然是用來指責王安石、東坡以及新學派之學者。然而在理學箝制的時代背景，面對「學者何習莊、老之眾也」的治莊風氣，仍不免道出《莊子》有存在之必要，曰：

> 謹禮而不達者，爲其所膠固焉；放情而不莊者，畏法度之拘己也，必資其放曠之說以自適，其勢必然。〔註31〕

〔註25〕〔宋〕呂惠卿：《莊子義》，收錄於嚴靈峯編：《無求備齋莊子集成初編》（台北：藝文印書館，1972年5月），第5冊。

〔註26〕崔大華：《莊學研究》（北京：人民出版社，2005年10月），頁469。

〔註27〕〔清〕郭慶藩：《莊子集釋》，第1冊，〈逍遙遊〉，頁26～27。

〔註28〕同前註，〈大宗師〉，頁247。

〔註29〕白本松，王利鎖：《逍遙之祖——莊子與中國文化》（開封：河南大學出版社，1995年8月），頁93～98。

〔註30〕〔宋〕程顥，程頤：《二程集》，卷25，頁320。

〔註31〕〔宋〕程顥，程頤：《二程集·論學篇》，頁1196。

可知莊子的放曠飄洒，仍使多數文人心嚮往之。總之，王安石、東坡等學者
較能客觀評論《莊子》的價值，故提出「矯弊」之說以緩解莊儒關係；二程
則以回歸《論》、《孟》的儒學精神來駁斥異端學說，兼與王安石推行的新法
對峙。〔註32〕因此，二程之後的理學家多避開莊學研究，或融攝莊文於詩文
創作，或如呂祖謙致力改造道家思想於理學之中〔註33〕，此種情況至朱熹時
稍獲緩解。

　　朱子對於莊子之批評頗多，而讚賞亦多，其之所以推崇莊子，是以《莊
子》作爲儒道會通有關。嘗曰：

　　　莊周曾做秀才，書都讀來，所以他說話都說得也是。但不合沒拘檢，

　　　便凡百了。〔註34〕

　　　莊周是個大秀才，他都理會得，只是不把做事。〔註35〕

所謂「沒拘檢」，應是責備莊子放任恣肆、不遵禮法；而所謂「不把做事」，
又是針對莊子以「無爲」，未能似孔子「知其不可而爲之」。〔註36〕對於莊
子明六經之旨，朱子則讚美曰：「後來人如何下得？他直是似快刀利斧劈截
將去，字字有著落。」〔註37〕又如：《莊子》云：『各有儀則之謂性』。此
謂『各有儀則』，如『有物有則』，比之諸家差善」〔註38〕，直以莊子才高；
對於莊文的閎肆，則曰：「便有縱橫氣象，其文大段豪偉。」〔註39〕朱子之
後學有嘗試完成其未竟之注莊，較有影響者如趙以夫所撰《莊子內篇註》，
後有林希逸撰《莊子口義》。林希逸嘗曰：「是必精於《語》、《孟》、《中庸》、
《大學》等書，見理素定，識文字血脈，知禪宗解數」，不僅援儒入莊，亦
有以禪解莊的方式。劉辰翁承「識文字血脈」的角度作《莊子點校》，並接
續林希逸「站在儒家爲立場，指出莊子爲異端；以莊子的旨趣合於聖人，
並在篇章字句上說明其相合之處；把攻擊孔子最激烈的篇章，排除在莊子

〔註32〕孫克強，耿紀平主編：《莊子文學研究・宋代莊學》（北京：中國文聯出版社，
　　　　2006年8月），頁318～319。
〔註33〕李仁群：〈呂祖謙對老莊思想的兼容與改造〉，《安徽史學》第6期（2004年），
　　　　頁10～13。
〔註34〕〔宋〕朱熹：《朱子全書・朱子語類》，卷125，頁3901。
〔註35〕同前註，頁3902。
〔註36〕孫克強，耿紀平主編：《莊子文學研究・宋代莊學》，頁318。
〔註37〕〔宋〕朱熹：《朱子全書・朱子語類》，卷125，頁3902。
〔註38〕同前註，卷125，頁3915。
〔註39〕同前註，卷126，頁3926。

自著之列」〔註40〕，皆爲儒道會通之明證。

三、劉辰翁的三教融合思想

　　劉辰翁一生以中國儒者之風範自持，其學思上承於程朱理學，尤其受朱子學影響甚鉅。朱熹之學爲北宋諸儒之集大成者，其道德形上學是以周濂溪《太極圖說》爲骨架，加以邵康節之數、張橫渠之氣，綜二程之理氣論融合而成。朱子曰：「未有天地之先，畢竟也只是理。」〔註41〕其以「太極」詮釋「理」，曰：「太極只是個極好至善底道理。」〔註42〕又曰：「形而上者，無形無影是此理；形而下者，有情有狀是此器。」〔註43〕該說延續《繫辭傳》：「形而上者謂之道，形而下者謂之器」的思想。對於道體，《易傳》曰：「一陰一陽之謂道」，朱子進一步解釋曰：

> 有這動之理，便能動而生陽；有這靜之理，便能靜而生陰。既動則理在動之中，既靜則理又在靜之中。曰：「動靜是氣也。」〔註44〕

易言之，太極是形而上的本體，而陰陽是形而下的氣，太極之中有動靜之理，因此氣能循此一動靜之理，而理以動靜而生萬物。天地間的太極之理即是道，萬物之理佔據其一而已，故衍生出「理一分殊」之說。

　　承襲理學家以《中庸》、《易傳》論天道的理路，劉辰翁於其文中亦有發揮此理，其曰：

> 一陰一陽之謂道，道，即中也。天地何所依，依于中，彼非中不立。吾以此身爲天道中，是其所謂道者亦依于我耳。莫妙于陰陽動靜，莫神于陰陽動靜之間，動靜之間，其間無物，猶五常之信，四時之中，土中者，天地之土也。寂然不動者也，而無動者也，猶怒哀樂喜，家國天下也。其未發也，正心誠意而已。吾能正心誠意耳，而家自齊，國自治，天下自平。（〈中和堂記〉，卷2，頁45）

上文已釋道體與陰陽動靜之關係，並舉五常、四時爲例，亦融入《中庸》所云「喜怒哀樂之未發，謂之中，發而皆中節，謂之和」，以及《大學》所謂格物、致知、誠意、正心，修身、齊家、治國、平天下的理想。又曰：

〔註40〕簡光明：《林希逸莊子口義研究》，頁54。
〔註41〕〔宋〕朱熹：《朱子全書・朱子語類》，卷1，頁114。
〔註42〕同前註，卷94，頁3122。
〔註43〕同前註，卷95，頁3185。
〔註44〕同前註，卷94，頁3125。

以動爲見天地之心，非知道者也。孰非動也，待其動而求之曰：「心
在是。」天地亦人矣，人亦天地矣。動猶車輪，中空虛，必不動者
與之俱動，而非軸之謂也。陰陽之爲化，其圍物也，故未嘗停，以
其無可停之理也。因其無停也謂之動，又必待其少頃而後爲靜焉。
（〈靜見堂記〉，卷5，頁161）

天地只是一個理，陰陽二氣循動靜之理而生萬物。心之動則是朱子所謂的
「情」，即心遇到物所引發的種種反應，而人的知慮控制根源來自於心。心具
有思慮抉擇的能力，故曰：「心統性情。」劉辰翁延續此說，「以動爲見天地
之心，非知道者也。」又以動爲車軸虛空處爲例，說明陰陽造化的循環終始，
最後必回歸虛靜。

　　另在天人關係亦有進一步發揮，或以道德性命與古今對比爲喻曰：
「道，猶天也。……必歸于禮樂、情性、道德、風俗。……得乎道而爲天，
得乎天而爲命，道、命，一物也；古、今，一日也。」（〈臨江軍新喻縣學
重修大成殿記〉，卷 1，頁 1～2）又曰：「天猶人也，人猶己也。」（〈二樂
齋記〉，卷 2，頁 53）「天地，非吾身外物也。天地之物備于吾身，而心之
經綸，又有天地所不爲者，就其所不能爲者，則亦猶一物耳。」（〈中和堂
記〉，卷 2，頁 45）可以見劉氏天人合一的思想，以及「萬物皆備於我矣」的
態度。

　　關於劉辰翁的佛道淵源，其一，來自於學術思想融合。學術發展至宋代
之所以呈現儒、釋、道合流的現象，來自於帝王政治力量的積極推動，以及
士大夫、文人與佛道僧人密切往來有關。宋代帝王在尊儒的基礎上，大力提
倡佛、道，延續自唐代以來三教並重的政策。佛教傳入中國後，發展到宋代，
禪宗以一枝獨秀的姿態，影響滲透在各個階層，成爲中國佛教的代表。文人
學士兼取儒釋，暢幽談玄，與禪僧多所往來，立論多涉佛道思想，且自隋唐
以來，文人參禪學佛的風氣已十分盛行，至宋代已蔚爲風潮，如楊億與天衣
義懷禪師，蘇軾、蘇轍與佛印了元禪師，王安石與大覺懷璉禪師，以及曾任
宰相的張商英，與東林常總禪師，及兜率從悅禪師的請益來往等。〔註45〕另

〔註45〕士人參禪風氣頗具規模，表現於向禪師請益佛法，或是造訪禪院習靜談禪，
　　　　熱衷參與禪社活動等等。見孫昌武：《禪思與詩情》（北京：中華書局，1997
　　　　年8月），頁133～170。又如〔清〕費隱通容：《五燈嚴統》卷19中，記載士
　　　　人參禪的盛況，曰：「遂令（大慧宗杲）居擇木堂，爲不釐務侍者日，同士大
　　　　夫入室。（擇木，乃朝士止息處）。」見《卍續藏》，X81，p0217c。

外《語錄》、《詩偈》、《頌古》的風行，是禪的文字化，亦使禪宗由「不立文字」演進爲「不離文字」，是爲禪宗在宋代發展的一大特色。在特定的意義上，或可稱「宋代禪宗主要是爲適應士大夫口味的禪。」〔註46〕其二，是劉氏所處的時代環境背景因素。江西廬陵吉州（今吉安）是劉辰翁的故鄉，宋代吉州宗教文化十分發達，寺廟、道觀林立，據統計，有宋一代在吉州的寺院多達一百三十五所，居全省之冠。另在玉笥山的承天觀，道士多時達千百餘人，於崇眞宮的常住道士也有五百餘人，江湖宮觀未有盛於此者。禪宗自唐末五代分燈而傳，形成「一花五葉」的局面，吉州青原山是南派禪宗主要的活動地點，行思禪師在青原山安隱寺弘佛後，經三傳創曹洞宗，五傳創雲門宗，七傳創法眼宗，青原佛系形成影響海內外，南宗共有二系五宗，吉州青原山就產生了一系三宗，可見其影響之大。〔註47〕

　　劉辰翁在入元之後，即隱逸於廬陵，前已揭其出入佛道頻繁，時與僧人唱酬往來，或與僧道刻期爲約，加上自號「須溪居士」（〈空相院記〉，卷1，頁16），與禪師論佛法等，可以見其對於參禪學佛的熱衷，其佛學思想可由〈經說〉、〈大梵寺記〉、〈龍須禪寺記〉、〈多寶院記〉、〈空相院記〉、〈吉州能仁寺重修記〉、〈吉州重修大中祥符禪寺記〉等記文一窺端倪；道教思想則可見於〈尋寶放生〉、〈王生入道〉、〈題畫度人經相〉、〈玉笥山承天宮雲堂記〉、〈玉眞觀記〉、〈朝仙觀記〉、〈紫芝道院記〉等文。劉辰翁雖然受三教合流的影響，但對於釋道的思想仍是以儒學來立論，如論天道曰：「盛衰反覆之變，天也。」（〈吉州重修大中祥符禪寺記〉，卷4，頁104）又曰：「玄者，天也。天乃道也。」（〈玉眞觀記〉，卷4，頁112）其說延續前所述「道，猶天也」的看法。劉氏又以佛家的「佛心」與儒家的「仁心」相比較，曰：

> 盡天地皆佛心，則皆能仁也。而儒者以仁爲公、爲覺、爲愛，爲當理而無私心之謂，講焉而未已，而皆其似也，若未有文字之先，即有天地之後，豈可以一言盡哉！既有天地，無一物而非仁，未有文字，無一事而非仁。（〈吉州能仁寺重修記〉，卷4，頁107）

〔註46〕 杜繼文，魏道儒：《中國禪宗通史》（南京：江蘇古籍出版社，1995年2月），頁379。

〔註47〕 劉錫濤：〈吉安宋代文化發展成就略說〉，《井岡山師範學院學報》第26卷第1期（2005年2月），頁61～64。

上文可以見劉辰翁以儒家的仁心為主要思想來立論，以為盡天地皆佛心，而佛心即是仁心的表現，蓋因天地間無一物而非仁，無一事而非仁。在道教思維中，可以見劉氏將老子併入道教，以太上老君稱之（〈題畫度人經相〉，卷15，頁447〉），其以為人們供奉仙人的態度，猶如敬天為帝，曾云：

> 天無情，地無形，仙無名。以帝為主宰，則人之也。無物者，有物
> 也。以仙為某，某則神之也。有物者，猶無物也。仰而茲山茲仙也，
> 猶仰而為天為帝也。（〈朝仙觀記〉，卷3，頁82）

又言道教的「仙」終不及佛教的「佛」，嘗曰：「仙之與佛，如隔二塵，而獨王之所在必依于佛。」（〈永慶寺記〉，卷1，頁26）或以儒家、道教並論曰：「儒者知耳入心通之妙，則物無不該；仙者知盡性知命之同，則理無不在。」（〈西山雲壑記〉，卷2，頁57）在道家的思想中，劉辰翁至晚年評點《老》、《列》、《莊》三子，其中以點校《莊子》最為出色。除思想之外，劉辰翁為文受莊子影響頗深，融攝莊書之文句、筆法俯拾可見，如云：

> 大壑大川，經營六合，而出于六合之外。……有大隱焉，居于市而
> 無市人之心。無市人之心者，亦必有孺子之色焉。若其起居飲食猶
> 夫人也。而中之所有者，有不與之俱化者矣。……學靜難，靜學靜
> 又難，必坐忘者亦未必不偶馳也。有能舍靜學而得之于動焉，其為
> 靜也常靜。（卷5，頁161～162）

〈靜見堂記〉全篇是以論天道、虛靜為出發點，然而見上文所論及「六合之外」、「孺子之色」、「與之俱化」，與宋儒所謂主靜與「坐忘」相比擬，並稱偶有「坐馳」，皆是出自於《莊子》一書。在〈愚齋記〉曰：「于魚得計，于羊棄意」（卷2，頁32），則援用〈徐無鬼〉：「於蟻棄知，於魚得計，於羊棄意。」或曰：「大莫大于元氣，而人間為小；廣莫廣于人心，而天為小。」（〈臨江軍閣皂山玉相閣記〉，卷1，頁22）文法形式則是出自〈齊物論〉之「天下莫大乎秋毫之末，而泰山為小」的筆法。諸如此類的例子，於劉辰翁之詩文中比比皆是，故而《四庫全書總目》曰：「特其蹊徑本自蒙莊」，清蕭正發讚曰：「無以異於漆園之為文」〔註48〕，可見劉辰翁頗能得莊子之奇。

〔註48〕〔清〕蕭正發：〈劉須溪先生集略序〉，收錄於段大林校點：《劉辰翁集》，頁464。

第二節 劉辰翁「以儒解莊」之內容

　　錢穆曰：「《莊子》，衰世之書也。故治《莊》而著者，亦莫不在衰世。」
〔註 49〕其言適用於劉辰翁之遺民背景與心態。劉氏身爲儒者，學思本於程朱
學派，「平生躭嗜文史，淵博涵深，爲文祖先秦戰國莊老等，言率奇逸，自成
一家」，可以想見道家思想對劉辰翁有相當程度的影響。茲就劉辰翁所論及莊
子與儒家之異同，以及《莊子點校》中援引四書、五經等典籍，用對照表之
方法呈現，並針對其引用方式及含義加以說明之。

一、莊子與儒家之異同

　　劉辰翁承程朱之學而來，尤其朱子是以「窮理」爲旨，以「格物窮理」
詮釋「格物致知」。劉氏亦用窮理來注解莊文，如「故樂通物，非聖人也」句，
注曰：

> 樂通物，言樂窮理也，物物欲通也。（〈大宗師〉注，頁 146）

上述說明莊子稱「樂通物」，猶理學家所言「樂窮理」，其中差別在於道家認
爲天地不仁、聖人不仁，是爲大公無私的表現，故樂通物者，非聖人，有親，
非仁也；朱子則認爲事事物物均要詳加窮究，用力既深且久，必定有貫通之
時，其論點有方法與結果不必然性的矛盾。而劉辰翁以窮理比附莊文，除點
出共通性，亦承認格物窮理的侷限性。接著在下段注「以刑爲體，以禮爲翼，
以知爲時，以德爲循」〔註 50〕曰：

> 「以刑爲體」，最是入用端的，如金制木，「禮爲翼」，「知爲時」，皆
> 不虛造。自儒者言之爲駁襍；自養生者言之爲顛倒，未易以口語訓
> 故也。（〈大宗師〉注，頁 148～149）

或有學者以爲從「以刑爲體」至「而人眞以爲勤行者也」，與莊子思想相悖，
與〈大宗師〉之旨相去甚遠，故應刪去〔註 51〕，劉辰翁則用以說明儒道之異。
「莊子言養生主，第一義主於知」，因此養生者言刑爲體、知爲時等語，是用
正言若反的方式來表達；自儒者言之，則摻入道家思想而駁襍。

　　〈天地篇〉末段，莊文以桀、跖、曾、史爲喻，說明四人聲名美惡有分，
而失去本性卻是相同的。後又稱楊、墨自以爲得，反而受困而不自知。劉注曰：

〔註 49〕 錢穆：《莊子纂箋》，頁 7。
〔註 50〕 〔清〕郭慶藩：《莊子集釋》，第 1 冊，〈大宗師〉，頁 234。
〔註 51〕 張默生：《莊子新釋》，頁 260。

> 兩節文甚峻達，但謂內之利欲與外之爵祿，交惑兢兢然，榮辱得喪
> 無須臾寧，豈謂與人爭是非，與禮法自拘束哉？獨以爲詆楊墨，上
> 楊墨字只當儒者。(〈天地〉注，頁256)

劉辰翁用自問自答的方式，提出莊子用意只在爭非爭是、自受禮法拘束嗎？答案是「以詆楊墨」，並以楊墨象徵儒者，說明儒者受禮法仁義束縛，而無法恢復自然之本性。另在徐無鬼見魏武侯，以相狗相馬之術，反諷君王「盈嗜欲，長好惡」的故事中，劉注云：「語盡情極，當世厭儒與儒者，取厭之意，只在此一句。」(〈徐無鬼〉注，頁450)「語盡情極」說明了莊子與儒家互厭之情形。

由上文可知劉辰翁深諳莊儒之差異，不過其仍延續王安石、東坡一派調和儒道之觀點，以爲莊子崇尊儒家思想，並曰：「倘知立言之意，則莊子用心之苦，有甚於子思」，將莊子與儒家作系聯。茲分述如下：

（一）莊子推尊孔子

莊子在〈逍遙遊〉中描述神人遊乎四海之外的樣態，劉辰翁以爲可從其中想見儒者之氣象，注曰：「語其遊，語其神，亦猶儒者氣象，可以想見。」(〈逍遙遊〉注，頁19) 在〈寓言篇〉中「孔子行年六十而六十化」一段，曰：

> 林云：「言孔子已謝去博學之事，而進於道，但未嘗與人言爾。」受
> 生、復靈兩語，乃莊子自嘆，一樣是箇人而天，於夫子如此。
>
> (〈寓言〉注，頁522～523)

莊子之立意，是借孔子之事來告訴惠子「知非」之理。劉辰翁則引林希逸注，稱莊子描述孔子已謝去博學之事，且進於道，並於末句云：「夫受才乎大本，復靈以生」，即是莊子推尊孔子的表現。接著又稱：

> 孔子云，猶老聃云，即謝之是也。以下自是莊子服孔子之言。利義
> 謂言之而同好，同是者，惟利與義也。利即利害之利，義則公當也。
> 辯者縱說橫說，直服人之口而已矣。夫子一言，乃能使彼心服而不
> 敢忤。至於立談而定天下之定，巳乎之嗟，殆借重夫子以折惠子也。
>
> (〈寓言〉注，頁523～524)

劉辰翁再次強調，由於莊子臣服於孔子之道，故用孔子立談而定天下，來反諷惠子辯者縱說橫說，頂多服人之口而已，此爲借重夫子以折服惠子之原因。

（二）視莊子為異端

劉辰翁喜讀《莊子》，並爲其作注，對於莊子之人格極爲讚賞，稱其爲有

方外之見的達者，著書立意用心為人；對於莊子之文采，更是常以「精妙難盡」形容之。劉氏又以莊子具有儒者氣象，並推尊孔子之語，將其歸入儒家一派。既然莊子為儒家之信仰者，何以有許多攻訐之語？劉辰翁站在儒家立場，以「異端」來解釋之。異端之語源於《論語・為政》：「攻乎異端，斯害也已」，表示與儒家相對立的言論思想，皆可稱為異端。此種觀點肇因於重視學術淵源所致，儒家思想一直處於學術思想之主流，至韓愈建立道統說，稱堯、舜、禹、湯、文、武、周公、孔子、孟子一脈相承，而荀子與揚雄「擇焉而不精、語焉而不詳」，故無法承接此一道脈〔註52〕，目的皆在復古聖道，維繫儒家仁義綱常於不墜。由於韓愈建立道統，且闢佛排老，視儒家以外之學為「異端」，延續及宋代，宋學本以回歸儒家為本旨，故宋儒時以「醇儒」相標榜，「雜乎異端」則成為學術上的貶辭。是以儒者雖出入道、釋，仍不予以他學正面的評定。換言之，以莊子為異端，則符合宋代以儒家為主流的趨勢。〔註53〕

　　劉辰翁在〈在宥篇〉中，鴻蒙對雲將提出「心養」之理，在於順任自然無為，萬物將自化，又須墮肢體、黜聰明，才能與大道混同一段，注曰：

　　　　異端之語詭譎百端，不如此數語明盡洒落。（〈在宥〉注，頁 228）

即莊子雖為異端，並發奇詭譎怪之語，語中盡現明盡洒落，於此可見劉氏對莊子的欣賞。又如〈齊物論〉注曰：

　　　　六合之外，聖人存而不論，最是打乖。在莊子則止於其所不知，省
　　　　事又快活也。六合之內，皆與我並世者，論其理；不議者，不議其
　　　　事也。至《春秋》，則純是說是非矣，更有何避諱？然聖人亦何曾與
　　　　人辯，橫來豎去，皆留得自家地位。在懷者，如少者懷之之懷，溫
　　　　存他無悖爭也。分是從一上分，辯是從不心服處辯，心服則無辯，
　　　　故凡辯皆有所不辯不見也，無便宜。（〈齊物論〉注，頁 59）

劉氏嘗稱莊子「其書所言，皆六合之外，極其大者，故每以大者自比，人亦以大者疑之。」（〈逍遙遊〉注，頁 23）此處又曰：「六合之外，聖人存而不論，最是打乖」，可以說是莊子權宜變通的方法。莊子稱「六合之內，聖人論而不議」，劉氏以為聖人論其理，而不議其事。莊子又言「春秋經世先王之志，聖人議而不辯」，劉氏則稱若《春秋》純是說是非，聖人則不用避諱去議論反駁，而事實並非如此，故莊子止於其所不知，不落言詮，故聖人「橫來豎去，皆

〔註52〕〔唐〕韓愈：〈原道〉，收錄於余冠英主編：《唐宋八大家全集》，頁 121。
〔註53〕簡光明：《宋代莊學研究》，頁 303。

留得自家地位」，加上聖人有博大的胸襟使人心服，故無他悖爭，亦不須辯也。

總之，儒道思想存有差異，亦可以綜合互補，「儒道二家學說，卓然自立，皆有所長。儒家重克己復禮，以禮義源於人性，故主推擴，而以成聖成治爲終極目標；道家主逍遙無爲，以人性本於自然，故無須禮義之教化，而倡自然純化之人生。」〔註54〕偏廢一者不可，如同《漢志》所云：「其言雖殊，譬猶火水，相滅亦生也；仁之與義，敬之與和，相反而皆相成也。」〔註55〕亦即《易經‧繫辭下傳》所謂「天下同歸而殊塗，一致而百慮。」〔註56〕因此融合儒道，合其要歸，不作一曲之士，使其學說互補成爲一個完整體，對於解決人類的生存、生活、生命的實際層面，勢必帶來莫大的助益。

二、引用儒家經典評莊

在實際引用儒典入莊的部分，劉辰翁採資不多，歸納有《論語》、《孟子》、《中庸》、《左傳》、《詩經》五種，其中以《孟子》爲最多。《孟子》之部分將由下段詳析之，本段先論述另外四項，是以表格與援引方式說明如下：

（一）引自《詩經》、《左傳》

引自《詩經》	《莊子點校》注文
鎬京辟廱，自西自東，自南自北，無思不服。 （《毛詩正義‧大雅‧文王之什‧文王有聲》，卷16，頁68。）〔註57〕	至無而供其求，不外取也，時騁而要其宿，不忘家也。末羨六字，言其或大或小，或長或短，無不得，無不得，猶引《詩》自西自東耳。 （〈天地〉注，頁237）
引自《左傳》	《莊子點校》原文
古人有言曰：「畏首畏尾，身其餘幾。」又曰：「鹿死不擇音，小國之事大國也。」注曰：「音所茠蔭之處，古字聲同，皆相假借。」 （《春秋左傳正義‧文公‧傳十七年》，卷20，頁350。）	氣息茀然，並生心屬，未死之間，未有不極而圖反也。形容得到下面鬪得別。獸死不擇音，林解作聲音。《左傳》：「鹿死不擇音」，作蔭義解。 （〈人間世〉注，頁106）

〔註54〕劉文起：〈儒道二家人文思想之異同〉，收錄於《國學論叢》，頁169～170。
〔註55〕〔東漢〕班固：《漢書‧藝文志》（北京：中華書局，1982年11月），頁1746。
〔註56〕〔宋〕朱熹：《周易本義‧繫辭下傳》，頁256。
〔註57〕對照表所引之十三經經文，皆引用台北藝文印書館，2001年12月出版之《十三經注疏》，據一八一五年阮元刻本影印之本，下文不另再出註。

　　關於劉辰翁引用《詩經》、《左傳》之部分，可分為二種引用方式：其一，以相似的語境，來詮釋莊子之文意。如〈天地篇〉中描述道的創生與作用一段，末以「大小、長短、脩遠」作結。有學者認為此六字句義不全，疑是郭象注文攙入正文，而劉氏則以為「無不得，無不可。」蓋因莊子描述大道是萬物的依歸，猶如「不忘家也」。末句「大小、長短、脩遠」，則用以形容萬物的型態，猶如〈大雅〉描述四方萬民，莫不臣服歸順於文王一般。

　　其二，為透過相近字句的比附，使字詞同義化，達到互注的效果。如在〈人間世〉中莊子借孔子之口，提醒葉公子高巧言偏辭所帶來的風波，又以「獸死不擇音，氣息茀然，於是並生心厲」〔註58〕為喻，再次強調言論不當的後果。由於莊子所論為言語一事，故林希逸解「音」為「聲音」。劉辰翁並無直接提出反駁之語，採《左傳》中「鹿死不擇音」為證，以為「音」應假借成「蔭」解釋。二人釋「音」之說法皆有可觀，亦可互為例證。

（二）引自《論語》、《中庸》

引自《論語》	《莊子點校》原文
楚狂接輿，歌而過孔子曰：「鳳兮鳳兮！何德之衰？往者不可諫，來者猶可追。」（《論語注疏・微子》，頁 165。）	倒《論語》一句更明。（〈人間世〉注，頁 117）

引自《中庸》	《莊子點校》原文
君子素其位而行，不願乎其外，素富貴行乎富貴，素貧賤行乎貧賤，素夷狄行乎夷狄，素患難行乎患難，君子無入而不自得焉。《禮記注疏・中庸》，卷 52，頁 883。	其言解衣槃礴、贏，猶言無入而不自得也，知者亦必首肯焉。（〈田子方〉注，頁 395）

　　關於劉辰翁徵引《論語》、《中庸》之部分，亦可分為二種引用方式：其一，用《莊子》文本中所引述儒典之字句，以文學的角度來評定優劣。如〈人間世〉中，描述楚狂接輿歌而過孔子門一段，引用自《論語・微子》。莊子引用《論語》中所記載的史實，用散文之記體加以陳述，劉氏則以為《論語》的語錄體形式，反而使文意更為明白精確。

　　其二，引自《中庸》，與上文所引《詩經》的形式相同，採用相似的語境，來詮釋莊子之文意。如〈田子方〉中，宋元君將畫圖一段，描述其中最高明的畫師「解衣槃礴」神意自然，劉氏則用《中庸》裡形容君子不論處於任何

〔註58〕〔清〕郭慶藩：《莊子集釋》，第 1 冊，〈人間世〉，頁 160。

境地，皆能「無入而不自得」比附詮釋之。

三、援引《孟子》評莊

　　劉辰翁偏好以孟、莊互解，在以儒評莊採資最多。莊、孟約略同時，皆好辯善辯，而莊文中並不見提及孟子，孟子書中亦無隻字片語說及莊子。以文學角度言之，二人皆是先秦散文之代表，孟文恢宏壯闊，莊文奇幻飄洒；以學術思想言之，二人分別爲先秦儒、道思想的開展與完成。而孟、莊如有學術思想之交流，必定能碰撞出不同的火花，讓後世學者得以取資、借鑒。此現象於宋代深受學者重視，如朱熹門人多次提問，莊子何以未曾評孟子？朱子覺得是地理上的限制間隔，孟子「不曾過大梁之南」，莊子是楚人，「想見聲聞不相接」，此觀點亦受當代學者徐復觀所認同。〔註59〕對於莊孟不聞相道及一事，朱子則回應：「莊子當時也無人宗之，他只在僻處自說，然亦止是楊朱之學。但楊氏說得大了，故孟子力排之。」〔註60〕又云：「楊朱之學出於老子，蓋是楊朱曾就老子學來，故莊列之書皆說楊朱。孟子闢楊朱，便是闢莊老了。」〔註61〕馮友蘭以爲《論語》中記載長沮、桀溺、荷蓧丈人的隱者，即是楊朱之徒的前趨，推論「蓋楊朱之後，老莊之徒興，皆繼楊朱之緒，而其思想中卻又卓然有楊朱所未發者。」〔註62〕勞思光則論斷道家思想起自楊朱，但在統系上則無傳承關係。在孟子時代「楊朱、墨翟之言盈天下」，故道家思想被掩蓋，而後楊朱衰而老莊興，言道家之說者悉宗老莊，楊朱偶被提及，亦降爲老子之徒之列。〔註63〕後有採資朱子說法之學者，稱說楊朱與莊子爲同一人之說云云〔註64〕，並未獲得學術界之共識。

〔註59〕徐復觀說：「當時交通狀況及典冊流通的困難情形之下，便不容易發生辯論。若不是『陳相見孟子，道許行之言』(《孟子・滕文公上》)，便不會引出對許行的辯論。所以孟、莊議論的不相及，乃說明他兩人及其門徒，未嘗有相接的機會，不足爲異。」見其《中國人性論史・先秦篇》，頁362。與徐復觀持相同意見者，可參見李勉：《莊子總論及分篇評註》(台北：臺灣商務印書館，1990年8月)，頁20。

〔註60〕〔宋〕朱熹：《朱子全書・朱子語類》，卷125，頁3901。

〔註61〕同前註，頁3900。

〔註62〕馮友蘭：《中國哲學史》(台北：臺灣商務印書館，1994年5月)，上冊，頁170～173。

〔註63〕勞思光：《新編中國哲學史》(一)(台北：三民書局，2001年9月)，頁202～203。

〔註64〕陳冠學：《莊子新傳——莊周即楊朱定論》(高雄：三信出版社，1976年1月)，

　　劉辰翁對於莊孟互不道及，並無直接語及，若依其學思淵源，或可推論
其以儒家立場上承朱子的觀點。若以文學家的角度而言，劉氏必定喜愛莊、
孟之文，故援孟入莊，以字句文意互證分析。如莊子之「刳心」，劉氏則以孟
子常言之「盡心」、「虛心」解之。（〈天地〉注，頁 234）或是未能精確掌握莊
子立言之意，故以孟子解莊相互印證，如〈人間世〉莊子借孔子告訴葉公子
高「託不得已以養中」之理，劉注曰：

> 萌心遷就，作意從臾，皆是過度。人道陰陽之患皆自取之，任其自
> 然，託不得已，并此心打疊了，成不成皆未害致命而已。此常人所
> 謂無擔負者，乃有道者以為莫安排也。安排之害，自以為死者未必
> 死，至時亦未必能死，見孺子入井，徐而救之，則納交要譽，嫌疑
> 百端自失初意。安排之害也。此處最好，推見微隱，雖非莊子立言
> 之意，聊發其髴，不可勝笑也。（〈人間世〉注，頁 108）

劉氏以孟子筆下「今人乍見孺子將入於井，皆有怵惕惻隱之心，非所以內
交於孺子之父母也，非所以要譽於鄉黨朋友也，非惡其聲而然也。」（《孟
子注疏・公孫丑上》，頁 65。）說明莊子立言推見微隱處，劉氏自覺以孟解
莊未必合於莊子原意，然而對於讀者而言，乃能透過孟書來了解莊子所謂
「安排之害」。瞭解劉辰翁以孟入莊的原則後，以下再針對援引之方式，列
表說明之：

（一）以相同字義互注

引自《孟子》	《莊子點校》原文
宋人有閔其苗之不長而揠之者，芒芒然歸，謂其人曰：「今日病矣！予助苗長矣！」《孟子注疏・公孫丑上》，頁 53。	此樣語痛至，讀自有省，本不須著一字，林解每欲求異，只添造物在不亡上，便解不去，不亡只是不死耳。「芒」與忙同，《孟子》：「芒芒然歸」是也，但作「忙」，豈不痛快！須要解作芒昧，卒無所發明，兩不相入。（〈齊物論〉注，頁 39）
孟子謂高子曰：「山徑之蹊間，介然用之而成路，為間不用，則茅塞之矣。今茅塞子之心矣！」《孟子注疏・盡心下》，頁 252。	介，猶介然用之成路之介。（〈庚桑楚〉注，頁 423）

頁 1～3。

上表所列，爲劉辰翁將《孟子》也有出現的字義，用來比附於《莊子》。首先，在〈齊物論〉莊子表達對人生的定義，以爲認爲人受道的安排而成形，一生「與物相刃相靡」，「終身役役」、「苶然疲役」而不知其所歸，而這些行徑好像策馬狂奔，身不由己，故語氣沉痛曰：「人之生也，固若是芒乎？其我獨芒，而人亦有不芒者乎？」〔註65〕劉辰翁針對林希逸注而發，以爲莊子之語已明，讀者自有所解，已不須再逐字逐句多作詮釋。如「不亡以待盡」，林解：「既受此形於造物，則造物與我相守不亡，以待此形之歸盡而後已。」〔註66〕林希逸注前後毫無問題，因中間「添造物於不亡上」，使劉氏批其「每欲求異」。另則是莊子謂人生之「芒」，林解「芒芒然」爲無見識也，引申爲人之芒昧。劉氏引《孟子》宋人揠苗助長之「芒芒然歸」爲注，以爲作忙，豈不痛快，正可比擬瞎忙、窮忙。

其次，〈庚桑楚〉之「介而離山」一句，劉氏以〈盡心篇〉中「介然用之而成路」作解。「介」今多爲解爲「獨」，成玄英疏「孤介」，陸德明《釋文》引《廣雅》注「獨也」；一本作分，謂分張也。〔註67〕林希逸亦從「獨」解〔註68〕，而劉辰翁以「介然」爲解，表示函車之獸，堅定的離開山林，頗有新意。

（二）以相似語境比附

曾子曰：「脅肩諂笑，病于夏畦。」《孟子注疏‧滕文公下》，頁116。	自以爲柔行巽入之妙，而自至人觀之，亦病於夏畦者。內不訾者，謂內亦不敢以爲非，而就之此極其小心和氣婉容，而不足以爲質，故有在言語容貌之外者。（〈人間世〉注，頁92）
孟子曰：「民爲貴，社稷次之，君爲輕，是故得乎丘民而爲天子，得乎天子爲諸侯，得乎諸侯爲大夫。」《孟子注疏‧盡心下》，頁251。	「人見其人」，謂人人皆曉然見之。「人有脩者」，謂亦有暫焉，自脩者惟脩至此，則有常耳。「人舍之」，知其無意於世，則舍之也。此言天子以其德，不以其位，又甚於「丘民之喻」也。（〈庚桑楚〉注，頁432）
孟子曰：「萬物皆備於我矣，反身而誠樂莫大焉。」《孟子注疏‧盡心上》，頁229。	此即與《孟子》、〈西銘〉不與意合，然其語又精神，顯字又贅足了又羡八字，見地既明，氣魄亦大。（〈天地〉注，頁235）

〔註65〕〔清〕郭慶藩：《莊子集釋》，第1冊，〈齊物論〉，頁56。
〔註66〕〔宋〕林希逸著，周啓成校注：《莊子鬳齋口義校注》，頁20。
〔註67〕〔清〕郭慶藩：《莊子集釋》，第4冊，〈庚桑楚〉，頁774。
〔註68〕〔宋〕林希逸著，周啓成校注：《莊子鬳齋口義校注》，頁352。

以上三則，爲劉氏引《孟子》之文句，採語境相似可用於解莊的部分。其一，評〈人間世〉中顏回告訴孔子，只要「端而虛，勉而一」，乃能避遭衛君之害。劉氏以爲顏回「自以爲柔行巽入之妙」，面對衛君須以「極其小心和氣婉容」的姿態，比炎夏耕作的農人更辛苦，故以〈滕文公〉中曾子所言「病於夏畦」解之。

其二，〈庚桑楚〉中，莊子認爲「宇泰定者」，因爲恆於脩，故「人舍之，天助之。」一般多解爲「舍」爲依附，即人們會自動來依歸，故後曰：「人之所舍，謂之天民；天之所助，謂之天子。」劉辰翁解「舍」爲捨棄，以爲人知道有德者無意於世，故舍之，如此是謂天民之表現，故天之所助即言「天子以其德，不以其位」，此意境比之於孟子謂「得乎丘民而爲天子」更高。

其三，說明〈天地篇〉中莊子所謂「不以王天下爲己處顯」、「萬物一府，死生同狀」，劉氏又以《孟子》之「萬物皆備於我矣」，以及〈西銘〉之「民吾同胞，物吾與也」作爲舉證，雖不與意合，亦可互爲說明。劉氏讚美莊子「其語精神」〔註69〕，「顯」字已使文意具足，末又以「萬物一府，死生同狀」作結，八字「見地既明，氣魄亦大。」

（三）以「氣」解「神」

在〈養生主〉中，莊子描繪庖丁「官知止而神欲行」，批卻導窾，因其固然，劉辰翁讚美曰：

> 何等麤事寫入玄微，不以目視已屬玅理至言，神意更恍惚，此獨先
> 說知止，物不兩用，尤極精切。（頁 76）

精妙之言論在行文至「以無厚入有間」遊刃有餘的神意時，劉又注曰：「不知文字之玅，何從得之？」（頁 77）至庖丁「雖然每至於族，吾見其難爲，怵然爲戒，視爲止，行爲遲」一段，劉氏則以孟子之「養氣」爲解，注曰：

> 至大至剛，以直養而無害，則塞乎天地之間，亦自疎甚。（頁 78）

〔註69〕徐復觀說：「把精字神字，連在一起而成立『精神』一詞，則起於莊子。……莊子一書，所用的精與神的觀念，還是出自老子。……莊子主要的思想，將老子客觀的道，內在化而爲人生的境界，於是把客觀性的精、神，也內在化而爲心靈活動的性格。心不只是一團血肉，而是『精』；由心之精所發出的活動，則是神；合而言之即是『精神』。」見其《中國人性論史‧先秦篇》，頁387。「精神」一詞，後來亦被用在詩文評上，如司空圖二十四詩品之一，即有「精神」。可參考蕭水順：《從鍾嶸詩品到司空詩品‧司空圖詩品研究》，（台北：文史哲出版社，1993 年 2 月），頁 159～160。

劉氏是以〈公孫丑上〉孟子所解「養氣」，來詮釋莊子所謂「養神」。孟子所言「氣」，是一種至大至剛，充沛正直的浩然正氣。其以爲吾人須「持志養氣」，嘗曰：「夫志，氣之帥也。氣，體之充也。夫志至焉，氣次焉。故曰：『持其志，無暴其氣。』」（《孟子注疏・公孫丑上》，頁 53）故養氣是一種積極的持養功夫，若此何以修養？孟子回答「以志帥氣」、「以直養」、「配義與道」，即是以道德內化的心爲主宰，來支配自然生命之氣，透過養氣而去了解人之所以爲人之價值，進而有實踐之力量。〈養生主〉的篇旨在於涵養生命的眞宰以呈現精神的主體，因此莊子所言「養神」，是指排除感官知覺而順乎自然的精神活動。劉辰翁以氣解神，是有牽強比附之處，或可推論其意爲當庖丁面對團簇複雜的筋理時，須排除感官之活動，聚精會神依乎天理而解牛，之所以能如此，是由於以志帥氣所致。

關於孟子之以志帥氣，劉辰翁於注解「心齋」時，亦有提及：

> 此處難以貼說解註，當自得之。蓋至於「氣」與「符」則精矣，不容言矣。此至人之道，其於以化人，未也。此氣字，非志帥氣之氣。
>
> （〈人間世〉注，頁 96）

莊子所謂「心齋」爲「無聽之以心而聽之以氣！聽止於耳，心止於符。氣也者，虛而待物者也。唯道集虛，虛者，心齋也。」〔註70〕莊子所謂聽之以氣，「實際只是心的某種狀態的比擬之詞，與老子所說的純生理之氣不同。」〔註71〕劉氏則以爲莊子所描述心齋的意境，用「氣」與「符」已精切，除莊子外難以貼說解註，讀者須自得之，不容言矣，僅能就其所理解稱此處之氣字，非是孟子以志帥氣之氣。

綜論之，劉辰翁雖有自覺援儒入莊並不一定符合莊子原意，曾曰：「自儒者之見，非本旨也。」（〈人間世〉注，頁 100）然而以儒評莊確實是宋儒常用之形式，使讀者能從儒典之含義對比於詼詭譎怪的莊子，劉辰翁亦如是，並時常用《孟子》解莊文。援引之方式：其一，爲透過相近字句的比附，使字詞同義化，達到互注的效果。其二，以相似的語境或思想內涵，來詮釋莊子之文意。其三，用莊文引用儒典之文句，用文學的角度來評定優劣。

〔註70〕〔清〕郭慶藩：《莊子集釋》，第 1 冊，〈人間世〉，頁 147。
〔註71〕徐復觀：《中國人性論史・先秦篇》，頁 382。

第三節 劉辰翁「援佛入莊」之內容

　　宋人有所謂「佛學思想源於莊子說」，非以釋迦牟尼的思想源自於莊子，而是佛教傳入中國後，採格義方式使其中國化，因而受到莊子思想影響甚鉅，主要指向宋代興盛的禪宗，表示禪宗教義多所出自於莊子。〔註 72〕朱子有釋氏出於楊朱、莊老的論說〔註 73〕，林希逸曰：「『死生亦大矣』，此五字，乃《莊子》中一大條貫。釋氏一《大藏經》，只從此五字中出。」〔註 74〕，劉辰翁則曰：「佛說無法無覺，展轉諦空，皆出於此。」（〈齊物論〉注，頁 54）宋明學者注莊重義理，與魏晉不同，多半上承支道林以佛義，尤其是禪宗義解莊。其主要代表人物是王元澤、林希逸、褚伯秀、劉須溪、羅勉道、焦竑、釋德清等。〔註 75〕

　　劉辰翁的佛學思想受朱熹影響極深，朱子稱「楊、墨，即老莊也。……今釋子亦有兩般：禪學，楊朱也；苦行布施，墨翟也。」〔註 76〕以為禪學取資楊朱、老莊之說而發揮，並以《四十二章經》為例稱說「如何舊時佛祖是西域夷狄人，卻會做中國樣押韻詩。……佛氏乘虛入中國，廣大自勝之說，幻妄寂滅之論，自齋戒變為義學。如遠法師、支道林皆義學，然又只是盜襲莊子之說。」〔註 77〕劉辰翁上承朱子的佛學思想，並進一步發揮禪宗教義始於名家，其曰：

> 佛氏之說，始于戰國堅白異同之辨，其窮極變眩，即儒者自為之。夷狄之人，語言不通，安得文義輾轉若合符節如此。儒者但見其超然，偏袒不惜身命，遂疑六合之外，有與人異者，竭其心思如夢想化人，何所不至。後之儒者不能知其所自出，乃望而尊之，雖攻之者亦以其書為似，畫鬼神者有造化所不言之巧。（〈經說〉，卷 6，頁 211）

劉辰翁所稱「佛氏之說」，是指禪宗而言。其以為禪宗思想是由堅白同異的名家演變而來，佛理的窮極變眩，皆是儒者自為之，否則從西域而來的高僧，何以能將文義詮釋到若合符節的境地。可見劉辰翁亦以為禪宗與印度佛教有

〔註 72〕簡光明：《宋代莊學研究》，頁 278。
〔註 73〕〔宋〕朱熹：《朱子全書・朱子語類》，卷 126，頁 3924～3928。
〔註 74〕〔宋〕林希逸著，周啟成校注：《莊子鬳齋口義校注》，頁 82。
〔註 75〕關鋒：《莊子內篇譯解和批判》，頁 376。
〔註 76〕〔宋〕朱熹：《朱子全書・朱子語類》，卷 126，頁 3924。
〔註 77〕同前註，頁 3927。

所區別，又曰：

> 佛入中國，以其勤苦無聊之說，本非人情所嘗習而堪之者，又儒者
> 講師，縱橫演易，凡數十百萬言，雖才智辨士，猶有不能盡通其意，
> 然依稀料想，若有若亡，至二千年不晦，則亦不可謂無其理也。乃
> 有聖惠西來，不立文字，庶幾一返之性，而分宗異解，類爲不可測
> 知，斷句半句，光怪隱顯，教意不傳，而其傳復有甚于教。其難知
> 難言遠而至于不知不言，無可授受，此宜曠劫不一遇，而頓超代起，
> 又未嘗無其人也，亦猶吾儒起《六經》傳疏專門之後，遇大人先生
> 獨取《四書》，深極性命，而記問疏于《六經》，《語錄》多于傳疏。
>
> （〈武功寺記〉，卷 4，頁 128）

劉辰翁以爲佛氏的教義「本非人情所嘗習而堪之者」，佛經則是由精通儒典的
高僧所翻譯，義理高深無法盡通其意，後有禪宗初祖達摩西來，主張「單傳
心印，開示迷塗。不立文字，直指人心，見性成佛。」〔註78〕禪宗發展自唐
末之後分燈接席，形成一花開五葉的局面，入宋之形成五家七宗分頭並傳，
最主要的有臨濟、雲門、曹洞三系。〔註79〕禪宗的教義自六祖慧能曰：「諸佛
妙理，非關文字」，以爲「三世諸佛、十二部經，在人性中本自具有……若自
悟者，不假外求。」〔註80〕吾心正定，即是持經，口誦心行，即是轉經。禪
宗至此擺落佛經煩複的拘執，而以「心印」或「心證」的自由宗風，重視自
悟，而慧能所謂「見性成佛」，即是「頓悟」。最末劉辰翁又以儒釋的經典對
比，稱禪宗的《語錄》多於《六經》的傳疏，可以見禪宗在宋代極爲發達。

劉辰翁對佛學頗有涉入，其以佛評莊取向實用性，並無涉及太艱深的佛
理，或援引佛經專用的術語，或《語錄》的文句，所引用者不盡然是禪宗思
想，亦採用般若學的空觀，茲說明如下：

一、以行修法門解莊

劉辰翁認同禪宗的思想多出自於莊子，而莊子的思想勝過於禪宗的《語

〔註78〕〔宋〕圜悟克勤：《佛果圜悟禪師碧巖錄》，見《大正藏》，T48，p0140b。

〔註79〕〔宋〕祖琇：《隆興編年通論》卷29，記載宋徽宗《建中靖國續燈錄序》曰：
「自達磨西來實爲初祖，其傳二三四五而至於曹溪。……自南嶽青原而下分
爲五宗，各擅門風……源派廣迤，枝葉扶疏，而雲門、臨濟二宗，遂獨盛於
天下。」見《卍續藏》，X75，p0253b。

〔註80〕〔唐〕慧能：《六祖大師法寶壇經》般若第二，見《大正藏》，T48，p0351a。

錄》，其曰：

> 諸子著書未有如此老，辛苦爲人，必深切著明而後已，而讀者猶未
> 喻也。爛熳求之諸祖之《語錄》，則擎豎而道之者也。（〈知北遊〉注，
> 頁 402）

莊子著書用心爲人，讀者若不能深入體悟，也不用求之諸祖《語錄》去立言
豎辭，言下之意表示莊子的義理較之諸子、《語錄》更爲深切。如莊子曰：「達
生之情，不務生之所無以爲；達命之情者，不務知之所無奈何。」〔註 81〕劉
氏則曰：「雅言要道盡此矣，復有丹經佛髓所不欲聞也。」（〈達生〉注，頁 342）
即說明莊子的生命情調高於佛家的境界。又曰：「不求其所終，正是不究竟，
更快活。佛之徒欲究竟甚苦，乃莊子之所深悲，以爲不終天年也。」（〈大宗
師〉注，頁 144～145）佛家說「諸行是苦」，須靠修行才能離一切苦，始能達
到「究竟樂」，劉辰翁則以爲莊子不求其所終的人生哲學，才是至樂的境界。
因此，要到達佛道的境界，皆經由重重的修持關卡來歷練工夫。

（一）參禪與修持

《莊子·山木》中描述魯侯接受市南宜僚之見，願去皮、去欲、去國而
遊於無人之野，以此言「人能虛己以遊世，其孰能害之」，劉注曰：

> 吾以爲止矣，倦矣，方無崖，方得意，如未嘗言者。去皮，去其國
> 也；去累，去其左右也，此言虛己，則并魯君而去之矣。從淺至深，
> 句句是道，今人作小說看了，喜其文而已，空有此書，一樣《金剛
> 經》，有拍誦者，川老解經猶是頌，林竹溪只是拍。（〈山木〉注，頁
> 368～369）

劉辰翁以拍、誦儀式爲喻，說明王安石對《金剛經》的體悟，超越林希逸。〔註
82〕「拍」是佛教儀式，言法於其修法之初與終，作拍掌；其初拍掌，爲歡喜
本尊來降也，其終拍手，爲歡喜一座之事究竟也。「誦」指念誦或持誦經文，
習讀既熟，對經文自然能誦。「拍」是入門，「誦」是嫻熟，故層次高下立判。
除了佛法入門的拍、誦之外，由於禪宗主張「諸佛妙理，非關文字」，因此參
話頭、參公案，成爲宋代流行的學禪的方式。公案原指官府判決是非的案例，

〔註81〕〔清〕郭慶藩：《莊子集釋》，第 3 冊，〈達生〉，頁 630。
〔註82〕王安石曾注解《金剛經注》、《維摩詰經注》，今已不傳。王氏晚年對佛法體證
　　　　顏深，曾於〈書金剛經義贈吳珏〉云闡述空觀的《金剛經》「爲最上乘者」，
　　　　見《王安石全集》，卷 46，頁 169。

禪宗借以代指前輩祖師的言行規範，修行者參究其中而尋求開悟。劉辰翁在注莊子之「坐忘」時，亦有云及：

> 林云：「坐忘二字，便是禪家面壁一段公案。」（〈大宗師〉注，頁169）

莊子曰：「墮肢體，黜聰明，離形去知，同於大通，此謂坐忘。」劉辰翁引林希逸注，以禪宗的公案爲解。「禪家面壁」，據《景德傳燈錄》載達磨祖師西來，「寓止于嵩山少林寺，面壁而坐終日默然，人莫之測，謂之壁觀婆羅門。」〔註83〕達磨凝住壁觀的內容，即入道二途，不出「理入」與「行入」。其曰：「理入者謂藉教悟宗，深信含生同一眞性……寂然無爲名之理入。」〔註84〕寂然無爲，顯然有道家的思想於其中，而依此「理入」起而修行，則爲「行入」。劉辰翁以此公案與坐忘互解，即表示從修行中悟入，才能悟道之後，仍透過修行才能達到坐忘的境界。

　　修習佛法者，要從戒、定、慧三學去實踐，才能破破種種因緣而生的煩惱，獲得智慧與了悟。劉辰翁則由「心」爲主體，引佛家所謂「六賊」、「滲漏」互爲說解。如注「忘適之適」曰：

> 此處常言必曰：「忘屨，足之適也；忘帶，腰之適也。」以此惟之意
> 義自見，心比二物猶佛言六賊，以心爲累也，忘適之適，語嫩而精。
> （〈達生〉注，頁358～359）

莊子從工倕徒手畫圓的技巧爲喻，引申至忘屨、忘帶、忘是非所帶來足、腰以及心的安適，最後則點出「忘適之適，未嘗不適」之理。劉辰翁認爲莊子以心比於二物，猶似佛言「六賊」，即產生煩惱根源之色、聲、香、味、觸、法是爲「六塵」，以眼、耳、鼻、舌、身、意之「六根」爲媒介，能劫一切善法，故喻之爲賊。因此，去除六賊所生的煩惱，達到「忘適之適」，才是最高的境界。劉氏注「賊莫大乎德有心而心有睫，及其有睫也而內視，內視而敗矣」〔註85〕一段則曰：

> 林云：「此數語於學道人分上最爲親切，禪家所謂滲漏心，又曰第二
> 念，便是此意。」又云德爲德也，德非所謂爲德也，既是自然，不
> 當有心，有心有眼，凡見可欲而逐之者，眼爲累心，亦有眼，尤速

〔註83〕〔宋〕釋道元：《景德傳燈錄》卷3，見《大正藏》，T51，p0219b。
〔註84〕達磨：《菩提達磨大師略辨大乘入道四行觀》卷1，見《卍續藏》，X63，p0001a。
〔註85〕〔清〕郭慶藩：《莊子集釋》，第4冊，〈列御寇〉，頁1057。

於眼，故曰憐心及其內視，則內之敗已久矣。說得甚親切。(〈列御
寇〉注，頁 586～587)

莊子描述正考父的謙遜，並說明處心積慮的之患害，劉辰翁引用林注來驗證
學道的修持功夫。所謂滲漏心，如曹洞宗的曹山本寂禪師曾云「三種滲漏」〔註
86〕，用來表達學佛者沒有獲得佛法的眞諦，而陷在混濁不清的俗智流轉之中。

(二) 化法與變化

劉辰翁注莊，亦引用佛教的化法與變化，其曰：

其爲書無所不言，獨此又在事上取其至，麤猥如賦歛不近道理事，
亦以吾意爲之以見道，無不在自然，無不可直緣化法耳，卻說得如
此。精一之間，無敢設，用意不分也。(〈山木〉注，頁 370)

莊子著書無所不言，甚至提及麤猥如賦歛之事，目的是以北宮奢爲製鐘而賦
歛爲喻，說明爲政應循任自然，無巧取於民。劉辰翁稱莊子所說「無不在自
然」、「無不可直緣化法耳」。莊子主張道是自然，佛教所謂自然，是指人的自
性自然，類似道家的思想，由於佛教說一切法都不出「因緣」，故《楞嚴經》
曰：「彼外道等常說自然，我說因緣。」〔註 87〕所謂的「化法」，爲佛教化導
的法門，代指莊子以此說法使世人瞭解復歸於樸的境界。關於化法，劉辰翁
於〈人間世〉註解亦有提及，其曰：

此玅語雖可別喻，至於無行地則絕跡，不足言矣。化處自然且涉方
便，而何嫌忌之有。(〈人間世〉注，頁 98)

莊子以「絕跡易，無行地難」爲喻，說明順應自然之理。劉辰翁稱莊子所言
「化處自然且涉方便」，所謂「方便」，如法華經曰：「方者法也，便者用也。」
即指便於教化眾生的便法。對於方便法，劉辰翁於其文有所發明，曰：

業識貪爲第一，而佛號多寶，莊嚴身色非大貪何？云何化誨，能使
眾生見寶不貪，即佛即貪，是大方便。(〈多寶院記〉，卷 1，頁 16)

佛教講業力，人的過去、未來，唯有業隨身，過去者爲宿業，現在者爲現業。
去除惡業首要去貪，故佛號多寶即是以此教化，使眾生能見寶不貪，菩薩以
此善巧爲化法，是大方便。由種種的方便法門，可使修行者心境轉變，劉辰

〔註86〕〔明〕瞿汝稷編：《指月錄》卷 16 曰：「有三種滲漏。一曰見滲漏。機不離位。
　　　　墮在毒海。二曰情滲漏。滯在向背。見處偏枯。三曰語滲漏。究妙失宗。機
　　　　昧終始。濁智流轉。」見《卍續藏》，X83，p0579a。
〔註87〕〔宋〕釋戒環：《楞嚴經要解》卷 14，見《卍續藏》X11，p0792c。

翁亦有曰：

> 冰解凍釋，就本處撥轉變化。（〈庚桑楚〉注，頁 430）

「冰解凍釋」是指執滯之心的消解，劉辰翁用「撥轉變化」對應說明。佛教所說的「變化」，有八變化、十四變化之分，變化是指由舊轉新，從無至有，指佛菩薩之通力，能變化有情非情的一切，而學佛者能從中體悟而去心之執跡。

二、以證道境界評莊

以慧能爲主的南禪主張頓悟，與神秀的北禪主張漸修有別。頓悟是針對利根器的眾生而言，而佛法無頓漸，是人有利鈍之分，「迷人漸修，悟人頓契。自識本心，自見本性，即無差別。」〔註88〕劉辰翁所處的廬陵，受到南禪的教化影響頗深，亦可從注莊中見其思維，茲說明如下：

（一）超悟頓悟

> 今之隱几，昔之隱几兩句，便是悟處。下面語雖長，然不如「吾喪我」三字受用。至實喪耦，我固在也，併我而喪之，物論從何處起，便是相競無對頭了。（〈齊物論〉注，頁 25）

莊子的「吾喪我」即是破除我執的境界，故劉辰翁曰：「物論從何處起」，即指是非都無從起。前稱南郭子綦隱机二句，便是悟處，猶如佛家所謂開悟、頓悟、了悟，覺悟之意。綜言之，即是修行者須有醒覺，才能去破除對形軀的執迷。此外，劉辰翁又從超悟上立論曰：

> 林云：「見見聞聞，即佛氏所謂本來面目。」「見見聞聞」，就超悟上說。「十仞之臺」在宮中，何不見？何不聞？「眾閒」，即人閒。「無幾無時」，即幾時拆破。「闔嘗舍之」，猶姑置勿道。（〈則陽〉注，頁 484～485）

「舊國舊都，望之暢然」一段，以故鄉喻本性。林希逸以禪解莊，曰：「見見聞聞，即佛氏所謂本來面目。」所謂「見聞」，即目見佛，耳聞法也。林希逸認爲經由修行能回歸到自性本然清靜，劉辰翁則補充說明見見聞聞是由超悟上說，須超悟洞徹之後，才能眞正回歸到本來面目。對於「頓悟」，劉辰翁亦有所見：

〔註88〕〔唐〕慧能：《六祖大師法寶壇經》定慧第四，T48，p0353a。

林云:「自聞自見,若在吾書,即《論語》所謂默然而識,識是頓悟,不得音志。」自聞自見,聞見之外有物,非默之謂也,引默字已非解默。識尤非,尚未識在默,何足以識之。林云:「顏子之克己復禮,頓也。一日克己復禮,天下歸仁焉,非頓悟而何!其曰:『請問其目』,即禪家所謂如何保任時。其曰:『為仁由己』,即禪家所謂此事別人著力不得也。」頓後無許多事,林亦何嘗知禪林本色哉!其言修煉亦然。(〈駢拇〉注,頁194)

莊子詮釋「聰」、「明」,是自聞自見而已。林希逸認為莊子的「自聞自見」即是《論語》所稱「默然識之」,而識不能音志,應解為「頓悟」。劉辰翁以為「聞見之外有物」,即是耳目見聞皆與物交而知,故非默之謂也。識亦非頓悟,以為林注默字已非解默,故解識又何以識之?林希逸進一步解釋顏回體悟孔子所謂「克己復禮」,即是頓悟的表現,顏子問「請問其目」,即是禪宗所稱的頓後保任之事;孔子回答「為仁由己」,猶如禪家所謂修證體道皆需自悟而來。於此,劉辰翁強力反對,不認同頓悟之後需要保任,並以為林希逸不瞭解禪修以及禪林本色。所謂「頓悟」來自於「化儀四教」,第一即為頓教。頓教是釋迦牟尼宣講《華嚴經》時所使用的教化方式,針對利根器,當下直入,無階段,無方便。發展到禪宗,六祖慧能以見性成佛即為頓悟,並曰:「不悟即佛是眾生,一念悟時眾生是佛。」〔註89〕然則頓悟之後需要保任,在佛法修行中已成定論,劉辰翁所說的「頓後無許多事」,或許受到流傳於江西一帶的曹洞宗所倡導的默照禪所影響。默照禪是以靜坐為修持方式,並在般若學及唯識學的基礎上以「心空」為目標,心空則能回歸眾生的本來面目。

(二)明心見性

學佛者修行,不論根器利頓,都希望達到最終目的,即明心見性而成佛。以下茲就劉辰翁所提及煖地、頂地的工夫,至人牛俱忘,最後回歸涅槃解脫的歷程分述說明。首先於注「種有幾,得水則為䐁」曰:

此幾種在百歲髑髏後,最是妙意,在用喻也,釋氏言煖地、頂地皆相似,必有得於形容者,豈可以耳目所不識,疑之以所識訓之哉?(〈至樂〉注,頁341~342)

莊子先描述從列子於道旁見百歲髑髏有感而發,以為人的生死不應當被憂樂

〔註89〕同前註,T48,p0351a。

所執的寓言，接續又設「馬生人」為喻，最後說到「萬物皆出於機，皆入於機」。劉辰翁以為最是妙意，猶佛家言經由修習而達到「煖地」、「頂地」的修持境界。〔註90〕此外，劉氏亦有提及人我俱泯的境界，其曰：

> 夢覺，齊人物，齊小大，齊是非，齊生死，齊盡在是矣。奇又奇也……
> 曰周與蝴蝶必有分矣。不知者以為尚生分別，知者以為人牛俱失之
> 機也。正言似反。（〈齊物論〉注，頁 72～73）

劉辰翁是以「夢覺，齊人物，齊小大，齊是非，齊生死」的高度來觀照「物化」，是掌握了根本。後言「人牛俱失之機」則是以禪評莊，宋代禪師多以牧牛喻明心見性的禪悟過程，禪宗有所謂「十牛圖」，第八圖即是「人牛俱忘」，表示經由修行人的習氣已滅，何須佛法，故曰俱忘。〔註91〕劉辰翁以為莊子的「有分」，是為了矯正對「如一」的執著，這種思路類似於禪學的「不粘不滯」，雖頗高明，卻不合乎文本原義。〔註92〕而真正能超脫的達者，才能描繪出三籟的境界，劉注曰：

> 此老胸中玲瓏解脫，略無沾惹，如人籟一語，便是不見其欠，雖天
> 籟亦是，若點眼睛便活。（〈齊物論〉注，頁 29）

劉辰翁以為莊子心中豁達，玲瓏解脫，才能寫出人籟、地籟、天籟的境界。佛家所謂「解脫」，亦稱「涅槃」，即是修行者的心已完全止息貪、瞋、痴等一切煩惱，歸本返源，明心而見性，即如《楞嚴經》曰：「若諸眾生，欲心明悟不犯欲塵，欲身清淨，我於彼前現梵王身，而為說法，令其解脫。」〔註93〕

三、以般若空觀解莊

魏晉格義佛教，以老莊之「無」解佛教之「空」。佛教的空義至鳩摩羅什至中土廣譯經論，尤其是大量譯出龍樹的中觀學，使龍樹《中論》、《十二門

〔註90〕〔明〕陸西星：《楞嚴經述旨》曰：「一煖地。可謂心與佛齊覺。……此時猶如鑽火，欲出未出，將燃其木，但不知火何時而出，木何時而燃，但養此溫煖，以俟火出，名為煖地。儒書中程子曰：『到此地位，功夫猶難，大段著方不得。』此顏子所以有末由之歎也。……二頂地，此以己心成佛行，若依非依，言無所執著也。因果未融，心跡尚滯，然已到頂地矣。頂地之上，即是虛空。」見《卍續藏》，X14，p0661c- p0662a。

〔註91〕十牛圖後皆有頌古，皆以韻文為之，第八圖「人牛俱忘」頌曰：「鞭索人牛盡屬空，碧天寥廓信難通。紅爐焰上爭容雪，到此方能合祖宗。」廓庵：《十牛圖頌》，見《卍續藏》，X64，p0774c。

〔註92〕張誠：〈莊子「物化」說平議〉，《南開學報》第 1 期（1996 年），頁 72。

〔註93〕〔宋〕釋戒環：《楞嚴經要解》卷 11，X11，p0831c。

論》及其弟子提婆《百論》的大乘佛法能推播發展，加上講論十餘年，般若性空的眞義遂大顯於世。而促使佛教「空」義特色可以進一步被理解，尤以僧肇所撰《肇論》，爲中國佛教史上第一本有關龍樹中觀學的著作。〔註94〕由於僧肇精通般若空義，故史稱「解空第一」。以般若學的空義解莊者，如支道林、成玄英、王雱等，其中成玄英以「空」並採「中觀」的論述方式解莊，其《南華眞經注疏》被喻爲「以佛解莊」之代表作〔註95〕，劉辰翁亦有承於此。

「空」即是不眞，此亦《中論》所云：「因緣所生法，我說即是空。」〔註96〕佛教認爲諸行諸法皆依因緣相合而生，所有現象界的一切事物，究竟而無實體，即是空，亦是假而不實之意。「空」，是以無我我所爲主的，常、恆、不變易法也可說是空。〔註97〕劉辰翁對於般若空義，亦有發揮，其曰：

> 顚倒夢想，忽然反悟。佛亦是空，如意大珠，只在衣內。身是寶中，
> 無物非空，欣喜滿足，方便第一。一切眾生，未識即貪，識已如常。
> 古今無窮，佛海法也。（〈多寶院記〉，卷1，頁17）

從修行中去體悟「佛亦是空」，且現象界的一切事物「無物非空」，即亦爲多寶如來示眾的方便法門。又提及「空相」曰：

> 欲離諸相而求空相，猶蛻衣而後悟四體之本然，屏塵而後識明鏡之
> 不染。空雖非鏡，實不離鏡。苟知空之即我，即我即佛，非我無佛。
> （〈南岡寺藏記〉，卷1，頁19）

修行者欲求空相，猶如蛻衣而後悟四體的本來面目，或如拭鏡上的塵埃，使其恢復明淨。猶似慧能與神秀以鏡作偈，而慧能「本來無一物，何處惹塵埃」，才是眞正體悟諸法空性之人。即我即佛，表示眾生皆有佛性，一念悟時即佛，可以見劉辰翁受到禪宗的影響之跡。

劉辰翁在《莊子點校》中，不僅說「空」，亦說「空空」。佛教所言「空空」，即「空是一切法空，空也是空的，名爲『空空』。」〔註98〕劉氏所引皆

〔註94〕邱敏捷：〈以「空」解莊之考察〉，《南師學報》第38卷第1期（2004年4月），頁26～27。

〔註95〕曹礎基：《莊子淺論》，頁192。

〔註96〕〔唐〕釋吉藏：《中觀論疏》卷1，見《大正藏》，T42，p0005c。

〔註97〕印順法師：《空之探究》（台北：正聞出版社，1985年7月），頁104。關於般若空義的發展與教義，印順法師在書中作了詳細的辨析，可參見第四章〈空的發展與類集〉，頁155～164。

〔註98〕印順法師：《空之探究》，頁167。

是用來比擬莊子所言的境界，如有曰：

> 佛說無法無覺，展轉諦空，皆出於此。但此處卻是文句創見，非實
> 義也。不過謂其初，本無一字，安得是非，自以爲是未必是，便如
> 有無推到無處，并無亦失了。（〈齊物論〉注，頁 54～55）

莊子用「無無」來打破時空條件的限制，以「無無」來與老子的「無」作一
層次性的區分，無、無無都已達聖人的境界，而莊子將無也無掉，即是連無
的境界都不執著。劉辰翁以爲佛說無法無覺、展轉諦空的思想出自於莊子，
遂以「便如有無推到無處，并無亦失了」來詮釋莊子的「無無」，同理可證，
空亦未是，而須無掉「空」而成「空空」，才能與「無無」相對應。劉氏於注
解〈逍遙遊〉「夫知效一官」一段時云：

> 其自視也，與其視下也，語不待辯，而笑隨之矣。宋榮子則是矣，
> 然未得爲逍遙也；雖列子御風至矣，猶未得爲逍遙也。如佛說空，
> 空亦未是，直至都無所待，而後謂之遊。（〈逍遙遊〉注，頁 15～16）

劉辰翁以爲《莊子》一書專說「遊」意，何以能逍遙遊？即是無待才能「乘
天地之正，而御六氣之辯，以遊無窮者。」劉辰翁以爲莊子之「遊」，如佛說
空，但空亦未是，可推論其意爲至「空空」才能無所待，而後謂之遊。而劉
辰翁所說的「空亦未是」，可由下文所言「空空亦空」來說明，其云：

> 人以不知爲患，不知知亦患也。約者靳乎合，而累於合矣。人固離
> 之，我固德之，以我接彼何其勞也。用其所長，不能使人無求於我
> 者，商之謂也。佛說空諸所有，空空亦空，類此。（〈德充符〉注，
> 頁 138）

本段所注爲莊子所說：「德有所長，而形有所忘……誠忘，故聖人有所遊。」
劉辰翁以「空諸所有，空空亦空」來解聖人之「遊」，同理可證上文〈逍遙遊〉
「以遊無窮」之境。對於「空空」之義，劉辰翁又曰：

> 師天而不得師天，不成語，與物皆殉最是道，猶釋氏所謂空空亦空，
> 此諸法皆盡，兩若之何，上若之何，言天下面言以爲事者，乃與之
> 合，又若何，此喚醒語也。（〈則陽〉注，頁 485）

上文注解「冉相氏得其環中以隨成」一段，成玄英疏：「冉相氏，三皇以前無爲
皇帝也。環，中之空也。言古之聖王，得眞空之道，體環中之妙……。」〔註99〕

〔註99〕〔清〕郭慶藩：《莊子集釋》，第 4 冊，〈則陽〉，頁 885。

可見成氏以爲體「空」爲聖王的最高境界。〔註100〕「師天而不得師天」，即是有心效法而乖於自然，故無所成。劉辰翁則以爲體空還不夠，須至「空空亦空」，此諸法皆盡，才能達到體道的境界。

　　綜合前述，以佛評莊是爲治莊者之新途徑，然而以佛理比附，終究只能貼近而無法完全符合莊子之原意。誠如憨山德清所曰：「學佛而不通百氏，不但不知是法，而亦不知佛法。解莊而謂盡佛經，不但不知佛意，而亦不知莊意，此其所以難明也。」〔註101〕抑或可換一角度理解「以佛義解莊，未必能恰符雙方義旨，然可資學者之開悟。增發勝解，時得妙趣，不刻劃以求可也。」〔註102〕

〔註100〕邱敏捷：〈以「空」解莊之考察〉，頁33。

〔註101〕〔明〕憨山德清：《憨山老人夢遊集》卷45〈論學問〉條，見《卍續藏》，X73，p0767b。

〔註102〕錢穆介紹章太炎注莊時所下的評語，見其《莊子纂箋》，頁7。

第五章　《莊子點校》之以文評莊

　　魏晉時盛於清談，名士用老莊之說做為避禍之工具，至郭象注莊後，莊學之盛已凌駕經學，沈約《宋書·謝靈運傳論》亦曰：「有晉中興，玄風獨振，為學窮於柱下，博物止乎七篇。」〔註1〕魏晉之後，莊學開展了新面貌，即以文學、音韻、義理各方面來探討莊子思想的內蘊，「流風所及，天下靡然從風。下逮六朝、唐、宋、明、清，注家輩出，屈指難數，莊子之學，傳流益廣。」〔註2〕有唐一代，韓、柳二人為文之法，嘗以莊子為宗，如〈進學解〉以莊文「作為文章」之源。宋王安石、東坡喜援引莊文，尤以東坡為甚，常師其意用其辭、或轉化或取其氣，仿效其寓言之論述方式。〔註3〕是故，以文學角度形成解莊之風，始自宋代。林希逸《莊子口義》提出「識文字血脈」，探析莊子之文采結構，為「以文評莊」之先聲，而最能道出文章結構者，當為劉辰翁《莊子南華真經點校》〔註4〕，其以文章家之口吻，從章法結構、寫作技巧等方面去評析莊文，開啟明清「以文評莊」之風尚。

第一節　莊子之人格形象

　　莊子是哲學家，亦是優秀的文學家。莊子的文章，有如天馬行空，飄渺不拘，而不落言筌；莊子的思想，有如白雲蒼狗，虛無變化，而順乎自然。

〔註1〕〔梁〕沈約等：《宋書·謝靈運傳論》（北京：中華書局，1982年11月），頁1778。
〔註2〕黃錦鋐：《莊子及其文學》，頁209。
〔註3〕簡光明：《宋代莊學研究》，頁152～158。
〔註4〕黃錦鋐：〈莊子〉，頁156。

在世人眼中莊子，形象絕世而獨立，時而深思，時而論辯，自甘於貧苦淡泊，不慕榮利，以富貴爲繫累。如〈秋水篇〉楚王派遣二使請莊子出仕，莊子以廟堂上之神龜爲喻，表示寧生而曳尾於塗，不願留骨貴置於廟堂之上，以諷爲官者之尸位素餐。有時莊子又幻化爲風度翩翩的佳公子，猶似「莊周夢蝶」之栩栩然，表現出自得超然的姿態。從遊雕陵之藩，見螳螂捕蟬，異鵲從後取之的感觸，莊子搖身一變成爲飽嘗人情世故的先知；與惠施的濠梁之辯、論無用之用，莊子又轉爲析理精微的辯論家。如此多變的形象，誠如錢穆所說：

> 莊周畢竟似乎太聰明了些，他那一巵水，幾千年來人喝著，太淡了，又像太冽了，總解不了渴。反而覺得這一巵水，千變萬化地，好像有種種的怪味。儘喝著會愈愛喝，但仍解不了人的渴。究不知，這兩千年來，幾個是眞解味的？你若不信，何妨也拿他那巵子到口來一嘗，看是怎樣呢！〔註5〕

深入淺出的敘述，可做爲劉辰翁探析莊子其人其書的先聲。

劉辰翁筆下的莊子，是存有世外之見的達者，恐世人之不悟，故著書以明其旨。劉氏並以文學家的角度對莊子之人格形象抒發諸多評論，茲分述如下：

一、慷慨明達

劉辰翁所理解的莊子，是一位達觀自得之人，從《莊子・人間世》借孔子之口對葉公子高提出忠告即可看出，劉辰翁有如下之評點：

> 知其不不（案：疑可）奈何，而安之若命，非無規避處也。只此一句，慷慨明達，談笑有餘。（〈人間世〉注，頁104）

莊子之通達，盡現於各篇，如〈齊物論〉：「夫大塊噫氣，其名爲風」，劉注曰：「許大天地是塊，許大風是噫，達者之言。」（〈齊物論〉注，頁26）另外，「莊子自養生外便說到是非，其亦知意見之起爭，而議論之可畏也。」（〈大宗師〉注，頁167）因此在未定的言論標準中，辯論非議並沒有任何意義，且「自達者觀之，此其在天地間，復何異鷇音之過耳，而足存乎？」（〈齊物論〉注，頁41）莊子反儒家之厚葬，願「以天地爲棺槨」的胸襟，更見其豁達，故劉評曰：「達自語別」（〈列御寇〉注，頁590），以爲唯有達者才能道出如此與眾

〔註5〕 錢穆：《莊老通辨・中國道家思想之開山大宗師──莊周》，頁10。

不同之論。

莊子用通達的理念冷眼觀世，但並非無情之人，如在〈徐無鬼〉中悼念惠子，表達知音難再之遺憾，可見其真性情，劉辰翁讀至此段亦曰：「是事苦甚，將達者亦不無傷心乎？何以言之悲也。」（〈徐無鬼〉注，頁461）另外，「莊子文字快活似其為人，不在深思曲說，但通大意，自是開發無限」（〈齊物論〉注，頁53），可謂「文如其人」是也。所謂「開發無限」，即是莊文所開拓的人生境界，如三籟說，便見「此老胸中玲瓏解脫，略無沾惹。如人籟一語，便是不見其欠，雖天籟亦是，若點眼睛便活。」（〈齊物論〉注，頁28）有時莊子又以「不可與莊語」的態度笑看人世，故有〈胠篋篇〉出，譏諷聖知禮法被大盜所竊，並成為盜賊護身之工具，劉評曰：「其慢世傲物，可以存變，可以諧俗。」（〈胠篋〉注，頁201）劉辰翁所體會的莊子，既是達者，亦是體道者，如在〈德充符〉之申徒嘉與子產一段，即可見「其氣象從容，其情辭真實，非有道者不能。」（〈德充符〉注，頁127）又曰：「不曾有人從此發明得到，故當為道人閱世之見。」（〈外物〉注，頁514）

綜言之，劉辰翁筆下的莊子是為「達者」與「有道者」，若在某些篇章有不合理之處，劉氏則加以辨析，如〈列御寇〉中諷受宋王賜者如龍頷取珠，必致禍害一事，劉注曰：「此與赫鼠同，非莊子之量也。」（〈列御寇〉注，頁589）此外，〈天下篇〉能見莊子列舉出各家學派的得失，劉注曰：「其所引皆是與己意合，愛之故病之，不知者以為疾也，毀人以自全也，非莊子也。」（〈天下〉注，頁603）

二、辛苦為人

莊子思想特重於個體生命的安頓，講求人道精神，於各篇屢屢可見。劉辰翁每稱莊子苦心、用心為人，嘗曰：

> 諸子著書未有如此老，辛苦為人，必深切著明而後已，而讀者猶未喻也。（〈知北游〉注，頁402）

莊子猶似飽嘗「極浮世薄惡之滋味」（〈山木〉注，頁363）的長者，以通達的智慧將「人情世態，玩索略盡」（〈徐無鬼〉注，頁455），劉辰翁稱之：「老人眼，老人耳，句句別。」（〈天運〉注，頁286）比如莊子以大言、大知相對於小言、小知的比喻，劉辰翁以為「然是非偏起於間間與詹詹者，知其間間與詹詹，則待之亦無物矣，此下極人情之變態。」（〈齊物論〉注，頁30）從日

思夜夢，日以心鬥，慮嘆變熱，姚佚啓態的情狀，皆是人情之變態。在葉公子高「朝受命而夕飲冰」一段，則描繪出為仕者患得患失的恓惶，劉注曰：

> 吾食也執麤，曩無欲清，自謂服勞攻苦，非有求於世，雖家人亦然。
> 然何至內熱飲冰者，貪利驚外者，與則憂思之所為也。說得甚婉痛
> 而苦切。（〈人間世〉注，102～103）

莊子進而說明傳言的困難與使用辭令不當，會遭致禍害的兩難，劉評曰：

> 又說到風波激作上，有時重用其心，一語不當，更自生事，此意人
> 人曉得，只不似他能言，有許多餘味。（〈人間世〉注，107）

因此，即使是人人皆知的道理，莊子依然能別具隻眼的提出見解，使讀者更能體會「作者用心與調理。」（〈人間世〉注，頁148）

總之，莊子用心為人，或以淺顯的文字，不厭其煩的表達理念，如在〈知北遊〉中欲明「知者不言，言者不知」，乃用知向北遊歷的寓言，劉注曰：「甚淺！猶恐來者之不悟也，故復出此，其用意亦勞矣。」（頁404）或將麤事用精切的文字轉化為妙理至理，如庖丁對文惠君對話一段，劉注曰：

> 此豈屠牛口中語意中事哉？何此老為人一至於此。雖至人入水不
> 濡，入火不熱，不過如此，不知文字之妙，何從得之？（〈養生主〉
> 注，頁77）

從文字之妙，得其之至理，更能體會莊子為人之苦心。

三、世外有見

莊子思想所呈現的境界，超然卓絕，劉辰翁讚曰：

> 真方外語，莊以前未聞也。（〈天地〉注，頁240）
>
> 此如先得語，天下莫能載。（〈秋水〉注，頁310）
>
> 如言超縛出世外之見也。（〈養生主〉注，頁82）

如此高超的寫作手法，劉辰翁認為在秦漢之前的作品，就屬莊文為上品，故曰：「偶然一語，亦自可誦，秦漢文字安得此。」（〈天地〉注，頁247）又稱莊子所述，暢為名言，曰：「孰非戲也，而切於事情，暢為名言，萬世如見。」（〈胠篋〉注，頁210）「真世外有見之名言。」（〈庚桑楚〉注，頁425）讚嘆之餘，亦承林希逸之見曰：「非南華老仙，安得這般手段」。（〈齊物論〉注，頁28）

《莊子》一書以「謬悠之說，荒唐之言」來提出方外之見，並非不切實

際，「其言必人所未嘗言，亦所不能言者。」（〈天運〉注，頁 291）不能言的區別，是他人不能盡言之理，而莊子能言其所以然。以否定知識活動為例，劉辰翁認為：

> 不言之妙，不彼不此，非莊子不能言，非識者不能與此言也。
> （〈齊物論〉注，頁 69）

又於〈養生主〉注曰：「莊子言養生，主第一義，主於知。人生惟多知求勝最大患，如火銷膏，他外物之好不及此，唯莊子能言之。」（頁 73）在〈人間世〉中，莊子又以細膩的筆法說出與好逞勝的儲君相處，終致「目將熒之，色將平之」的苦處。劉注曰：

> 此兩語極一時流遁之狀，此時方恍然失其為我，方遽就求退之不能，
> 況暇與之辯，此段苦處，非莊子不能道，史傳之外，固多有之，讀
> 《莊子》者，又忽過了。（〈人間世〉注，頁 88～89）

或於〈達生篇〉描繪因「田園不遇歲，事君不遇世」之悲，劉評曰：「語甚怨，件件寫得出此窮愁，羈旅所不能自喻者。」（頁 359）此外，莊子提出人應當常反躬自省，而非只知他人之過，劉辰翁有所體會而曰：「說得病證深切，人皆有之，經傳發明不能及。」（〈人間世〉注，頁 109）從人人知曉之理，莊子自能用高度的修辭技巧，更清楚深入提出創新的見解融於文章之中，故非常人所能及，故劉注曰：「本是常情，但文字宛轉綿密，汪洋唱嘆，自是人不能及。」（〈至樂〉注，頁 332）

　　由於莊子之人格特質，以致於寫出如此超逸之文章，劉辰翁喜讀莊文，嘗曰：「一節一節，使人忘饑、失睡，文章之鼓吹，史傳之滑稽也。」（〈天運〉注，頁 281）莊子高妙的為文之法，亦成為劉辰翁私淑的對象，不論是篇章結構、修辭技巧，與情節鋪陳所創造的意境，均使劉氏欽佩不已，遂曰：「自愛自解，有精有麤，弟子服！弟子服！」（〈天運〉注，頁 285）

第二節　文章主旨與風格

一、文意旨趣

　　劉辰翁於內七篇之起語或結語處，皆書全篇之要旨。此因內七篇的架構，是以總論、分論，或分論、結論組合而成，而前者之「總論」與後者之「結論」，性質一也。莊子之文章「重心在總論，總論已有完整之理論，至於分論，

不過具體之例證，以分證總論中之重要論點耳。」〔註6〕外篇之架構，多數各自成篇，意義不相連屬，似雜記體者，如〈在宥〉、〈天地〉、〈天運〉、〈山木〉等篇，劉氏於〈天地篇〉亦有曰：「偶然分作一篇，名以篇首，非論天運也，天地亦然。」（〈天地〉注，頁 273）因此，在外篇僅於〈駢拇〉、〈秋水〉標注要旨。雜篇中〈讓王〉、〈盜跖〉、〈說劍〉、〈漁父〉，劉氏據東坡之見，視爲僞作，在剩餘諸篇中，各段錯敘，自有文法，難以說解全篇意旨。而〈寓言〉爲凡例，〈天下〉爲後序，莊子所言愼明，故於雜篇不作總評。依點評處敘述如下：

（一）內篇

1.〈逍遙遊〉

《莊子》首篇爲〈逍遙遊〉，歷來解莊子逍遙義者眾，而劉辰翁所識之逍遙爲「天遊之樂」，且以「遊」字爲全書鉤玄提要處，是故，在〈逍遙遊〉篇末言本篇僅爲發端，得莊子所謂遊者，在各篇均能得其逍遙之意。劉氏於篇首評曰：

> 不知《莊子》一部書，專說遊意。……莊子著書之意，欲人知天遊之樂。……其第一義，使人知是寓言，且識所以遊者，則是書大略可觀已。（〈逍遙遊〉注，頁 7～8）

> 此篇雖名〈逍遙遊〉，而未及逍遙之趣，直發端耳，得其所以遊者，則此書無徃非逍遙篇也。（〈逍遙遊〉注，頁 23）

2.〈齊物論〉

〈齊物論〉文長達三千餘字，發揮莊子去知、破生死及無用之用等齊物觀點。劉辰翁對於莊子之齊物觀，亦別具慧眼，其文曰：

> 或謂莊子欲齊物論，非也，欲齊則愈不齊矣。不是齊他物論，是自看得他物論原自齊；看得齊，則心平；心平，則無物論矣。……天地間，自有人我，即有是非，從堯舜事業、六經議論、戰爭、興廢、出處、成敗、死生，皆是非也。身外無第二物切於此矣，此不足動，皆不動矣，故齊爲上。

> （〈齊物論〉注，頁 24）

> 若其微意，正欲以不齊齊之，求其齊，乃不可齊也。諸君子之所以

〔註6〕蔡宗陽：《莊子之文學》，頁 154。

失者，以其齊也。(〈齊物論〉注，頁57)

劉辰翁於篇首作總評，定義物論等同於是非，又言「看得他物論原自齊」、「心平則無物論」，代表物論本來不齊，故須看得他原自齊。既然物論原自齊，何以又言「齊爲上」？在「天地與我並生，萬物與我爲一」段，劉氏作出解釋，其以諸家說莊子欲「齊物」，乃是「未嘗深考」，此因莊子齊物的方法只有一個，即是以「不齊齊之。」以不齊齊物，肯定個體存在的價值，才是齊物的主要精神。

3.〈養生主〉

劉辰翁於〈養生主〉首段下，從「知」上立論：

> 莊子言養生主，第一義主於知。人生惟多知求勝最大患，如火銷膏，他外物之好不及此，唯莊子能言之，三十二篇屢致此意焉。絕學無憂，爲之反覆，三四語常恐負之。(〈養生主〉注，頁73)

養生之第一義在於知，人生最大患在於多知求勝，故保全精神首重於去知與息爭。劉辰翁以「遊」字爲貫串全書之旨，又以「絕學無憂」爲全書屢見之處，二者確有密切的關聯。此外，莊子於〈養生主〉提及「爲善無近名，爲惡無近刑」，劉辰翁亦有見曰：

> 善與惡爲對，莊子本意只在上句，然欲每事在中間行，又少那一邊不得。人生安得不爲善？第欲無近名耳，故善字向裏一邊爲中。爲惡則近刑矣，惡何可爲？故也不近那惡字一邊，獨在無善無惡上行。所謂督也，衣之背縫曰督，脈之循脊曰督，皆中間也。名與刑皆不染著，又何嘗見惡字面？而謂其取惡之小者切爲之，冤哉！其亦未知立言之意，又何足以語養生本趣也。惡字亦當一邊，中間大有田地在，故可以養身長生，吾言不妄。(〈養生主〉注，頁74)

所謂「在中間行」，即是莊子不落入言詮，故不偏向善，也不否定惡，與在〈齊物論〉中不肯定是，也不否定非的態度一致。事實上，人生安得不爲善？然而此二句，引發後來眾說紛紜，如朱子等人以莊子認同「取惡之小者而切爲之」。劉辰翁則否定此說，以爲莊子必然不會撰擇善與惡中間行事，故稱「緣督以爲經」，取中道而爲之，因此「名與刑皆不染著」，且「獨在無善無惡上行」。

4.〈人間世〉

〈人間世〉採分論、結論的行文方式，莊子先以借顏回之口，說出身逢

亂世之景象。劉辰翁於下曰：

> 看他寫出回口中語，不過二三十字，別是諄至懇惻，以此往說其心
> 事可見，然其不能說亦以此矣。（〈人間世〉注，頁 83）

莊子生於亂世，國君「輕用其國」、「輕用民死」，各國動輒「爭城以戰」、「殺
人盈城」者屢見不鮮。於此，劉辰翁所解人間世爲：「人事自是更有餘憾」（〈人
間世〉注，頁 94），又曰：「言人間無深無淺，皆可畏也。一入其中，如過客
寓於窮途之逆旅，悶然而應，無安排。」（〈人間世〉注，頁 97）既然人間無
深淺，皆可畏，何以應世？即是結論所提出之「無用之用」。劉辰翁曰：

> 此處最難爲結末，他連引數句，無首無尾橫陳，不乏回顧前說未終，
> 因而足之。（〈人間世〉注，頁 119）

在篇章結構中，以結論點出「無用之用」之要旨，並且以連引數句的筆法結
末，亦補足前說之未終，此即採用「補敘」的方式，使脈絡主旨更爲清晰。

5.〈德充符〉

〈德充符〉之行文採分論、結論之方式，故篇旨於結末呈現，劉辰翁曰：

> 本無一事顧，以堅白二字爲名聲，至於倚樹而思之，思而不得坐而
> 瞑，殆天使之顛倒至此選，猶諺語團團轉者，不能自已。故也從王
> 駘起，以惠子終之，凡用意於見聞與記問者，可以省此。（〈德充符〉
> 注，頁 140）

劉氏認爲惠子以堅白二字爲名聲，顛倒本性而不能自已，故莊子以王駘的「不
言之教」起始，以惠子結末做爲對比，以明「才全而德不形者」之篇旨。又
言凡用意與記問之學者，可以省此，即是希望讀者能明白作者之用心，進而
體會其欲傳達之情。

6.〈大宗師〉

劉辰翁於篇名下曰：「以大宗師爲道，非也，其所自言者，皆大宗師也。」
（〈大宗師〉注，頁 141）「以大宗師爲道」，代表大宗師是道體的象徵，是形
而上的原理原則，此處劉氏將道解釋爲方法，即莊子所喻自得者，皆是吾人
體道之方法。而〈大宗師〉之旨在於「知天之所爲，知人之所爲至矣」，劉氏
則曰：「兩句開口便盡。」（〈大宗師〉注，頁 141）又曰：

> 以不知爲知，盛矣，然又安知所知者之爲眞知乎？知有所待，然後
> 當如人用法隨所附會，故曰未定，在所謂庸詎知云云者，是自解盡
> 了，此其爲大宗之道，此其爲逍遙之書。（〈大宗師〉注，頁 142）

莊子欲人明「眞知」的重要性，故以循序漸進的方式自說自解，故「其所自言者，皆大宗師」，其書「爲逍遙之書」。〈大宗師〉採總論、次分論的方式，於總論已明篇旨，分論則加以發明之，莊子於篇末提及「命」，劉辰翁以此立論曰：

> 其言死生壽夭與不死之道，既然不極之理，獨未嘗及命，以此終之。
> 自何謂眞人至得之爲列星，遊辭奧義兩竭矣。忽變而問疾樂喪，又有孟孫之哀死，在二者之外，可謂橫生無窮，二師二友而歸宿於命，立言之序如此。（〈大宗師〉注，頁 170）

將立言之序在於「命」，是本篇扼要歸宿處，即表示人生惟當受命，隨順自然，以不知爲知，則盛矣。

7. 〈應帝王〉

劉辰翁於篇名下曰：「林云：『言帝王之道，合應如此也。』非也，應世則爲帝王也。（〈應帝王〉注，頁 170～171）林希逸解「應」字爲合應；劉辰翁解「應」爲順應，即順應世運，才是帝王之道。〈應帝王〉之結構爲先分論，後結論，因此主旨在最後一段儵、忽謀報渾沌之德的寓言呈現，劉氏曰：

> 以爲報德，甚奇。凡皆愛之，不知其害，欲復爲渾沌難矣哉！名狀至此，無復餘蘊。知者以爲此太極，不知者以爲此寓言也。（〈應帝王〉注，頁 181）

說明愛之適足以害知之理，唯有順應自然，能保存全神。知莊子所喻者，可體會何以不鑿混沌七竅，可以爲太極之理，太極即是天地混沌未分以前的狀態，而不知者當此是寓言讀過而已。

（二）外篇

1. 〈駢拇〉

〈駢拇〉的寫作方式，全篇一氣呵成，無總論、分論，劉辰翁從筆法來分析曰：

> 語至刻急，每結皆緩，若深厚不可知者，優柔有餘得雄辯守勝之道。
> 自經而子，未有成片文字，枝葉橫生，首尾救應，自爲一家若此。
> 以下數篇者，但論筆意，亦大宗師也。（〈駢拇〉注，頁 195）

自經而子，沒有作家能超越莊子高超的寫作技巧，文章脈絡清晰，首尾呼應，文辭辯而急，至結語處則緩，呈現深厚的意趣，且枝葉橫生，妙趣無窮，故

能自成一家之言。最末劉氏並說明自〈駢拇〉和下之〈胠篋〉、〈馬蹄〉、〈在宥〉數篇，其意境旨趣，亦是以大道爲師，道即是自然之意。

2.〈秋水〉

劉辰翁在「秋水時至」下做出總評曰：

> 據此起語四字，便非數百語所能盡，非辯論之博亦不足以稱之，莊子言至人之事，必歸之齊物之要，必主於知不知，此河海之喻，又是從知上生，故中間專說大人以道眼看世界，與所自處者，眞從地上說到天上，從海至風，句句實話，文字之豪雄，不在論也。(〈秋水〉注，頁306～307)

從起語四字，便盡他人數百語不能盡者，來自於莊子學養之富贍。〈秋水篇〉借河伯與北海若的對話，欲破除大小、尊卑、貴賤等觀念。總括而言，即是否定知識的活動，去除認知的執迷，強調萬物皆平等的理念。

綜言之，劉辰翁以爲識《莊子》第一義，必先知何者爲寓言，知其以「遊」字貫串全書，鉤玄提要。莊文之旨趣，主要在破除世人對形軀與知識的執迷，「忘機智，息世慮，天性自然」(〈逍遙遊〉注，頁23)，最終回歸於「道通爲一」。

二、文學風格

宋代小說，傳奇衰而話本興，而「市人小說」即宋人所謂「說話」。小說爲宋代市民生活之必需品，蓋因小說興起本是世俗化之產物。《莊子》融合許多寓言故事，富涵神話色彩，故時人當作小說閱讀，擴展成普遍的閱讀風氣。第一本小說評點《世說新語》即出自劉辰翁之手，其亦以小說觀點閱讀《莊子》。〔註7〕

莊子彷彿是一位古代說書人，劉辰翁稱莊子「本是小說家」、「今人作小說看了。」(〈山木〉注，頁369) 又〈胠篋篇〉中，莊子描述大盜偷竊聖知仁義的過程，劉辰翁稱「小說家時時有之」(〈胠篋〉注，頁204)，並用夾敘夾議的口吻，稱莊子像是說書的「敷演」(充拓變態)，以虛構(設喻)的方式

〔註7〕康來新說：「劉辰翁的《世說》評點亦與市井小說風靡大眾的趨勢相一致。說話人在講述小說或史事過程中，不時會穿插意見與評說，或是月旦人物，或是指點壼奧。……小說讀物的評點毋寧是說話行爲的模擬，主控了閱讀行爲，發揮了最重要的導讀作用。」見其《發跡變泰──宋人小說學論稿》(台北：大安出版社，1996年11月)，頁182。

來評說世情（人間情僞）〈胠篋〉注，頁 202）。類似觀點可從〈則陽篇〉見之，劉注曰：「小小說說，亦必有情致。」（〈則陽〉注，頁 479）「小小說說」是敷演一段簡單故事的本領，一種說故事的技巧，劉辰翁具現早期市民讀者的觀點，流露在字裡行間。〔註8〕

　　劉辰翁認爲莊子「文如其人」，故能創造出如此達觀之作品；次以莊文爲作文之法，善於學者；再以莊子爲小說家，故能加諸若干想像力於其中，不論是人物的塑造、情節的鋪排、對話的內容，皆可成爲世外之名言，讚佩之意溢於言表。綜括其言，將莊子之文章所呈現出的風格特色，分析說明如下：

（一）造語精當

　　莊子之造語文字，處處顯示其獨特的本色與風格，並具有獨創性，如在〈齊物論〉中，莊子以「未始有」的獨特用語，敘述「無無」之境，劉註曰：「此處卻是文句創見。」（〈齊物論〉注，頁 54）或在〈應帝王〉描寫列子「爲其妻爨，食豕如食人」，劉亦云：「此鄙俚語亦創見，列子無親是。」（〈應帝王〉注，頁 179）雖是創見，莊子於用字遣句則「不露圭角，爲精明也。」（〈齊物論〉注，頁 52）對此，劉辰翁評點頗多，茲舉例如下：

　　　　「養」字說得最好。（〈大宗師〉注，頁 142）

　　　　「燒」、「剔」皆下得好。（〈馬蹄〉注，頁 196）

　　　　「死」字俊。（〈馬蹄〉注，頁 196）

　　　　「原」字最切要指其處也。（〈在宥〉注，頁 223）

　　　　「殉」字警。（〈徐無鬼〉注，頁 476）

　　　　兩「藏」字已怪，又夜半又負走，何其奇也。……「猶」字辨論雄
　　　　偉。（〈大宗師〉注，頁 151）

上文所舉之例，是針對一段話之中，使文句靈動最關鍵的單字，劉氏則用「最好」、「俊」、「警」、「奇」、「怪」、「辨論雄偉」、「最切要」等語作評。針對一整句佳句之評，如：

　　　　淒然、暖然八字，極收放之趣。（〈大宗師〉注，頁 145）

　　　　結六字湊拍灑脫。（〈大宗師〉，注頁 159）

　　　　九字精妙難盡（〈應帝王〉，頁 177）

〔註8〕 楊玉成：〈劉辰翁：閱讀專家〉，頁 237。

首句評「淒然似秋，暖然似春」八字，收放自如且自然合宜。次評「成然寐，蘧然覺」六字，三字一句，有節奏感，規律且不拘泥，故稱「湊拍灑脫」。末句評「名實不入，而機發於踵」，九字機趣無限，精妙難盡。

在莊子遣辭措意著墨之外，劉辰翁對於莊子的敘述形容能力深表讚賞，有曰：

> 看他形容則得之矣。（〈應帝王〉注，頁179）

> 形容得到，下面闡得別。（〈人間世〉注，頁106）

> 形容更切。（〈外物〉注，頁515）

「形容」一詞，是詩評常用之語，出自司空圖《詩品》，說明形容之極在於神似，劉辰翁沿用此語說明莊子行文之妙。司空圖於「形容」曰：「俱似大道，妙契同塵。離形得似，庶幾斯人。」﹝註9﹞其語融合老子之語於其中，說明得形容之要在於「離形得似，」故以大道、同塵擬喻也。經由莊子大筆一揮，用字遣詞皆布置妥貼，「尋常事，尋常意，他立名造語變化得別。」（〈人間世〉注，頁117）莊文鮮少長篇大論，而語簡意深，劉注曰：

> 語皆簡至。（〈秋水〉注，頁323）

> 語不待多。（〈達生〉注，頁351）

> 語少而意多。（〈則陽〉注，頁488）

> 語簡而曲當，略舉其物，而不可堪者，盡是矣。（〈德充符〉注，頁134）

> 一語精盡，亦是筆中有力，能自喻其見地。（〈大宗師〉注，頁151）

語簡而曲當，並使文意靈活，「演而伸之無涯。」（〈天運〉注，頁289）可見莊子具有點「字」成金的能力，加上豐富的想像力配合優秀的敘事文筆，故成爲後人師法之典範，劉辰翁讚美曰：「文字如此方達，蓋安得不在樹上生。」（〈駢拇〉注，頁192）「文字茂密，在內外跡軌字。（〈胠篋〉注，頁209）

綜合上述，莊子立名造語之特色，處處顯出其獨創性，語簡而曲當，「語意豁然」（〈天地〉注，頁250），「筆勢沛然有自得之趣」（〈天地〉注，頁243），其驅遣文字的能力，無人能及，「其深意妙語，豈可索之形跡哉！」（〈天運〉注，頁295）

﹝註9﹞ 蕭水順：《從鍾嶸詩品到司空詩品‧司空圖詩品研究》，頁172～173。

（二）語厚有味

　　莊子文章之另一特色為「語厚有味」。劉辰翁對莊文「語厚」處，有幾條評筆，在內篇有曰：

> 已極言之，又從容往復，文字之厚處。（〈人間世〉注，頁 91）

> 只為「尊足」一語，著此段意，語意甚厚。（〈德充符〉注，頁 129）

首先評注孔子向顏回說明仕衛所可能發生的危難後，用一轉折語問顏回：「嘗以語我來」，再衍繹出下一段思想。劉辰翁認為莊子言於此，已極言之，又加以往復，是文字之厚處。其次說明仲尼歧視叔山無趾受刑而殘，無趾以「猶有尊足者存」使孔子明其「蔽於形而不知德」，此一段語意亦深厚。在外、雜篇中，劉氏注曰：

> 語刻而意厚。（〈達生〉注，頁 360）

> 卒所言二字而已，不知者以為侫也，喙三尺不容言也，使我於此言
> 乃不如此二子之言乎？古人言語厚類此。（〈徐無鬼〉注，頁 465）

首先說明〈達生篇〉與〈至樂篇〉相似之寓言，喻為政之道，應似「以鳥養養鳥」，順應物之本性而為之，整段文字「語刻而意厚。」其次是〈徐無鬼〉其中一節，孔子說：「丘願有喙三尺」，以此與孫叔敖、市南宜僚之事蹟相對比，劉氏稱曰「古人言語厚類此。」

　　劉辰翁在詩文評中，經常使用「有味」二字。以味喻詩，始於鍾嶸《詩品》。〈詩品序〉曰：「五言居文詞之要，是眾作之有滋味者也。」〔註10〕司空圖承繼「滋味說」加以闡發，以味在酸鹹之外的「味外之旨」〔註11〕，開展更高層次的審美觀。劉辰翁則以「有味」評《莊子》，如在〈齊物論〉曰：

> 「無適焉」，極處去不得也。因其所是而是之，我亦贏得箇是，甚有
> 味。（〈齊物論〉注，頁 56）

此例說明莊子著書之無奈，最後以「無適焉，因是已」作結，劉辰翁評為「甚有味」。另在〈繕性篇〉之「信行容體，而順乎文，禮也。」劉氏以為「信行容體，合說禮，有味。」（頁 301）在〈則陽篇〉中，則將「有味」擴充解釋為「有餘味」，文曰：

〔註10〕〔梁〕鍾嶸著，曹旭集注：《詩品·詩品序》（上海：上海古籍出版社，1994
　　　年 10 月），頁 36。

〔註11〕〔唐〕司空圖：《司空表聖文集·與李生論詩書》（上海：上海古籍出版社，
　　　1994 年 9 月），頁 24。

> 美者自美也，鑑之於人也，豈能加其美乎？雖不見告美者，固在也，
> 雖見告何足自喜，其可喜也，亦不必自知也。若知，若不知，處此
> 之道有餘味矣。（〈則陽〉注，頁 483～484）

此段描述聖人之愛人，是出自本性，而不知其然。莊子以生來美者爲喻，他
人與之鑑照，並不相告其美於人，其人若知之，若不知之。劉辰翁認爲「若
知，若不知」的樣貌，處此之道則有餘味矣。另外，在〈則陽篇〉有「蠻觸
之爭」的寓言，劉注云：

> 以爲實，固無理以爲虛，亦或可厭，最是以意實之，而其理確然無
> 不實，但見有味，愈廣而愈不厭也。讀者超然，愈有所省。
>
> （〈則陽〉注，頁 489）

莊子借戴晉人之口，以蝸角之爭爲喻，諷刺戰國時期諸侯爭伐的情況。劉辰
翁以爲莊語有味，其言外之意能使讀者超然有所省，此即司空圖所謂「味外
之旨」。

綜言之，莊文語刻而意厚，品讀能見其味，愈廣愈有餘味，從其言外之
意，則能進一步體會「味外之旨」的審美境界。

（三）畫意妙境

劉辰翁對於莊子行文妙處，讚譽頗多，不論是侔色揣聲、寫景擒情，莫
不臻至，極具畫意。清何屬乾亦有提及曰：「時而逍遙，忘乎莊之爲劉也。……
有摩詰之畫意，不必見于詩也。」〔註12〕關於繪畫，在〈田子方〉中有宋元
君將畫圖一段，描述其中最高明的畫師「解衣槃礴」，神閑意定，後人則將「解
衣槃礴」引申爲不拘形跡高妙的繪畫技巧。劉辰翁在「解衣槃礴」句下解：「無
入而不自得也」（〈田子方〉注，頁 395），猶言莊子爲文之高妙。例如形容可
聞而不可見之風聲，劉註云：

> 「調調」、「刁刁」又畫中之遠景，形容之所不盡也。
>
> （〈齊物論〉注，頁 26）

「調調之刁刁」有如畫中之遠景，形容不盡也。另在〈大宗師〉描述子輿「跰
𨇠而鑑井」，見其形體已扭曲變形，「頤隱於齊，肩高於頂」等，仍怡然自得
的接受道的安排。劉評曰：

> 陰陽之氣有沴其心間，而無事古今名方也。跰𨇠鑑井，極是畫意。

〔註12〕〔清〕何屬乾：〈劉須溪先生記鈔序〉，評述須溪所注老、列、莊三子所語及，
收錄於段大林校點：《劉辰翁集》，頁 462。

（〈大宗師〉注，頁156）

再者如〈天運篇〉中，孔子見老聃語仁義，老子以順化回應，孔子歸三日不談一段，「又盡餘意。」（頁288）在〈列御寇〉魯哀公問顏闔，評孔子喜歡雕琢文飾，莊子用「仲尼方且飾羽而畫」說明之，劉辰翁以爲「語生乎畫衣舞羽，飾羽爲畫羽已飾矣，又織爲爲畫」（〈列御寇〉注，頁582），憑添畫意。〈山木〉中「螳螂捕蟬」的故事，劉注曰：

> 此與《戰國策》同。《戰策》不及者，又彈黃雀故也。作文如畫，畫者當留不盡之意，如執彈而留是也，此間妙意在捐彈而走。（〈山木〉注，頁380～381）

此寓言與《戰國策》類似，《戰國策》是以孺子準備用彈弓射下黃雀結束，而莊子卻是以「捐彈而反走」收束，餘味十足。劉辰翁以作畫喻作文，讚賞莊子以「留不盡之意」勝出。

　　莊文具有畫意，並呈現出「參差奇詭」的奇幻風格，劉辰翁對莊文之「奇」，亦多所著墨，經常以「語奇」、「愈奇」、「神奇」、「甚奇」、「怪奇之至」評註莊子之妙意。在用語之奇特上，如〈德充符〉：「視喪其足猶遺土也」，劉註曰：「語奇。」（〈德充符〉注，頁122）註〈徐無鬼〉：「莊子送葬，過惠子之墓」一段，爲「奇又奇。」（〈徐無鬼〉注，頁460）在〈養生主〉描繪庖丁解牛合於桑林之舞，劉註云：「其言肩倚、膝踦，已揮霍活動，說音節合拍，愈奇。」（〈養生主〉注，頁74）〈徐無鬼〉中，九方歅爲子綦之子捆相命，預言捆將從國君同食終身，然眞實情況卻是因刖腳被賣到齊國，而食酒肉終身，劉註曰：

> 前所言未奇也，雖鶃祥語，亦未奇也，至盜刖之鬻之則奇矣。渠公之街，猶言某公之朝，以爲鬻則市鬻之耳，故曰街也，亦奇語也。（〈徐無鬼〉注，頁468～469）

從未奇至奇，語言的層次分明，自是開發無限。莊子不僅「語奇」，其「意奇」、「文奇」、「事又奇」，在〈齊物論〉「罔兩問景」，劉註曰：

> 影已無形之物，罔兩又非影之比也，寓又寓者也。意奇、文奇、事又奇，待有所待甚精，相待之無窮，而實者皆無所待，則俱空矣。（〈齊物論〉注，頁71～72）

劉辰翁以意、以文、以事三方面的疊敘來說明此寓言之精妙，以無形寓無形，更是奇中之奇。用三個「奇」字，一氣揮灑，文氣聯貫滾下，表達對莊子這位曠世奇才「意翻空而易奇」之讚嘆！

第三節　篇章結構與修辭

　　劉勰《文心雕龍・情采》:「文采所以飾言,而辯麗本於情性。故情者,文之經,辭者,理之緯;經正而後緯成,理定而後辭暢,此立文之本源也。」〔註13〕作者以優美的文辭,表達眞摯的情感,正確的思想,即所謂「情經辭緯」。辭采是文辭之美,即是形式;情感是思想內涵,即是內容。因此,形式與內容配合得體,才能產生優美的文學作品。

　　南宋評點家頗重視篇章修辭,既重起、承、轉、合、結、應等各個要素,亦重構思、佈局的總體效果。〔註14〕劉辰翁在評析莊文內容,亦以起、承、轉、合基本原則,批郤導窾論其章法結構;在修辭方面,則針對莊子爲文技巧作點評。筆者綜合劉氏所評,比對莊文,擬以現代修辭學之理論分析說明之。

一、章法結構

　　探析篇章結構的方式,通常稱之爲「章法」,「結構與章法兩者,是屬於一實一虛的關係。如通指所有文章,虛就其方法來說,爲『章法』;如單指一篇文章,實就其組織形態而言,則爲『結構』。」〔註15〕擴而充之,結構「指聯句成節、聯節成段、聯段成篇的一種組織形態。對這種組織形態做分析,不但可深入內容的底蘊、尋繹文意的脈絡、判定節段的價值,更可理清聯絡的關鍵、辨明佈局的技巧。」〔註16〕

　　劉辰翁非常佩服莊子的爲文技巧,在章法方面嘗曰:「作文之法,必如莊子,而後氣力俱盡,毫髮無恨。」(〈在宥〉注,頁229)故以莊文爲典範運用於教學,在修辭方面如莊子在〈德充符〉形容兀者王駘如何行不言之教,達到潛移默化的效果,劉氏則曰:「此數句自好,最善形容有道者氣象,善學者也。」(頁119)以爲從閱讀莊文進而仿其筆法,可以學習最佳的描摹方式。

　　劉辰翁以《莊子》爲作文之法,所謂作文之法,古今皆同,即是以起、承、轉、合爲文章佈局的基本原則。評定《莊子》爲第一才子書的金聖嘆嘗曰:

〔註13〕〔梁〕劉勰:《元刊本文心雕龍・情采》,頁142。
〔註14〕張秋娥:〈評點修辭的興起——南宋評點思想修辭綜論〉,《修辭學習》第2期(2005年),頁46。
〔註15〕陳滿銘:《章法學論粹》(台北:萬卷樓圖書公司,2002年7月),頁335。
〔註16〕同前註,頁334。

詩與文，雖是兩樣體，却是一樣法。一樣法者，起承轉合也；

除起承轉合，更無文法，除起承轉合，亦更無詩法也。〔註17〕

後人以莊文爲法，因其筆法近似後世文章的組織法，內七篇的結構完整，而外雜篇中，雖有爲數不少的篇章是分段集結而成，但其中不乏有清晰脈絡者，可供後來學者師法，對此，劉辰翁在《莊子點校》中亦有多處評注，茲條列分析如下：

（一）起語奇健

不論是首段或各段之「起語」，皆具有重要的起下功用，劉辰翁對於「起語」極爲著重，其於「內篇」提及：

未說何言，先從此起，亦有態。（〈逍遙遊〉注，頁 18）

起得也好。（〈齊物論〉注，頁 68）

故聖人有所遊，起得又怪，其下字字精義，有不可以言盡者，然數字盡之。人以不知爲患，不知知亦患也。（〈德充符〉注，頁 138）

首先，以〈逍遙遊〉肩吾問於連叔，其聽聞接輿之言論「大而無當」一事，雖說驚佈接輿之言，但未說何言，移至下一段才說明。劉辰翁認爲由此處起語，亦是描述事態的一種方式。第二項，是以莊子在〈齊物論〉中，提出薄辯議的看法，舉例說明言論沒有正確的標準，起語曰：「既使我與若辯矣」，語極簡當，且語意清晰，故劉辰翁曰：「起得也好。」第三項，是〈德充符〉中描繪闉跂支離無脈雖形不全而才全，故說衛靈公、齊桓公皆被視爲全人，莊子於下曰：「故聖人有所遊，而知爲孽，約爲膠，德爲接，工爲商。聖人不謀，惡用知？」〔註18〕莊子由此起，符合其譎怪的行文特色，劉氏並稱其用字精當，盡他人所不能盡言之意。

劉辰翁於莊文「外篇」，亦有幾處評注莊子使用起語精當而高明，文曰：

起得好。（〈駢拇〉注，頁 188）

起得又健。（〈駢拇〉注，頁 190）

對於〈駢拇篇〉之二段起語，劉辰翁先以「好」，後以「健」作評。首先，莊子以「天下有常然」爲起語，底下則以此說明順應自然的本性，才是正道。

〔註17〕〔清〕金聖嘆著，鐵琴屢主編：《金聖嘆尺牘・與顧祖頌等》（台北：廣文書局，1989 年 9 月），頁 13。

〔註18〕〔清〕郭慶藩：《莊子集釋》，第 1 冊，〈德充符〉，頁 217。

次則評該末段之起語：「夫小惑易方，大惑易性」，底下說明傷害自然本性之原因，來自於追逐仁義之名所致。劉氏於〈胠篋〉、〈秋水〉亦有立論曰：

> 起語突兀，本是小說家。充拓變態至不可破，他人著書證以數語已不當其紗，在三反四覆馳驟之極，卒歸於道德之意，雖盡人間情偽，終以設喻，此其不可執著者。謂其憤疾，直淺淺者也。（〈胠篋〉注，頁202）

> 起語四字，便非數百語所能盡，非辯論之博亦不足以稱之。……中間專說大人以道眼看世界，與所自處者，眞從地上說到天上，從海至風，句句實話，文字之豪雄，不在論也。（〈秋水〉注，頁306～307）

前項，評莊子在〈胠篋〉以「故嘗試論之」爲起語，分析大盜竊用聖知的原因。劉辰翁以爲莊子「本是小說家」，故有豐富的想像力，在情節的鋪陳以及舉例設喻，自然充滿許多看似突兀而實際上寓含超然的見解。後項，評〈秋水篇〉之起語「秋水時至」四字，若常人書寫非數百字不能盡其意，莊子之筆力與才華，難以言喻。起語而後論及文章佈局，莊子以設問的方式，讓河伯與北海若共七問七答，呈現鮮明的對比，並從空間的轉換中，見其筆力之豪放雄邁。

劉辰翁於「雜篇」，只於〈列御寇〉有一條評語，說明莊子用語之奇，文曰：

> 箇般起語，便是莊子，撰得奇。（〈列御寇〉注，頁577）

莊子於〈列御寇〉敘述一位名緩之儒者，起語曰：「鄭人緩也。」緩有「儒者的象徵」，劉辰翁以爲箇般起語撰得奇，表現出儒者不疾不徐的形態。

綜言之，起語在文章中具有承題啓下的功用，劉辰翁對於莊子所使用之起語均讚譽有加，可見其用注「好」、「奇」、「怪」、「健」、「也好」、「有態」、「突兀」等語，亦將莊子爲文之特色點評出來。

（二）轉折精微

文章之承轉，兼顧起合，承接文勢須自然而不見雕琢之跡，而轉折更能使文勢向上翻越一層，更見情味。劉辰翁於「內篇」有幾處論及莊子之轉折處，曰：

> 亦不知昭氏是誰，鼓琴何見，但覺語意動盪，隨物著情轉，而枝策

　　又轉，而據梧同類，亦可不同類，亦可異代人，亦可同時人，亦可
　　若其枉用心勞力，爭非爭是，一也。（〈齊物論〉注，頁 51）

　　夢覺，齊人物，齊小大，齊是非，齊生死，齊盡在是矣。奇又奇也，
　　他人於此，必在齊上收結，他卻冷轉一語，翻盡從前許多話柄，曰
　　周與蝴蝶必有分矣。（〈齊物論〉注，頁 72）

前者說明〈齊物論〉中，莊子用昭文、師曠、惠子爲例，說明三子之知已極
盛，而因其所好炫異於他人，以致於終生無成。從語意動盪而能見文勢的起
伏，每說一人，而文意又隨之轉折，手法極其高明。下文是以「莊周夢蝶」
爲例，說明常人爲文必在「俄然覺」收束，而莊子卻冷轉一語，翻盡前所論
及的觀點，「曰周與蝴蝶必有分矣」，提出「物化」的人生哲理。

　　在〈養生主〉、〈人間世〉中，劉氏有曰：

　　有與天與之也，自不偶然，忽自惡其非人，再轉澤雉一語，又若自
　　傷者，此從反覆之妙，能使抵掌反覆生。（〈養生主〉注，頁 80）

　　兩轉發明，展轉精微，極難爲之情，難言之狀。（〈人間世〉注，頁
　　110）

　　他人應對，一兩語輒竭，揚雄、王通皆是也。看他問一得十，愈精
　　愈明，文字深淺，轉摺得好。（〈人間世〉注，頁 111）

第一項，說明〈養生主〉第三段，由右師回答公文軒，是天使其獨也，而
後一轉至澤雉不蘄蓄乎樊中，表達形骸的殘缺不是人爲所能控制的，故右
師說「天也，非人也」，從此處轉以澤雉爲喻，說明精神自由才是根本的養
生之理。第二項，提及〈人間世〉中蘧伯玉教導顏闔如何與衛靈公太子相
處一段，莊子從外而內，層層遞進，敘述如引導天性殘酷的儲君回歸正軌，
進而「達之入於無疵」。文中之轉折精微，亦細膩描繪出難爲、難言之情狀。
下則接續說道蘧伯玉以「螳臂擋車」爲喻，希望顏闔不要自以爲才之美，
而遭致傷害。劉辰翁以爲即使如揚雄、王通這樣的文章鉅公，在文勢轉折
中也是一兩語便盡，而莊子卻能舉一反三、問一得十，文字有深有淺，且
轉折精明適切。

　　轉折的技巧，在莊文中屢見之，不論是長篇、短篇，轉折皆可以銜接前
之議論，亦能轉用其他譬喻或事物作爲佐證，使文勢、情節更有新意，且更
有深度。

（三）收結完善

起句創造文勢的開展，承、轉銜接翻轉，至結語則要強而有力，收束完備，是學習作文者之必遵循之法則。而劉辰翁另外殊見，其於〈山木〉曰：「善作者不必善終，他更寫出歸路邏迴，悔悟改行之意，黯然而有自得之趣。」（〈山木〉注，頁 374）劉氏以為一篇佳作不盡然是首尾皆善，畢竟能媲美莊子之才者少之又少。以此段為例，常人為文必收束於子桑雽告訴孔子「君子淡以親，小人甘以決」，故親疏友散之上，而莊子卻能衍繹出孔子受教，雖黯然而自得的情態，非但不畫蛇添足，反而餘味無窮。

關於莊子如何妙用結語，劉辰翁於〈養生主〉論曰：

> 薪有盡而必窮，火無形而不滅，自古及今，只是此火不知從何來。
>
> 非從薪來也，是則可知也，此篇之結，以此妙哉！（〈養生主〉注，
>
> 頁 82～83）

上文是針對〈養生主〉全篇之總結「指窮於為薪，火傳也，不知其盡也」而發，莊子不僅收結得妙，亦成為後人所用「薪盡火傳」的成語典源。針對於段落的結語，如〈大宗師〉有一段描繪真人的形跡，劉辰翁評曰：

> 言其與有足者至於丘，索意匠辭深入玄境，但覺結處蕭散不煩，適
>
> 可如此。（〈大宗師〉注，頁 149）

莊子從真人的形貌描繪至立身處事之行為，語至「言其與有足者至於丘也」，已如匠人事先構思一般，呈現深妙的意境，而結處以「天與人不相勝」，再次強調天人合一的思想，呈現出蕭散卻不顯煩雜，亦是一法。另一段，莊子虛構一寓言，讓子祀、子輿、子犂、子來四人相與為友，體認「死生存亡為一體」，結語六字「成然寐，蘧然覺」描述子來順應大化的情狀，劉辰翁評為「湊拍脫灑」。（頁 159）不僅用詞灑落而且文句帶有節奏性。符合節奏性之結語，如〈胠篋〉全篇末，以「役役」、「啍啍」等疊詞，以形容多言之教化擾亂天下，劉注曰：「不過大亂收結，聽之如樂，三疊三嘆。」（〈胠篋〉注，頁 211）見莊子之文字，猶如樂之在耳，此處更覺有三疊三嘆，迴盪不已。

清劉熙載嘗曰：「起、承、轉、合四字，起者，起下也，連合亦起在內；合者，合上也，連起亦合在內；中間用承用轉，皆兼顧起合也。」〔註 19〕莊子之文正是兼顧起合之代表，不僅結處有力，更與起語相呼應，篇章脈絡清晰可見，例如：

〔註 19〕〔清〕劉熙載：《藝概・經義概》（台北：華正書局，1988 年 9 月），頁 177。

> 秋水起，中間說風，末著濠上，翟次安得不灑落，不自在，句句點
> 檢。(〈秋水〉注，頁 329)

> 但言田子方，已不可得友，又稱谿工，聞谿工已恨不可見，又況聞
> 東郭順子之爲人邪？諸言德未有如此，數語深隱而有氣象，不浮
> 夸。人貌而天，天即上眞，字緣已善矣，猶且不著跡，故虛緣。夫魏眞
> 爲我累，聽其言眞有此意，首尾皆善。(〈田子方〉注，頁 383)

劉辰翁首言〈秋水〉之全篇架構，從「秋水時至」起結，中間說道「風憐目」
的寓言，最後以莊子、惠施之「濠梁之辯」作結，句句點檢，呈現灑落自在
的氣象。次論〈田子方〉首段，由於此篇是由十一節文字彙集而成，故各段
皆可視爲一整體來評論。莊子以田子方與魏文侯的對話，表達聖知仁義對眞
實生命的束縛，中間又稱谿工、東郭順子之爲人眞誠，數語深隱有氣象且不
浮誇，末以魏文侯悃然若失，以魏國爲累的作結，彷彿能見其樣貌，表現首
尾皆善的爲文技巧。

（四）不犯正位

在莊子運用的諸多作文技巧裡，劉辰翁特別提及的是「不犯正位」，此法
以現代的章法學而言，稱爲「正反法」，運用在篇章佈局中，是以「正起反接，
反接後復將反意駁倒，則與正接同實，且視正接者題位較展，而題義倍透。
故此法尤爲作家所尚。」〔註20〕

劉辰翁先以〈人間世〉「匠人之齊」爲例，評曰：

> 其相物匠石之意又高。所謂「散人又惡知散木」，是與之之辭也。其
> 意以爲惟散人，然後能知之也。語不犯正位，蓋如此。
> (〈人間世〉注，頁 114)

莊子以擬人的手法，使櫟樹入匠石夢中，告訴匠石人與樹都是物，何必以物
相議，至匠石「覺」而診其夢，方知無用之用，遣詞立意高明。所謂「散人
又惡知散木」，從匠石評估櫟樹「無所可用，故能若是之壽」，表示匠石已理
解櫟樹一無所有用，所以能長其壽，但無法體會「無用之用」的深意，故櫟
樹見夢與之對話，使匠伯知之也。莊子行文語不犯正位，指出世俗功利之無
用，乃全生之大用。另於〈天運〉中，孔子得道一段，劉註云：

> 語不犯一字正位，雖與化爲人，已是注解，而亦不知其何語也。老

〔註20〕同前註，頁 178。

子之意謂行乎天下，遇猶合也，合有機有不待，合而化者，有化而不自知，其類之異者，其深意紗語，豈可索之形跡哉！故夫子之得之也，亦然推而至於有弟而兄，啼人情物理，達之世態人事，亦當然者。此二大士對談，吾竊聽之。（〈天運〉注，頁294～295）

自老子告訴孔子「《六經》爲先王之陳跡」，而後孔子三月不出，從物及人，終得「與化爲人」之理。整段之敘述「語不犯一字正位」，以老子、孔子一正一反的鮮明對比，最後歸結於與化爲人，乃能化人之意旨。在〈列御寇〉鄭儒者緩之寓言中註云：

彼故使彼，却是笑緩故是爾，使爾弟爲墨，而賤其親則可乎？何異以井爲功而捽飲者，此他人德色。語出於莊子，自然不犯正位，但覺犂然，皆緩尤結得感動。（〈列御寇〉注，頁578～579）

從象徵儒者的緩、其弟翟代表墨家，而後儒墨爭辯，其父助翟，故緩自殺。以喻托喻，用語明確整飭，「自然不犯正位」，語至「今之至皆緩也」，尤結得感動。

綜言之，「正反法就是將極度不同的兩種材料並列起來，作成強烈的對比，藉反面的材料襯托出正面的意思，以增強主旨的說服力與感染力。」〔註21〕在莊文中有使用正反章法寫作之部分，劉辰翁稱之爲「不犯正位」，此種透過對比、譬喻、映襯去突出旨趣的方式，審美的價值油然而生，「當審美對象以它特有姿態作用於審美主體的時候，在腦海中立刻浮現出與之對映的許多新型態來同審美對象比較、衡量，使審美對象的特點更突出、姿態更優美。……引起人們的審美衝動，產生美感。」〔註22〕

二、修辭技巧

《周易·文言》：「君子進德修業。忠信，所以進德也；修辭立其誠，所以居業也。」〔註23〕分析地說，「修」是方法，「辭」是內容，「誠」是原則，「居」是效果。〔註24〕短短幾句，已經定義何謂修辭，並強調以「誠」立言之可貴。「修辭原是達意傳情的手段，主要爲著意和情，修辭不過調整語辭使達意傳情能夠適切的一種努力。」〔註25〕總括而言，「修辭主要著眼於個別意

〔註21〕仇小屛：《篇章結構類型論》（台北：萬卷樓圖書公司，2000年2月），頁406。

〔註22〕張紅雨：《寫作美學》（高雄：麗文文化事業，1996年10月），頁128。

〔註23〕〔宋〕朱熹：《周易本義·文言》，頁34。

〔註24〕黃慶萱：《修辭學》（台北：三民書局，2002年10月），頁2。

〔註25〕陳望道：《修辭學發凡》（香港：大光出版社，1964年2月），頁5。

象之表現上，經過作者主觀的調整和設計，使它達到精確而生動，以增強感染力或說服力的目的。」〔註26〕

　　《莊子》一書，歷經千年而風行不輟，莊子修辭之技巧，更成為後來學者爭相仿效的典範。雖然莊子未嘗學習修辭學，而其為文均暗合修辭學之理論，故本節擬據修辭學之理論，說明劉辰翁之所評，並析為「語法修辭」與「語義修辭」分述如下：

（一）語法修辭

1. 類疊

　　凡同一個字、詞、語、句，或連接，或隔離，重複地使用著，以加強語氣，使講話行文具有節奏感的修辭法，謂之「類疊」。〔註27〕類疊之作用，用於論說，則增加文章之氣勢；用於抒情，則予人情韻迴環、風致繚邈之感；讀之則言有盡而意無窮。〔註28〕劉辰翁評莊文之「類疊」有二，一是類字，一是疊句，分析如下：

　　　　以不齊齊，藏其中者，不碎也。無非無過，未嘗有罪，疊語。（〈天
　　　　下〉注，頁601）

上文說明「全而無非，動靜無過」之「無」字，間隔而反覆使用者，是為「類字」之運用。此句之意，劉氏注曰：「無非無過，未嘗有罪」，並註明是疊語。另則是〈大宗師〉所提之「攖寧」，劉注曰：

　　　　攖者外禦，寂者內鎮，此名已屬杜撰，其下疊見得意。
　　　　（〈大宗師〉注，頁155）

此則說明莊文所述「攖寧也者，攖而後成者也。」〔註29〕重覆使用「攖」字於二句中，亦為「類字」的表現。至於「疊句」之運用，如：

　　　　此形容太沖氣象深厚磅礴，似動不動，如此三淵審字，泓停詳緩之
　　　　處。（〈應帝王〉注，頁178）

上文是注〈應帝王〉：「鯢桓之審為淵，止水之審為淵，流水之審為淵」〔註30〕，

〔註26〕陳滿銘：〈論意象與辭章〉，《畢節師範高等專科學校學報》第22卷第1期（2004年3月），頁9。
〔註27〕黃慶萱：《修辭學》，頁531。
〔註28〕董季棠將「類疊」名之為「複疊」，見其《修辭析論》（台北：益智書局，1985年11月），頁361。
〔註29〕〔清〕郭慶藩：《莊子集釋》，第1冊，〈大宗師〉，頁253。
〔註30〕同前註，〈應帝王〉，頁302。

三句同樣用「之審爲淵」反覆使用，是爲「疊句」之使用，亦爲「排比」之修辭法。劉氏特指出莊子連用三次「之審爲淵」，呈現出泓停詳緩的樣態，形容太沖氣象之深厚磅礴。

2. 引用

語文中引用別人的話或詩詞、成語、俗語等等，來印證、補充、對照作者的本意，藉以增強文章或說話的說服力和感染力的，稱爲「引用」。〔註31〕作者引用他文時，不能失其原意，且引用之對象須訴諸合理的權威，引用之後在文章中呈現新意，並加強說服力。劉辰翁舉莊子引用老子之言爲例，曰：

> 以老子一語暢言之，文貴如此。（〈在宥〉注，頁 216）

上文言〈在宥〉：「莫若無爲。無爲也而後安其性命之情。」〔註32〕莊子意指無心無爲而順應自然，故能安性命之情。其援引老子「道常無爲而無不爲」、「萬物將自化」的理念〔註33〕，並衍繹老子之言，理暢而文貴。劉氏於〈知北遊〉亦曰：

> 此處甚偪老子。彼雖神明至精，然寓於百化，則爲物已，我之所以
>
> 神奇以此，而未有知根也。（〈知北遊〉注，頁 405～406）

上文說明〈知北遊〉中，莊子欲明道創生萬物，順任自爲，聖人推原天地之美，而通達萬物之情，至人無爲，大聖不作，皆是取法於天地而然。劉辰翁認爲莊子此言甚服老子，並援用老子所謂：「人法地，地法天，天法道，道法自然」〔註34〕，以發明之。另於〈德充符〉之「使之和豫，通而不失於兌」〔註35〕，劉注曰：

> 「兌」即老子「塞其兌」之兌，正是要義，以爲悅則和豫盡矣。
>
> （〈德充符〉注，頁 135）

劉辰翁不以「兌」通「悅」，而是以老子所曰：「塞其兌，閉其門」爲之解。〔註36〕老子之意在於止塞感官的門戶以寡欲；莊子則是引用老子的語意，表述「才全」的精神在於使心靈全然地和豫暢通，而不要拘囿於感官之中。

〔註31〕黃慶萱：《修辭學》，頁 125。
〔註32〕〔清〕郭慶藩：《莊子集釋》，第 2 冊，〈在宥〉，頁 369。
〔註33〕朱謙之：《老子校釋》，頁 146。
〔註34〕同前註，頁 103。
〔註35〕〔清〕郭慶藩：《莊子集釋》，第 1 冊，〈德充符〉，頁 212。
〔註36〕朱謙之：《老子校釋》，頁 206。

3. 排比

以三個或三個以上結構相似、語氣一致、字數大致相等的語句，表達出同範圍、同性質的意象，是爲「排比」。〔註37〕排比的功用可以豐富詞彙，且使文意更加明顯。劉辰翁指出數例如下：

> 疊疊愈健，照應皆極謹嚴。（〈在宥〉注，頁220）

> 前殫殘，後無用，句意不遺餘力。（〈胠篋〉注，頁208）

前者說明〈在宥〉：「釿鋸制焉，繩墨殺焉，椎鑿決焉。」〔註38〕使用排比的對句，以及類疊中類字之使用，呈現出層次分明，且對應謹嚴的作用。後者說明〈胠篋〉：「人含其明，則天下不鑠矣；人含其聰，則天下不累矣；人含其知，則天下不惑矣；人含其德，則天下不僻矣。」〔註39〕用長句排比的方式，曲盡其力，說明「法之所以無用」的理由。從「殫殘天下之聖法」至「法之所以無用」，中間的使用的排比句法，不遺餘力表達同一範圍與性質的意象，呈現和諧的美感。另則在〈知北遊〉中有「天地有大美而不言，四時有明法而不議，萬物有成理而不說」〔註40〕的排比句，劉辰翁則擴而充之曰：「使其言必窮於問，使其議必愧於知，使其說必勞於辯。」（〈知北遊〉注，頁405）

4. 重複

以同一字句，反覆其辭，用來加強語勢，表現強烈感觸的辭格，叫做「重複」。重複的使用，筆力舒展，氣韻深長，亦予人情盛詞練之感，且文氣既暢，意態全出，自然覺得筆力萬鈞，發聲振采，而別成韻味。〔註41〕以劉辰翁所舉「重複法」爲例：

> 看他反覆橫說，必勝。（〈胠篋〉注，頁205）

> 反覆發明，理至情盡。（〈天地〉注，頁252）

> 兩樣下兩句，莫多省事也，甚有味乎？其反復之也。

> （〈知北遊〉注，頁419）

其一，莊子於〈胠篋篇〉中反覆以儒家的賢者，如比干、伍子胥對比於盜跖，說明世俗所謂至聖，皆是幫大盜積守者，故盜跖得以運用聖人之道而橫行。

〔註37〕黃慶萱：《修辭學》，頁651。
〔註38〕〔清〕郭慶藩：《莊子集釋》，第2冊，〈在宥〉，頁373。
〔註39〕同前註，〈胠篋〉，頁353。
〔註40〕同前註，〈知北遊〉，頁735。
〔註41〕黃永武：《字句鍛鍊法》（台北：洪範書局，1998年3月），頁122～126。

其二，說明莊子欲描述忠臣孝子阿諛世人的樣子，曰：「親之所言而然，所行而善，則世俗謂之不肖子；君之所言而然，所行而善，則世俗謂之不肖臣。」〔註42〕見其筆力舒展且意態全出，故「理至情盡」。其三，論述〈知北遊〉中「古之人，外化而內不化；今之人，內化而外不化。」〔註43〕莊子下各用兩句已清楚說明化與不化之別，精簡辭當，且重複之句法，使文句更爲有力、明確。

（二）語義修辭

劉辰翁認爲莊子之遣詞造句，時用「警語」呈現「警發突兀」之感（〈齊物論〉注，頁48），或「刻意險語，而味之藹然以喜，安能與後之辯哉，難言者，無不言之矣。」（〈天運〉注，頁292）道出常人所不能盡之情，並刻意用警策語來申說。此外，莊子亦用「冷語」轉折語意，使其不致成爲「死語」，了無生趣。如〈齊物論〉說道你我之外，是否再以第三人論斷辯論之勝負？劉注云：「竗在『而待彼也耶』五字。彼字本無所指，猶言『將復待何人邪？』但如此即死語，在此則爲冷語，有悟入耳。」（〈齊物論〉注，頁69）此段評「而待彼也耶」五字，用字靈活，似有無限餘味，若寫「將復待何人邪」，則平板成死語，莊子用字之妙，往往如此，一經點化，則通脫靈動。

在劉辰翁所評注之部分，可以用修辭理論來分析之「語義修辭」，擬分爲「描述」、「語氣」、「語境」三大類。以「描述類」說明摹寫、示現之修辭法；以「語氣類」說明誇飾、婉曲、設問之修辭法；以「語境類」說明譬喻、轉化、象徵、映襯之修辭法。茲分析如下：

1. 摹寫

用文字將內心對於顏色、形狀、聲音、氣味、觸感的感受，恰如其份的描繪敘述出來，稱之爲「摹寫」。〔註44〕如〈齊物論〉開頭稱「南郭子綦隱机而坐，仰天而噓，荅焉似喪其耦。」〔註45〕劉注曰：

> 三句畫子綦已盡，併與形骸之外者著之矣。（〈齊物論〉注，頁25）

莊子用三句話描繪出子綦之形象，末句並細緻地將超然的精神活動，用文字表現出來。另於〈大宗師〉中，孔子請子貢前去弔唁子桑戶一段，劉注云：

〔註42〕〔清〕郭慶藩：《莊子集釋》，第2冊，〈天地〉，頁447。
〔註43〕同前註，第3冊，〈知北遊〉，頁765。
〔註44〕黃慶萱：《修辭學》，頁73。
〔註45〕〔清〕郭慶藩：《莊子集釋》，第1冊，〈齊物論〉，頁43。

從夫子聞之，畫出編曲，鼓琴於子貢之前，又從招魂皋蘭衍爲嗟來
之歌，其文字不在論，如「我猶爲人」猗一語，且悲且恨，眞若有
意從之者，其眞自得，非隨人後，依聲韻爲之者，所謂禮故不在言。
至今誦其辭，猶使人曠然，而況親聞之者也。（〈大宗師〉注，頁 161）

孔子聽聞子貢說子桑戶死，孟子反、子琴張卻在編曲、鼓琴而歌，深感驚異。
當時子貢聽見二人羨慕桑戶以返本歸眞，而他們「猶爲人猗」的悲恨，不禁
趨步向前問：「臨尸而歌，禮乎？」二人笑曰：「惡知禮意。」整段過程，從
文字似可窺見人物的對話，且使人曠然覺悟。在〈達生〉中，莊子描述老人
「用志不紛，乃凝於神」一段，劉注云：

累丸無巧，愈多而神意，愈定則劇細，寫得入玄，如有悟也，正使
親見，乃無足喜。（〈達生〉注，頁 347）

從文字的描摹中，如已親見痀僂老人黏蟬，猶如拾取一樣容易的畫面。並從
老人口述中如何累丸之過程，則有高妙的意境，故劉氏稱「寫得入玄，如有
悟也。」

2. 示現

語文中利用人類的想像力，把實際上不聞不見的事物，說得如見如聞的
修辭方法，稱之爲「示現」。〔註46〕示現與摹寫很相似，有時甚至難以區別，
以莊文而言，幾乎都是透過莊子的想像力而爲之，故劃分的標準，如以人類
感官爲主的描述，即是摹寫；如是描述聽之不見、視之不聞的概念，即是示
現。以〈齊物論〉爲例：

廖廖一語，便有描模，其下不過山木二物，舉其槃甚疎雜，以七八
者字，而形與聲若不可勝數，妙在于喁一語映帶，前後皆活。重出
愈奇，「調調」、「刁刁」又畫中之遠景，形容之所不盡也。（〈齊物論〉
注，頁 26）

六字名狀入微。（〈齊物論〉注，頁 33）

前者是形容風聲萬竅怒呺的情狀，以及風經過不同大小的竅穴，所激發的聲
響殊異自別，高妙在「前者唱于，而隨者唱喁」句之于喁，一語映帶而前後
皆活。最後以「調調之刁刁」形容天地間無形無影之風，可聞不可見之聲，
又如畫中之遠景，形容不盡也。另一段說明〈山木篇〉，曰：

〔註46〕黃慶萱：《修辭學》，頁 305。

念哉夫子，乃并於物外無塵之境，盡其所見，歷歷指迷而言之，又
結駟裹糧而送之，以爲幻則幻，以爲仙則仙，讀至自崖而反，飄飄
有棄吾敝屣之意。此論道德之鄉、文章之妙，一至此乎？（〈山木〉
注，頁367）

上文敘述魯侯接受市南宜僚之見，願去國捐俗而遊於無人之野，眾人送行見
君浮於海漸行漸遠，自此遠矣。莊子用極高的想像力，創造出仙幻之境，並
使君去位而遠行，其妙文使人讚賞不已。

3. 誇飾

在文中以誇張鋪飾，遠超於客觀事實，使其表達之形象益發突顯、鮮明，
用以加深讀者之印象，稱爲「誇飾」，又稱爲「鋪張」。鋪張的成份大過於事
實，作用在於抒發深切的感動。〔註47〕以〈德充符〉爲例，劉注云：

命之曰惡人，愈況愈下，其姓名如傭丐，形容反覆不厭，而猶有可
想。（〈德充符〉注，頁130～131）

哀駘它一聽彷彿傭丐，而其德性甚至使魯哀公想要授之以國。誇飾的修辭，
在莊文中屢見不鮮，以描述人的外在形象來說，〈德充符〉全篇皆是長相其貌
不揚、驚世駭俗之人，從兀者而無趾，又以惡駭天下之惡人，甚至是闉跂支
離無脤且「其脰肩肩、甕㼜大癭」形象之人，都是極其誇飾的手法。對於時
間的誇飾上，如〈養生主〉中說明庖丁之刀「是以十九年而刀刃若新發於硎」
〔註48〕，以此誇飾庖丁解牛技巧之高明。劉辰翁則曰：「雖至人入水不濡，入
火不熱不過如此，不知文字之妙何從得之？」（〈養生主〉注，頁77）即表示
莊子不論是描述至人或是庖丁的能力上，皆表現出遣詞用字之巧妙。

4. 設問

講話行文，不採通常直述方式，而刻意用詢問的語氣，藉以凸顯論點，
引起注意或啓發思考，而使話語、文章激起波瀾的修辭法，稱爲「設問」。〔註
49〕使用提問，則語氣較爲和緩；使用激問，則能表現激情，增進感染力，並
使文章波瀾起伏，生動有力。凡提醒下文而問，謂之「提問」，茲舉劉注二例
如下：

只是竊聖知之法，一語起伏不厭，觀水觀瀾謂此。（〈胠篋〉注，頁

〔註47〕陳望道將「誇飾」修辭格，名之爲「鋪張」，見其《修辭學發凡》，頁131。
〔註48〕〔清〕郭慶藩：《莊子集釋》，第1冊，〈養生主〉，頁119。
〔註49〕黃慶萱：《修辭學》，頁47。

206）如此起伏最好。（〈在宥〉注，頁 215）

前文說明莊子以胠篋為例，說明大盜竊聖知之法，末以「是非竊仁義聖知邪？」詰問，起伏不厭，且製造文章之餘韻。下文是以〈在宥〉為例，描述明自三代以後，喧囂以論功行賞為能，無暇安其性命之情。接者莊子用「而且說明邪？」為句首，以下說明人們沈迷於聲音、禮義、技藝之種種情態。設問用於句首，有提引下文之功能，故劉氏稱「如此起伏最好」。另則是一問一答的提問，凡激發本意而問者，稱之「激問」，舉例如下：

> 看他從精麤貴賤，隨問隨叩，必使失至當之所在，然後吾說勝，本問小大，答以精於小大者，本問精麤，答以無精無麤，本問貴賤，答以是非，本問是非，答以得喪，其跋涉所向，尚未已也，而天人之理則塞矣，故以天機終。（〈秋水〉注，頁 320～321）

激問的方式，即是作者已有答案，故隨問隨答。從〈秋水篇〉河伯與海若的七問七答之中，從精麤貴賤、小大、是非，最後以天人之理作結，層次分明，且讀者自得其解。

5. 婉曲

將不願直陳的話，避開正面，用側面來表達，用隱微婉曲的文辭，曲折委婉地烘托或暗示出本意來，謂之「婉曲」。〔註50〕如〈德充符〉描述孔子不願讓叔山無趾請教，無趾回答：「吾以夫子為天地，安知夫子之猶若是也。」〔註51〕劉辰翁以「語緩而意傷」（〈德充符〉注，頁 129）來形容無趾的神態。另則是〈達生〉中，祝宗人說彘一段，劉註曰：

> 語意曲折懇到，玄冠說彘皆奇事也。朕謂喪車，聚僂，髑髏中也，取其遺意，想像則得矣。犧牛卜龜之外，有此遺論，作者何窮。
>
> （〈達生〉注，頁 351～352）

構思此段已是奇事，且語意曲折懇切，諷喻權貴自謀榮華之行為，與彘何異。文中論及「朕楯」、「聚僂」，想像力無窮。在〈外物〉中「物之有知者恃息」一段，劉評曰：

> 天未嘗有所降以塞之，此語哀苦，如實者形容更切。
>
> （〈外物〉注，頁 515）

上文說明天然的氣息未嘗止息，而是「人則顧塞其寶」，故莊子曰：「其不殷，

〔註50〕同前註，頁 269。
〔註51〕〔清〕郭慶藩：《莊子集釋》，第 1 冊，〈德充符〉，頁 202。

非天之罪。」〔註52〕劉辰翁則以爲此語哀苦，是莊子用以勸戒吾人順應天理，自然而爲。

6. 轉化

描述一件事物，使其轉變性質，化成與本質截然不同的事物，而加以形容敘述的，稱爲「轉化」。〔註53〕轉化的作用，可以創造一個生動的世界，亦使抽象的人事物，化爲具體寫實，使感官產生鮮明的印象。〔註54〕轉化可分爲人性化（擬人爲物），物性化（擬物爲人）、形象化（擬虛爲實），以及轉化綜合法。擬人者，如「濠梁之辯」中以魚比莊子；擬物者，如「莊周夢蝶」，以莊周比蝴蝶也。擬實者，如〈天運〉首段，用轉化的方式，說宇宙運行的規律「噓吸」、「披拂」，影響在上「徬徨」的風運行的方向，劉註曰：

> 參差奇詭而近於物情，興者，比者，俱不能得，其彷彿也。

（〈天運〉注，頁 273～274）

劉辰翁以爲莊子之修辭技巧，參差奇詭而近於物情，稱做比興的手法，只能近似而不能貼近。以現代的修辭學，則可稱之爲擬虛成實的轉化法。另外〈則陽篇〉中有個「蠻觸相爭」的寓言，敘述蠻、觸分別建國於蝸角的左右，爲爭地而互相攻戰，亦是擬虛爲實的手法，劉辰翁於此評曰：

> 以爲實固無理，以爲虛亦或可厭，最是以意實之，而其理確然無不實，但見有味，愈廣而愈不厭也。讀者超然，愈有所省。（〈則陽〉注，頁 489）

反戰思想是道家重要的主軸之一，在虛構的寓言中所透顯出反戰的實意，才是此則寓言的旨趣。

7. 映襯

凡用兩種相反之觀念或事物，使文句語氣增強，或文意明顯，以加深讀者之印象者，謂之「映襯」。映襯之原則有三：其一，就內容而言，對比愈強烈，印象愈鮮明，故可誇大事實，在言詞則含蓄。其二，就形式而言，以譬喻、象徵、對偶、排比表達之。其三，就成效而言，具有文字之張力，且有嘲弄之效果。〔註55〕以〈天運〉中，師金對顏淵批評孔子之復禮一段，劉注曰：

〔註52〕同前註，第 4 册，〈外物〉，頁 939。
〔註53〕黃慶萱：《修辭學》，頁 377。
〔註54〕同前註，頁 402～407。
〔註55〕同前註，頁 295～301。

皆是筆意，襯虛成實，如同時而語。（〈天運〉注，頁283）

全段敘述加諸史實於其中，師金先以孔子「寢臥於下」、「逍跡於衛」、「窮於商周」、「圍於陳蔡之間」所受的屈辱，其次將孔子之復禮比喻成「推舟於陸」，因為禮義法度隨著世代交替須權宜之變，其中更以古聖王的法度比擬為梨、橘、柚、柤，代表其味相反而同樣可口。整體而言，全段文字有運用對象、對偶之句式，亦有譬喻之修辭，添加史實帶有諷刺孔子「知其不可而為之」的意味，故劉辰翁稱「皆是筆意，如同時而語」。莊子於〈人間世〉中以「夫兩喜必多溢美之言，兩怒必多溢惡之言」〔註56〕的映襯句，謂喜怒之言常過其實，劉辰翁則評曰：

陰者，陽之反，其始其壯，不顧其終，悲哀。（〈人間世〉注，頁105）

傳言者為避免兩喜、兩怒，以維持雙方的和平，常處於兩難的狀態，苟落入以巧鬥力，則「始於陽，常卒乎陰」，即從明爭落於暗鬥的局面。此段敘述從兩喜、兩怒至陰陽兩面的對襯立說，對比明確而強烈，以表述傳言的困難性，以及語言使用不當所致的禍殃。

8. 譬喻

「譬喻」是一種借彼喻此的修辭法，由喻體、喻詞、喻依三者組成。所謂「喻體」，即所欲闡明事物之主體；「喻詞」即連接喻體與喻依之語詞；「喻依」，即以比喻來作比方，說明另一事物的詞語。〔註57〕在莊子諸多的修辭法之中，劉辰翁指出最多者即是「譬喻」，文曰：「他時時自寫一段，亦不必其有此事，獨寓言之意，每欲發明親切，而不可得，多方為之譬喻。」（〈至樂〉注，頁333）又曰：「其喻甚切，其理甚精」（〈外物〉注，頁504）、「自喻其辭之有益於學者，至切近也」。（〈刻意〉注，頁300）可見莊子使用譬喻修辭頻繁，且其喻精切，其理甚精，更裨益後學之師法研習。

關於莊子所使用之譬喻法，如〈德充符〉中莊子以「平者，水停之盛也」形容「德不形」，劉辰翁則注曰：「水者，吾知其平，以此況德，內外皆喻，言貴如此。」（〈德充符〉注，頁136）在〈逍遙遊〉中，惠子笑莊子之言大而無用，故眾所同去一段，劉注云：

忘機智，息世慮，天性自然，即此數語而足。其書所言，皆六合之
外，極其大者，故每以大者自比，人亦以大者疑之。首為惠子二難，

〔註56〕〔清〕郭慶藩：《莊子集釋》，第1冊，〈人間世〉，頁202。
〔註57〕黃慶萱：《修辭學》，頁231。

> 自譏且自解，以喻托喻，此舉而彼自見，未嘗拘拘，然一荅其問，
> 至天下篇，又爲著其平生之言，不忘孰非寓也。（〈逍遙遊〉注，頁
> 23）

劉辰翁以「忘機智，息世慮，天性自然」做爲本段之注解。在惠子以大樹擁
腫而小枝卷曲，故不中繩墨、規矩，以非難莊子之言大而無用時，莊子自譏
自解，以狸狌、犛牛爲例，以喻托喻，指出無所可用方爲大用。另於〈庚桑
楚〉中蹍市人之足一段，劉註曰：

> 如何說喻得親切，到此犁然，當於人心，彼其所存，絕與人異，本
> 未易言也，而言之透徹，此春而彼應，不待徧舉。「辟金」指斷金言
> 之也，雖斷金不足以言之也。（〈庚桑楚〉注，頁 443）

莊子以蹍足爲例，說明至禮、至義、至知、至仁、至信之理。譬喻適切明確，
深中於人心，言之透徹，不須長篇大論，則道理自明。綜言之，譬喻是作者
最常使用的修辭手法，而莊子所引說譬喻者，不僅有所發明，且「自喻而彼
見」，「不待徧舉」，而「切近有味」，「其喻甚切，其理甚精。」

總而言之，莊子一書，乃涵蘊文學與義理，「其天才絕出，想像力超人，
捨棄義正詞嚴之莊語，而作謬悠荒唐，無端崖之卮言、重言、寓言，故其書
亦出語高妙而命意深遠，風格雄奇而引人入勝，在諸子散文中自成一家，二
千餘年來，無人能摹倣之。」〔註 58〕劉勰稱「莊周述道以翶翔」〔註 59〕，而
清劉熙載亦云：「文之神妙，莫過於能飛。……意出塵外，怪生筆端，莊子之
文，可以是評之。」〔註 60〕因此注家輩出，屈指難數，莊子之文學、思想，
傳流益廣也。

〔註 58〕葉慶炳：《中國文學史》（台北：臺灣學生書局，1997 年 6 月），上冊，頁 26。
〔註 59〕〔梁〕劉勰：《元刊本文心雕龍・諸子》，頁 77。
〔註 60〕〔清〕劉熙載：《藝概・文概》，頁 8。

第六章　結　論

　　宋代學術以理學爲主，理學基本命題爲「存天理、滅人欲」，因而在天人關係的探討上，集中以「天理」與「人性」爲核心論點。理學興起的「外在因素」，主要是偃武修文的政策、書院林立，私人講學之風盛行，以及雕版技術的進步和活字印刷術的發明，帶來圖書之普及。理學興起的「主要因素」，即是學術思想的多元發展，本文歸納由「疑經、改經之風」、「儒釋道三家合流」二點來分析。宋學繼中唐疑古惑經之風興起，治學不重訓詁、考據，脫離漢唐注疏之學，建構新的理論體系，以探究聖人的微言大義。此時的經學與理學，互爲表裡，且宋儒疑經的風氣，散見於各家的著作之中，劉敞、王安石始發先聲，歐陽脩、蘇軾、李覯、司馬光、晁說之、朱子追隨於後，雖然動輒刪改會帶來弊端，仍透顯出宋人治學獨立思考的精神。另外，中國學術思想發展至宋代，已呈儒釋道三家並進的形式，熟習三教經典是當時知識份子的共同特徵。

　　劉辰翁（1232～1297），字會孟，號須溪，又號小耐，江西盧陵吉安人；生於南宋末年，處在君主無能且權奸亂政的年代，而後面臨國祚鼎革，其秉守氣節選擇在入元後隱逸於盧陵。盧陵自古出名士，如歐陽脩、文天祥、歐陽守道、劉辰翁等人皆是。劉辰翁一生高風亮節，學養豐富，恪守儒者的風範，性格耿介如其子劉將孫所云：「吾先生正襟危，論及世事之不平，人情之不釋，辭色振厲，面赤氣張，辨折不小屈，豈爲其身謀哉？」〔註1〕劉辰翁的仕宦生涯受到江萬里的拔擢頗多，入元後絕意仕進，自此隱逸於故里，遁跡

〔註1〕　〔元〕劉將孫：《養吾齋集・送轟以道序》，頁14，頁6。

佛老，從事文學創作與批點。劉辰翁平生喜讀《莊子》，受莊子影響的極深，痕跡化見於詩文，故而《四庫全書總目》評曰：「特其蹊徑本自蒙莊。」劉辰翁的著作可分爲創作與評點兩大類，一生創作的詩、文、詞極眾，並以詞名家。

劉辰翁《莊子南華眞經點校》，完成於至元三十一年（1294），書中對莊子之詮釋，茲就前五章所論述的內容，歸納出以儒、以佛、以文評莊之特色，說明如下：

一、劉辰翁筆下的莊子

歷來注《莊》者，回應所屬的時代環境、個人際遇、學術根柢，或宗教或生活體驗來詮釋莊子，使注解的意義成爲另一層洞見。劉辰翁所撰《莊子點校》，是以評點形式成書，評點的特色富含文學興味，重直觀的即興發揮，評語簡短精練而切中要旨。劉辰翁至晚年才評點《莊子》，評點動機主在寄託抒懷，兼採資作爲教學之用，將隱逸之趣與佛性禪理融於其中，試圖達到精神的懸解與超化。關於莊書之義理，劉辰翁是以儒家本位對《莊子》進行詮釋，「以儒評莊」亦成爲其解讀莊子的主要方式。魏晉注《莊》者，著力於「儒道會通」，如郭象以寄言出意的方式，將「跡冥論」表現在以儒解莊。自魏晉之後，注莊者多以郭象注作爲再發揮的基礎。在發揮莊理上，劉辰翁發揮較多與完整者爲「逍遙義」與「齊物觀」，本文分爲「《莊子》專說遊意」以及「以不齊齊物」說明之。

劉辰翁於「逍遙義」認同郭象注而評林希逸注。郭象的核心思想是「獨化論」，並以「適性」闡發逍遙之義，以爲「大小各適其分」，讓本性充分表現就能自在自得，就能逍遙，於此將逍遙與「性分論」系聯，而郭象之性分論並非獨創，而是來自於莊子所謂「性分自足」。林希逸注逍遙遊爲「遊者，心有天遊也；逍遙，言優游自在也。」劉辰翁則以爲林希逸以「樂之逍遙」來形容體道之境界，是近似而非，提出《莊子》一部書專說「遊」意，以「遊」作爲全書之旨，並稱莊子著書立意是欲使人知「天遊之樂」。莊子之「遊」並非綜觀宇宙之大而已，而在於「遊心於物之初」之天遊；莊子之「樂」，樂在大小各適其分且自在自得，逍遙遊即是達到與道化合的境界。莊子透過寓言去描寫物之與境，人間世的是非與生死，因此，識《莊子》第一義，必先知何者爲寓言，知要旨在於「遊」，進而體會莊子立言之意在於「天遊之樂」，

如果留心僅於耳目間意，那麼大鵬不過是紙鳶，〈逍遙遊〉不過是文字堆砌而已。在逍遙篇末又強調此篇只是發端，而未及逍遙之趣，唯要能識得莊子之遊意，任何一篇皆是〈逍遙遊〉。

　　莊子認爲人的自困自苦，主要來自對形軀的執迷，其次是對心知的執迷。人有形軀執，也就是有死生之惑，故莊子由破生死、外形骸，表達死生一如，物我相通的境界。人有認知執，以己是論人非，故莊子以否定知識的活動，薄辯議、泯是非，而獲真知、顯真我。劉辰翁之於莊子「齊物觀」，發揮頗有見地，本文則依此脈絡，引用劉辰翁之注解，以解莊子之齊物論。劉辰翁認爲莊子齊物的工夫只有一個，則「以不齊齊之」，如果說莊子欲「齊物」，乃是「未嘗深考」。又稱莊子齊物本意專欲在中間，不落入言詮，在詰問的過程將言論消融掉，達成「言無言」的立意原則。對於「物論」，劉辰翁則以「是非」等同視之，提出「看得他物論原自齊」、「心平則無物論」、「看得物論終歸於一」的論點，表示物論本是不齊，故須看得他自齊。蓋「物之不齊，物之情也。」

　　關於劉辰翁之論文特色，筆者以「閱讀與注解之法」、「評林希逸《口義》」、「字句篇章之辨僞」分析之。劉辰翁認爲「識莊子所謂遊」，則已掌握閱讀的關鍵，可稱爲好的閱讀者及注解者。注莊者必須瞭解《莊子》具有「不可訓詁」以及「不必解也不可解」的特性，有時會面臨不知如何下注腳的情形，劉辰翁則提出解決之法，是以注家「當自得之」，即對文本有所體悟，才能有所發揮，不須強作解人。劉辰翁有評《老》、《列》、《莊》三子，皆採林希逸《三子口義》爲底本，取林書作爲藍本之原因，筆者推論是林、劉二人具有相同的理學背景，而且劉辰翁的恩師歐陽守道與林希逸有往來，倒不見得是爲了超越林注而作，雖然全書對林注的批評多於肯定，反對的評語也有過當的情形，但一方面是劉辰翁的性格直率，文如其人，見不當的評論必出言反駁；另一方面是《莊子點校》的內容較之《口義》的逐字逐句分析簡省許多，如果劉辰翁目的在於超越林注，勢必對莊書義理多方深入發揮，而事實並非如此。劉辰翁肯定林注的方式，一是直接引用林注，或並列他例互證，二是對林注作出肯定之評語。反對林注之原由，多與劉辰翁「不可訓詁」及「不必解」的理念相悖，因而產生字句釋義有錯誤，且與莊子本意不相合。在辨僞莊文的部分，劉辰翁由字句、語意、篇章等方面著手，兼採歐陽脩及蘇軾之說，評語並無呈現系統性，亦無清楚說明辨僞之標準，乃因其以評點形式，

故評語本爲簡短精要，從文學鑑賞的角度視之，可作爲對文章詮釋的特色。

綜言之，從劉辰翁筆下的莊子，在義理方面能見其三教合流的思想，故可見以儒、佛評莊的特色。在論文方面，除了閱讀、注解的方法以及辨僞之外，可以見劉辰翁以莊文爲作文之法，全書在以文評莊上發揮最多，故以下茲就三種特色，由第四、五章歸納作爲說明。

二、以儒評莊之特色

劉辰翁延續魏晉以來「儒道會通」的觀點來評莊，其中引用《孟子》的思想較其他經典頻繁，另受到三教合流的思潮影響，故有兼援引佛道思想的呈現。劉辰翁以儒進取，以道安身立命，以莊子爲有儒者氣象者，以佛道之教義互爲說解，自成不同之注莊風貌。劉辰翁「平生軏嗜文史，淵博涵深，爲文祖先秦戰國莊老等，言率奇逸，自成一家。」學思歷程本於程朱學派，受朱子理氣論影響極深，爲文作記皆有述及。莊子在劉辰翁眼中，是具有儒者氣象之人，其著書之用心甚於子思，在文中屢屢提及孔子及儒家的聖人，故可視爲莊子推尊孔子的表現。而道家思想與儒家畢竟有異，雖然劉辰翁極爲推崇莊子，並歸其入儒家，但爲了符合宋代以儒家爲主流的趨勢，仍是將儒家以外之學視爲「異端之語」。

在實際引用儒典入莊的部分，劉辰翁採資不多，歸納有《論語》、《孟子》、《中庸》、《左傳》、《詩經》五種。援引《詩經》、《左傳》的方式：其一，以相似的語境，來詮釋莊子之文意。其二，爲透過相近字句的比附，使字詞同義化，達到互注的效果。關於徵引《論語》、《中庸》的方式：其一，用《莊子》文本中所引述儒典之字句，以文學的角度來評定優劣。其二，採用相似的語境，來詮釋莊子之文意。在引用《孟子》的部分最多，劉辰翁經常使用孟子之語句於評莊之中，或以字句文意互證分析。其引用的方式：其一，以相同字義互注。其二，以相似語境比附，互爲發明。其三，以孟子的養氣解莊子的養神。孟子所言「氣」，是一種至大至剛，充沛正直的浩然正氣，其以爲吾人須「持其志，無暴其氣」，故孟子所謂氣，是涵沛道德於其中。莊子重視精神主體的自由，因此莊子所言「養神」，是指排除感官知覺而順乎自然的精神活動，劉辰翁以浩然的正氣爲解，是有文本失眞的現象。然而以儒評莊確實是宋儒常用之形式，冀使讀者透過儒家經典的對比，更能了解詼詭譎怪的《莊子》。

三、以佛評莊之特色

　　宋人有所謂「佛學思想源於莊子說」，非以原始印度佛教源自於莊子，而是指宋代興盛的禪宗。劉辰翁上承朱子思想，嘗言曰：「佛說無法無覺，展轉諦空，皆出於此。」此外，並主張「佛氏之說，始于戰國堅白異同之辨，其窮極變眩，即儒者自爲之。」即表示原始佛教與禪宗的差異。劉辰翁對佛學頗有涉入，亦自稱「須溪居士」，蓋因唐宋二代，參禪悟道已融入士人的生活，尤其是白居易實踐與推揚的居士思想，已爲宋代士人所普遍接受。而宋代士人對於佛道思想，「基本上仍是沿襲了前代的那種汲取佛道以應物的實用模式。」〔註2〕因此，在劉辰翁以佛評莊方面，亦取向實用性，無涉及艱深的佛理，多援引佛經專用的術語，或禪宗《語錄》的文句，亦涉及般若學的「空觀」思想。劉辰翁認同禪宗的思想多出自於莊子，而莊子的思想勝過於禪宗的《語錄》，此因佛家說「諸行是苦」，靠精進的修行才能脫離一切苦，才能到達「究竟樂」的佛境界，而莊子不求究竟，不求其所終，順應自然而無爲，對劉辰翁而言更是至樂的境界。

　　劉辰翁以佛評莊的部分，本文是以「行修法門」、「證道境界」、「般若空觀」三部分作爲論述。其一，行修法門，分爲「參禪與修持」、「化法與變化」。修禪的工夫，除了拍、誦的基本工夫外，參話頭、參公案，亦爲宋代流行的學禪的方式，修行者參究其中而尋求開悟。劉辰翁注莊子之「坐忘」時，亦以「禪家面壁」敘述達磨祖師凝住壁觀的公案互解，此公案中提及入道不外「理入」與「行入」，其中語及「寂然無爲」，顯然有受道家思想的影響。劉辰翁注莊時，引用佛教的「化法」與「變化」，所謂的「化法」，爲佛教化導的法門，代稱莊子以此說法使世人瞭解復歸於樸的境界。另有提及「方便」，即便於教化眾生的方便法，經由種種的方便法門，可使修行者心境轉變，如劉辰翁所曰：「冰解凍釋，就本處撥轉變化。」佛教所說的「變化」，指佛菩薩之通力，能變化有情非情的一切，而學佛者能從中體悟而去心之執跡。

　　其二，證道境界，則分爲「超悟頓悟」、「明心見性」來說明。以慧能爲主的南禪主張頓悟，與神秀的北禪主張漸修有別，劉辰翁所處的廬陵，受到南禪的教化影響較深。在證道境界方面，劉辰翁從莊子的「吾喪我」立論，以爲修行者須有醒覺，才能去破除對形軀的執迷。又從超悟上說明「見見聞

〔註2〕　張再林：《唐宋士風與詞風研究》（北京：人民文學出版社，2005 年 6 月），頁
　　　　209。

聞」，即須超悟洞徹之後，才能眞正回歸到本來面目。本來面目即是自性，而學佛者修行，不論根器利頓，都希望達行最終目的，即明心見性而成佛。

其三，般若空觀，則以「無物非空」、「空空亦空」說明之。佛教認爲諸行諸法皆依因緣相合而生，所有現象界的一切事物，都是空幻不實，劉辰翁亦以多寶佛爲例，認爲從修行中去體悟「佛亦是空」，以及現象界的一切「無物非空」，即是多寶如來示眾的方便法門。劉辰翁在評莊時，不僅說「空」，亦說「空空」。佛教所言「空空」，即言諸法皆空。老子講「無」，莊子講「無無」，劉辰翁所理解的「無無」是「便如有無推到無處，并無亦失了」，又稱佛說無法無覺、展轉諦空的思想出自於莊子，同理可證，空亦未是，而須無掉「空」而成「空空」，才能與「無無」相對應。此外，劉辰翁又以「空空」解莊子之無待，而後謂之遊的境界，最後並以「佛說空諸所有，空空亦空」來說明莊子所謂體道的境界。

四、以文評莊之特色

以文學角度形成解莊之風，始自宋代，林希逸《莊子口義》提出「識文字血脈」，探析莊子之文采結構，爲「以文評莊」之先聲，而最能道出文章結構者，當爲劉辰翁《莊子南華眞經點校》。劉辰翁以文章家之口吻，從章法結構、寫作技巧等方面去評析莊文，開啓明清「以文評莊」之風尚。

本章分爲「莊子之人格形象」、「篇章結構與修辭」、「文章主旨與風格」來探討。劉辰翁認爲莊子是一位慷慨明達的達者，存有超然的方外之見，恐世人之不悟，故著書以明其旨，用心爲人致此。在「章法結構」的部分，劉辰翁嘗曰：「作文之法，必如莊子，而後氣力俱盡，毫髮無恨。」可見其以莊文爲典範，並適合運用於教學。所謂作文之法，古今皆同，即是以起、承、轉、合爲文章佈局的基本原則，於此則合以「起語奇健」、「轉折精微」、「收結完善」、「不犯正位」四項說明之。在「修辭技巧」上，則分爲語法、語義二部分。語法修辭論及類疊、引用、排比、重複；語義修辭論及摹寫、示視、誇飾、設問、婉曲、轉化、映襯、譬喻等修辭格。

在「文章旨趣」中，劉辰翁於內七篇之起語或結語處，皆書全篇之要旨；外篇之架構，多數各自成篇，意義不相連屬，似雜記體者，因此，在外篇僅於〈駢拇〉、〈秋水〉標注要旨。雜篇中〈讓王〉、〈盜跖〉、〈說劍〉、〈漁父〉，劉氏據東坡之見，視爲僞作，在剩餘諸篇中，各段錯敘，自有文法，難以說

解全篇意旨。而〈寓言〉爲凡例，〈天下〉爲後序，莊子所言慎明，故於雜篇不作總評。在「文學風格」中，劉辰翁認爲莊子「文如其人」，才能創造出如此達觀之作；又以《莊子》爲作文之法，善於學者；再者視莊子爲小說家，蓋因其書不論是人物的塑造、情節的鋪排、對話的內容，皆可成爲世外之名言，故以「造語精當」、「語厚有味」、「畫意妙境」來分析莊文之風格。

　　綜合上述，劉辰翁撰《莊子南華眞經點校》，於莊子學的貢獻，是全面以「評點」爲主，確立「以文評莊」的開始。劉辰翁評莊是以儒家立場爲本位，在莊子文義脈絡及章法要義作了一番發揮，其中兼有援儒入莊、以佛評莊，主要是以文學視角評莊，開啓明清以文評莊之風，具有承先啓後之重要地位。劉辰翁評莊兼引儒、佛思想，是受三教合一思潮所致，援引儒理、佛理的部分，確實有義理不相合而強加比附的現象，加上採評點的形式，評語過於簡短的侷限，使筆者無法更爲深入體會劉辰翁之思想。然則，不同的注莊者因其時代環境、學術背景以及學思涵養、人格特質，呈現多元豐富的莊學樣貌，如有曰：「郭象注莊子，卻是莊子注郭象」〔註3〕，「各家注已注入了其人自家的胸中塊壘，不必即符合《莊子》本義」〔註4〕，於劉辰翁亦如是。最後，則奉上拙作，就教於大方之家。

〔註3〕　〔宋〕大慧宗杲：《大慧普覺禪師語錄》卷 22，載無著道人語曰：「曾見郭象注莊子，識者云：『卻是莊子注郭象』。」見《大正藏》，T47，p0904a。
〔註4〕　王邦雄：〈莊子其人其書及其思想〉，收錄於《中國哲學論集》（台北：臺灣學生書局，1990 年 2 月），頁 101。

主要參考書目

一、古籍文獻

（一）經部

1. 《論語注疏》，〔魏〕何晏集解，宋邢昺疏，台北：藝文印書館，《十三經注疏》本，2001 年 12 月。

2. 《毛詩正義》，〔漢〕毛亨傳，鄭玄箋，台北：藝文印書館，《十三經注疏》本，2001 年 12 月。

3. 《孟子正義》，〔漢〕趙岐注，台北：藝文印書館，《十三經注疏》本，2001 年 12 月。

4. 《禮記注疏》，〔漢〕鄭玄注，唐孔穎達疏，台北：藝文印書館，《十三經注疏》本，2001 年 12 月。

5. 《孝經注疏》，〔唐〕玄宗御注，宋邢昺疏，台北：藝文印書館，《十三經注疏》本 2001 年 12 月。

6. 《周易本義》，〔宋〕朱熹，台北：大安出版社，1999 年 07 月。

（二）史部

1. 《史記》，〔漢〕司馬遷，北京：中華書局，1982 年 11 月。

2. 《漢書》，〔漢〕班固，北京：中華書局，1982 年 11 月。

3. 《宋書》，〔梁〕沈約等，北京：中華書局，1982 年 11 月。

4. 《晉書》，〔唐〕房玄齡等，北京：中華書局，1982 年 11 月。

5. 《唐會要》，〔宋〕王溥、楊家駱主編，台北：世界書局，1989 年 04 月。

6. 《宋季三朝政要》，〔元〕不著撰人，台北：文海出版社，1981 年 06 月。

7. 《宋史》，〔元〕脫脫等，北京：中華書局，1982 年 11 月。

8. 《元史》，〔明〕宋濂等，北京：中華書局，1982 年 11 月。

9. 《江西省吉安府志》，〔明〕余之禎等纂修，台北：成文出版社，1989 年 03 月。

10. 《續資治通鑑》，〔清〕畢沅，台北：洪葉出版社，1981 年 05 月。

11. 《江西省廬陵縣志》，〔清〕平觀瀾等修，台北：成文出版社，1989 年 03 月。

12. 《江西省武寧縣志》，〔清〕陳雲章等修，台北：成文出版社，1989 年 03 月。

（三）子部

1. 《南華經》，〔周〕莊周，台北：中國子學名著集成編印基金會，1978 年 12 月。

2. 《莊子南華真經注》，〔晉〕郭象撰，嚴靈峯編，台北：藝文印書館，《無求備齋莊子集成初編》本，1972 年 05 月。

3. 《南華真經注疏》，〔唐〕成玄英撰，嚴靈峯編，台北：藝文印書館，《無求備齋莊子集成初編》本，1972 年 05 月。

4. 《莊子音義》，〔唐〕陸德明撰，嚴靈峯編，台北：藝文印書館，《無求備齋莊子集成初編》本，1972 年 05 月。

5. 《南華真經拾遺》，〔宋〕王雱撰，嚴靈峯編，台北：藝文印書館，《無求備齋莊子集成初編》本，1972 年 05 月。

6. 《莊子義》，〔宋〕呂惠卿撰，嚴靈峯編，台北：藝文印書館，《無求備齋莊子集成初編》本，1972 年 05 月。

7. 《南華真經口義》，〔宋〕林希逸撰，嚴靈峯編，台北：藝文印書館，《無求備齋莊子集成初編》本，1972 年 05 月。

8. 《莊子南華真經點校》，〔宋〕劉辰翁撰，嚴靈峯編，台北：藝文印書館，《無求備齋莊子集成續編》本，1974 年 12 月。

9. 《南華真經義海纂微》，〔宋〕褚伯秀，上海：上海古籍出版社，《道藏要籍選刊》，1989 年 06 月。

10. 《莊子鬳齋口義校注》，〔宋〕林希逸著，周啟成校注，北京：中華書局，1997 年 03 月。

11. 《南華真經循本》，〔明〕羅勉道撰，嚴靈峯編，台北：藝文印書館，《無求備齋莊子集成續編》本，1974 年 12 月。

12. 《莊子翼》，〔明〕焦竑撰，嚴靈峯編，台北：藝文印書館，《無求備齋莊子集成續編》本，1974 年 12 月。

13. 《莊子解》，〔清〕王夫之撰，嚴靈峯編，台北：藝文印書館，《無求備齋莊子集成初編》本，1972 年 05 月。

14. 《莊子因》，〔清〕林雲銘撰，嚴靈峯編，台北：藝文印書館，《無求備齋莊子集成初編》本，1972 年 05 月。

15. 《南華經解》，〔清〕宣穎撰，嚴靈峯編，台北：藝文印書館，《無求備齋莊子集成續編》本，1974 年 12 月。

16. 《莊子義證》，〔清〕馬敘倫撰，嚴靈峯編，台北：成文出版社，《無求備齋老列莊三子集成補編》本，1976 年。

17. 《莊子集釋》，〔清〕郭慶藩，北京：中華書局，1997 年 10 月。

18. 《莊子集解》，〔清〕王先謙，台北：東大圖書公司，2006 年 05 月。

19. 《老子道德經評點》，〔宋〕劉辰翁撰，嚴靈峯編，台北：藝文印書館，《無求備齋老子集成初編》，1965 年 03 月。

20. 《列子沖虛真經評點》，宋，劉辰翁撰，嚴靈峯編，台北：藝文印書館，《無求備齋列子集成》，1971 年 10 月。

21. 《荀子集解》，〔清〕王先謙，台北：華正書局，2003 年 10 月。

（四）集部

1. 《世說新語校箋》，〔宋〕劉義慶撰，楊勇校箋，台北：樂天出版社，1972 年 09 月。

2. 《元刊本文心雕龍》，〔梁〕劉勰，上海：上海古籍出版社，1993 年 10 月。

3. 《詩品》，〔梁〕鍾嶸著，曹旭集注，上海：上海古籍出版社，1994 年 10 月。

4. 《司空表聖文集》，〔唐〕司空圖，上海：上海古籍出版社，1994 年 09 月。

5. 《王安石全集》，〔宋〕王安石，台北：河洛出版社，1974 年 10 月。

6. 《朱子語類》，〔宋〕朱熹撰，黎靖德主編，台北：正中書局，1982 年 06 月。

7. 《翁注困學記聞》，〔宋〕王應麟撰，清翁元圻注，京都：中文出版社，1982 年 10 月。

8. 《二程集》，〔宋〕程顥、程頤撰，台北：漢京文化圖書，1983 年 09 月。

9. 《劉辰翁集》，〔宋〕劉辰翁撰，段大林校點，南昌：江西人民出版社，1987 年 08 月。

10. 《蘇軾文集》，〔宋〕蘇軾撰，孔凡禮點校，北京：中華書局，1992 年 09 月。

11. 《東京夢華錄》，〔宋〕孟元老撰，周峰點校，北京：文化藝術出版社，1998 年 08 月。

12. 《夢梁錄》，〔宋〕吳自牧撰，周峰點校，北京：文化藝術出版社，1998年08月。

13. 《武林舊事》，〔宋〕周密撰，周峰點校，北京：文化藝術出版社，1998年08月。

14. 《須溪詞》　，〔宋〕劉辰翁撰，吳企明校注，上海：上海古籍出版社，1998年11月。

15. 《巽齋文集》，〔宋〕歐陽守道，北京：商務印書館，《文津閣四庫全書》本，2005年。

16. 《勤有堂隨錄》，〔元〕陳櫟，北京：中華書局，《叢書集成初編》本，1985年。

17. 《養吾齋集》，〔元〕劉將孫，台北：臺灣商務印書館，《文淵閣四庫全書》本，1986年。

18. 《南村輟耕錄》，〔明〕陶宗儀，北京：中華書局，1997年11月。

19. 《晚香堂集》，〔明〕陳繼儒，北京：北京出版社，《四庫禁燬書叢刊》本，2000年01月。

20. 《宋元學案》，〔清〕黃宗羲撰，台北：正中書局，1959年05月。

21. 《日知錄集釋》，〔清〕顧炎武撰，黃汝成集釋，台北：台灣中華書局，《四部備要》本，1966年06月。

22. 《宋季忠義錄》，〔清〕，萬斯同撰，張壽鏞輯，台北：國防研究院中華大典編印會，《四明叢書》本，1966年10月。

23. 《宋詩紀事》，〔清〕厲鶚，台北：台灣中華書局，1971年04月。

24. 《經學歷史》，〔清〕皮錫瑞著，周予同注釋，台北：文海出版社，1985年09月。

25. 《藝概》，〔清〕劉熙載，台北：華正書局，1988年09月。

26. 《金聖嘆尺牘》，〔清〕金聖嘆著，鐵琴廔主編，台北：廣文書局，1989年09月。

27. 《全上古三代秦漢三國六朝文・全晉文》，〔清〕，嚴可均輯，上海：上海古籍出版社，《續修四庫全書》本，2002年04月。

28. 《蕙風詞話・廣蕙風詞話》，〔清〕況周頤撰，孫克強輯考，鄭州：中州古籍出版社，2003年12月。

29. 《四庫全書總目》，〔清〕永瑢等，台北：藝文印書館，2004年10月。

二、現代專著

（一）諸子學專著

1. 《莊子學案》，郎擎霄，上海：商務印書館，1934年11月。

2. 《莊子內篇譯解和批判》，關鋒，北京：中華書局，1961 年 06 月。

3. 《莊子研究》，葉國慶，台北：臺灣商務印書館，1967 年 03 月。

4. 《莊子》，福永光司著，陳冠學譯，台北：三民書局，1971 年 02 月。

5. 《逍遙的莊子》，吳怡，台北：東大圖書公司，1974 年 10 月。

6. 《莊子新傳——莊周即楊朱定論》，陳冠學，高雄：三信出版社，1976 年 01 月。

7. 《莊子及其文學》，黃錦鋐，台北：三民書局，1977 年 07 月。

8. 《莊學管闚》，王叔岷，台北：藝文印書館，1978 年 03 月。

9. 《莊子之文學》，蔡宗陽，台北：文史哲出版社，1983 年 09 月。

10. 《莊學新探》，陳品卿，台北：文史哲出版社，1984 年 09 月。

11. 《莊子淺論》，曹礎基，廣州：廣東人民出版社，1987 年 08 月。

12. 《莊子哲學及其演變》，劉笑敢，北京：中國社會科學出版社，1988 年 02 月。

13. 《莊子導讀》，謝祥皓，四川：巴蜀書社，1988 年 03 月。

14. 《荀子學說》，陳大齊，台北：中國文化大學出版部，1989 年 06 月。

15. 《莊子讀本》，黃錦鋐，台北：三民書局，1989 年 09 月。

16. 《莊老通辨》，錢穆，台北：東大圖書公司，1991 年 12 月。

17. 《莊子內七篇研究》，高柏園，台北：文津出版社，1992 年 04 月。

18. 《莊子新釋》，張默生，台北：明文書局，1994 年 01 月。

19. 《逍遙之祖——莊子與中國文化》，白本松、王利鎖撰，開封：河南大學出版社，1995 年 08 月。

20. 《郭象玄學》，莊耀郎，台北：里仁書局，1998 年 03 月。

21. 《墨子、商鞅、莊子、孟子、荀子》，王壽南主編，台北：臺灣商務印書館，1999 年 09 月。

22. 《蘇軾的莊子學》，姜聲調，台北：文津出版社，1999 年 12 月。

23. 《莊子纂箋》，錢穆，台北：東大圖書公司，2003 年 11 月。

24. 《老子校釋》，朱謙之，土城：頂淵文化事業，2004 年 03 月。

25. 《莊子外雜篇研究》，劉榮賢，台北：聯經出版社，2004 年 04 月。

26. 《新譯莊子內篇解義》，吳怡，台北：三民書局，2004 年 01 月。

27. 《莊學研究》，崔大華，北京：人民出版社，2005 年 10 月。

28. 《逍遙的莊子》，吳怡，桂林：廣西師範大學出版社，2006 年 01 月。

29. 《莊子文學研究》，孫克強、耿紀平主編，北京：中國文聯出版社，2006 年 8 月。

（二）學術思想史、文學史及批評史

1. 《中國思想通史》，侯外廬主編，北京：人民出版社，1957 年 05 月。

2. 《中國哲學原論——原道篇》，唐君毅，台北：臺灣學生書局，1978 年 04 月。

3. 《中國文學批評史》，羅根澤，台北：學海出版社，1980 年 09 月。

4. 《新校本宋史並附編三種》，楊家駱主編，台北：鼎文書局，1983 年 11 月。

5. 《宋代學術思想研究》，金中樞，台北：幼獅文化事業，1989 年 04 月。

6. 《中國儒學思想史》，張豈之主編，西安：陝西人民出版社，1990 年 04 月。

7. 《漢魏兩晉南北朝佛教史》，湯用彤，台北：臺灣商務印書館，1991 年 09 月。

8. 《中國道教史》，任繼愈主編，台北：桂冠圖書公司，1991 年 10 月。

9. 《中國文學批評》，張健，台北：五南圖書公司，1992 年 08 月。

10. 《中國哲學史》，馮友蘭，台北：臺灣商務印書館，1994 年 05 月。

11. 《中國儒學》，劉宗賢、謝祥皓，成都：四川人民出版社，1994 年 09 月。

12. 《中國禪宗通史》，杜繼文、魏道儒，南京：江蘇古籍出版社，1995 年 02 月。

13. 《唐宋詞史》，楊海明，高雄：麗文文化事業，1996 年 02 月。

14. 《中國文學批評通史》，王運熙、顧易生主編，上海：上海古籍出版社，1996 年 12 月。

15. 《秦漢時期的黃老思想》，陳麗桂，台北：文津出版社，1997 年 02 月。

16. 《中國文學史》，葉慶炳，台北：臺灣學生書局，1997 年 06 月。

17. 《宋明理學史》，侯外廬主編，北京：人民出版社，1997 年 10 月。

18. 《中國古代文學史》，馬積高、黃鈞主編，台北：萬卷樓圖書公司，1998 年 07 月。

19. 《中國學術思想史》，林啓彥，台北：書林出版公司，1998 年 09 月。

20. 《中國評點文學史》，孫琴安，上海：上海社科院出版，1999 年 6 月。

21. 《二十五史別史》，劉曉東等點校，濟南：齊魯書社，2000 年 05 月。

22. 《宋代文學通論》，王水照主編，高雄：復文圖書公司，2000 年 06 月。

23. 《宋明理學與中國文學》，許總，南昌：百花洲文藝出版，2000 年 11 月。

24. 《新編中國哲學史》，勞思光，台北：三民書局，2001 年 09 月。

25. 《兩漢魏晉哲學史》，曾春海，台北：五南圖書公司，2002 年 01 月。

26. 《中國哲學史》，王邦雄等編著，蘆洲：國立空中大學，2003 年 03 月。

27. 《中國學術史論》，周彥文，台北：臺灣學生書局，2004 年 08 月。

28. 《中國學術思想大綱》，林尹，台北：臺灣商務印書館，2004 年 11 月。

（三）叢刊、文集、選集

1. 《宋史資料萃編》，王民信主編，台北：文海出版社，1981 年 10 月。

2. 《朱自清古典文學論文集》，朱自清，台北：源流出版社，1982 年 05 月。

3. 《魯迅全集》，魯迅，台北：唐山出版社，1989 年 09 月。

4. 《中國哲學論集》，王邦雄，台北：臺灣學生書局，1990 年 02 月。

5. 《靜農論文集》，臺靜農，台北：聯經出版社，1991 年 06 月。

6. 《古史辨》，顧頡剛主編，台北：藍燈文化，1993 年 08 月。

7. 《老莊思想論集》，王煜，台北：聯經出版社，1993 年 10 月。

8. 《唐宋八大家全集》，余冠英主編，北京：國際文化出版，1997 年 01 月。

9. 《錢賓四先生全集》，錢穆，台北：聯經出版社，1998 年 05 月。

10. 《全宋詞》，唐圭璋編，北京：中華書局，1998 年 12 月。

11. 《宋人年譜叢刊》，吳洪澤、尹波主編，成都：四川大學出版社，2003 年 01 月。

12. 《全明詩話》，周維德集校，濟南：齊魯書社，2005 年 06 月。

13. 《清代學術筆記叢刊》，徐德明、吳平主編，北京：學苑出版社，2005 年 09 月。

14. 《詞話叢編》，唐圭璋編，北京：中華書局，2005 年 10 月。

（四）相關專書

1. 《修辭學發凡》，陳望道，香港：大光出版社，1964 年 02 月。

2. 《老列莊三子知見書目》，嚴靈峯編，台北：中華叢書編審委員會，1965 年 10 月。

3. 《竹林七賢研究》，何啓民，台北：臺灣商務印書館，1966 年 03 月。

4. 《心體與性體》，牟宗三，台北：正中書局，1968 年 05 月。

5. 《南宋遺民詞人劉辰翁之研究》，黃孝光，台北：龍田出版社，1981 年 04 月。

6. 《中國哲學十九講》，牟宗三，台北：臺灣學生書局，1983 年 10 月。

7. 《空之探究》，印順，台北：正聞出版社，1985 年 07 月。

8. 《修辭析論》，董季棠，台北：益智書局，1985 年 11 月。

9. 《國學論叢》，劉文起，台北：康橋出版社，1985 年 12 月。

10. 《書林清話》，葉德輝，台北：文史哲出版社，1988 年 04 月。

11. 《道家與道教》，甘易逢著，李宇之譯，台北：光啓出版社，1989 年 03 月。

12. 《靈谿詞說》，繆鉞、葉嘉瑩，台北：國文天地雜誌社，1989 年 12 月。

13. 《道教與中國文化》，葛兆光，台北：台灣東華書局，1989 年 12 月。

14. 《元代的士人與政治》，王明蓀，台北：臺灣學生書局，1992 年 03 月。

15. 《從鍾嶸詩品到司空詩品》，蕭師水順，台北：文史哲出版社，1993 年 02 月。

16. 《談藝錄導讀》，周振甫、冀勤編著，台北：洪葉出版社，1995 年 05 月。

17. 《黃帝四經今註今譯》，陳鼓應，台北：臺灣商務印書館，1995 年 06 月。

18. 《元代社會生活史》，史衛民，北京：中國社會科學出版社，1996 年 01 月。

19. 《寫作美學》，張紅雨，高雄：麗文文化事業，1996 年 10 月。

20. 《發跡變泰——宋人小說學論稿》，康來新，台北：大安出版社，1996 年 11 月。

21. 《讀者反應理論》，龍協濤，台北：揚智文化公司，1997 年 03 月。

22. 《中國隱逸文化》，孫適民、陳代湘，長沙：湖南出版社，1997 年 05 月。

23. 《歷史與思想》，余英時，台北：聯經出版社，1997 年 06 月。

24. 《中觀新論》，印順，台北：正聞出版社，1998 年 01 月。

25. 《字句鍛鍊法》，黃永武，台北：洪範書局，1998 年 03 月。

26. 《文學批評的視野》，龔鵬程，台北：大安出版社，1998 年 04 月。

27. 《周易與中國文學》，陳良運，南昌：百花洲文藝出版，1999 年 06 月。

28. 《中國人性論史》，徐復觀，台北：臺灣商務印書館，1999 年 09 月。

29. 《篇章結構類型論》，仇小屏，台北：萬卷樓圖書公司，2000 年 02 月。

30. 《挑戰與抉擇——元代文人心態史》，徐子方，石家庄：河北教育出版社，2001 年 12 月。

31. 《中國文化要義新編》，勞思光撰，梁美儀編，香港：中文大學出版社，2002 年。

32. 《儒學與未來》，劉蔚華，濟南：齊魯書社，2002 年 03 月。

33. 《中國佛教與宋明理學》，陳運寧，長沙：湖南人民出版社，2002 年 06 月。

34. 《章法學論粹》，陳滿銘，台北：萬卷樓圖書公司，2002 年 07 月。

35. 《修辭學》，黃慶萱，台北：三民書局，2002 年 10 月。

36. 《莊子「兩行觀」：一個「你行，我也行」的觀點》，婁世麗，台南：漢

風出版社，2002 年 11 月。

37. 《文學概論》，張雙英，台北：文史哲出版社，2004 年 01 月。

38. 《中國佛教文史探微》，林伯謙，台北：秀威資訊科技，2005 年 02 月。

39. 《新儒家與新世紀》，蔡仁厚，台北：臺灣學生書局，2005 年 05 月。

40. 《唐宋士風與詞風研究》，張再林，北京：人民文學出版社，2005 年 06 月。

41. 《中國歷史的十五堂課》，張豈之，台北：五南圖書公司，2006 年 08 月。

42. 《元代社會階級制度》，蒙思明，上海：上海人民出版社，2006 年 08 月。

43. 《定慧初修》，袁煥仙、南懷瑾合著，台北：考古文化事業，2006 年 09 月。

44. 《如何修證佛法》，南懷瑾講述，台北：考古文化事業，2008 年 01 月。

三、期刊論文

1. 〈遺民詞人劉辰翁之生平與詞風〉，黃孝光，《木鐸》第 9 期，1980 年 11 月，頁 357～376。

2. 〈遺民詞人劉辰翁之時代背景〉，黃孝光，《中原學報》第 9 期，1980 年 12 月，頁 112～129。

3. 〈劉辰翁事跡考〉，馬群，《詞學》第 1 輯，1981 年 11 月，頁 131～151。

4. 〈劉辰翁生平三題〉，吳企明，《中國古典文學論叢》第 2 輯，1985 年 08 月，頁 312～314

5. 〈《莊子·養生主》篇本義復原〉，周策縱，《中國文哲研究集刊》第 2 期，1992 年 03 月，頁 13～50。

6. 〈莊子思想源於田子方說辨析〉，簡光明，《鵝湖月刊》第 226 期，1994 年 04 月，頁 28～31。

7. 〈論劉辰翁的文學思想和詞學主張〉，吳企明，《中國首屆唐宋詩詞國際學術討論會論文集》，1994 年 08 月，頁 483～490。

8. 〈劉辰翁生卒年考辨〉，周文康，《貴州教育學院學報》第 3 期，1995 年，頁 59～63。

9. 〈評點之興──論文學評點的起源和南宋的詩文評點〉，吳承學，《文學評論》第 1 期，1995 年，頁 24～33。

10. 〈劉辰翁詩歌評點的理論與實踐〉，周興陸，《華中師範大學學報》第 2 期，1996 年，頁 110～113。

11. 〈三教合一思潮──理學的先聲〉，郭熹微，《江海學刊》第 6 期，1996 年，頁 107～112。

12. 〈莊子「物化」說平議〉，張誠，《南開學報》第 1 期，1996 年，頁 71

　　～75。

13. 〈論宋元之際江南士人的思想和政治動向〉，陳得芝，《南京大學學報》第 2 期，1997 年，頁 151～156。

14. 〈南宋詞家詠物論述〉，張敬，《東吳文史學報》第 2 期，1977 年 03 月，頁 34～53。

15. 〈劉辰翁三年飄流行跡補考〉，李璞，《中國韻文學刊》第 2 期，1999 年，頁 88～90。

16. 〈劉辰翁：閱讀專家〉，楊玉成，《國文學誌》第 3 期，1999 年 06 月，頁 199～248。

17. 〈劉辰翁「南華眞經點校」綜論〉，簡光明，《國立編譯館館刊》第 28 卷第 2 期，1999 年 12 月，頁 129～157。

18. 〈略論宋代莊學的「儒學化」傾向〉，耿紀平，《中州學刊》第 6 期，2000 年 11 月，頁 45～48。

19. 〈死生無變於己——《莊子》生死觀析論〉，江淑君，《淡江大學中文學報》第 6 期，2000 年 12 月，頁 69～86。

20. 〈郭象《莊子注》非竊自向秀再考辨〉，劉運好，《皖西學院學報》第 17 卷第 1 期，2001 年 02 月，頁 55～59。

21. 〈蘇轍《老子解》義理內蘊探析——兼論「儒道交涉」的老學視域〉，江淑君，《淡江大學中文學報》第 7 期，2001 年 06 月，頁 119～144。

22. 〈莊子散文的藝術——莊子的風神〉，趙衛民，《淡江大學中文學報》第 7 期，2001 年 06 月，頁 29～44。

23. 〈《莊子注》的著者歸屬之爭與中國哲學史料的鑒定方法〉，康中乾，《南開學報》第 2 期，2002 年，頁 21～28。

24. 〈《須溪詞》人物交游初考〉，蕭慶傳，《贛南師範學院學報》第 1 期，2002 年 02 月，頁 91～95。

25. 〈論劉辰翁評點荊公詩之理論意蘊〉，湯江浩，《華中科技大學學報》第 1 期，2003 年，頁 98～102。

26. 〈論篇章辭章學〉，陳滿銘，《浙江工商職業技術學院學報》第 4 期，2003 年 10 月，頁 45～50。

27. 〈呂祖謙對老莊思想的兼容與改造〉，李仁群，《安徽史學》第 6 期，2004 年，頁 10～13。

28. 〈劉辰翁有意評點過詞嗎〉，張靜，《江西社會科學》第 12 期，2004 年，頁 200～206。

29. 〈論劉辰翁的小說評點修辭思想——以《世說新語》評點爲例〉，曹辛華，《山東師範大學學報》第 49 卷第 2 期，2004 年，頁 64～69。

30. 〈論意象與辭章〉，陳滿銘，《畢節師範高等專科學校學報》第 22 卷第 1 期，2004 年 03 月，頁 5～13。

31. 〈以「空」解莊之考察〉，邱敏捷，《南師學報》第 38 卷第 1 期，2004 年 04 月，頁 25～42。

32. 〈論江萬里在南宋書院發展史上的貢獻〉，徐明德，《浙江大學學報》第 34 卷第 3 期，2004 年 05 月，頁 81～86。

33. 〈白鷺洲書院的歷史變遷與儒學教育〉，袁海燕、唐元平，《大學教育科學》第 3 期，2005 年，頁 78～81。

34. 〈評點修辭的興起——南宋評點思想修辭綜論〉，張秋娥，《修辭學習》第 2 期，2005 年，頁 46～48。

35. 〈南宋古文評點緣起發覆——兼論古文評點的文章學意義〉，祝尚書，《四川大學學報》第 4 期，2005 年，頁 74～82。

36. 〈傳統評點學試探〉，蒲彥光，《中國海專學報》，2005 年 02 月，頁 167～190。

37. 〈吉安宋代文化發展成就略說〉，劉錫濤，《井岡山師範學院學報》第 26 卷第 1 期，2005 年 02 月，頁 61～64。

38. 〈齊物論「成心」舊注詮評〉，謝明陽，《東華漢學》第 3 期，2005 年 03 月，頁 23～49。

39. 〈莊學詮釋現象與意義〉，錢奕華，《國文學報》第 3 期，2005 年 12 月，頁 153166。

40. 〈古文評點的意涵及其演進〉，黃肇基，《建中學報》第 11 期，2005 年 12 月，頁 89～121。

41. 〈茆泮林及其輯佚成就試論〉，林宏達，《有鳳初鳴年刊》第 2 期，2006 年 05 月，頁 173～186。

42. 〈劉辰翁文集編刻流傳考述〉，焦印亭，《文史天地》第 4 期，2007 年，頁 65～68。

43. 〈郭象《莊子注》的性分論〉，莊耀郎，「兩岸三地『詮釋學與經典解釋』學術研討會」論文，2007 年 05 月，頁 1～28。

44. 〈莊子處世哲學探賾——以「無用之用」爲起點〉，劉正遠，《世新中文研究集刊》第 3 期，2007 年 6 月，頁 179～198。

四、學位論文

1. 《南宋遺民詞初探》，王偉勇，台北：東吳大學中文研究所碩士論文，1979 年。

2. 《劉辰翁文學批評研究》，中村加代子，台北：台灣大學中文研究所碩士論文，1983 年。

3. 《林希逸莊子口義研究》，簡光明，台中：逢甲大學中文研究所碩士論文，1991 年。

4. 《莊子思想轉化爲文學理論之研究》，王中文，台北：東吳大學中文研究所碩士論文，1992 年。

5. 《焦竑莊子翼研究》，施錫美，台中：逢甲大學中文研究所碩士論文，1994 年。

6. 《劉辰翁評杜研究》，蔡娉婷，桃園：中央大學中文研究所碩士論文，1995 年。

7. 《宋代莊學研究》，簡光明，台北：台灣師範大學國文研究所博士論文，1997 年。

8. 《宣穎南華經解之研究》，錢奕華，高雄：高雄師範大學國文學系碩士論文，1999 年。

9. 《成玄英莊學研究》，呂文英，桃園：中央大學中文研究所碩士論文，2001 年。

10. 《莊子闡釋之研究》，孫紅，北京：中國社會科學院研究生博士論文，2002 年。

11. 《林雲銘《莊子因》「以文解莊」研究》，錢奕華，高雄：高雄師範大學國文學系博士論文，2004 年。

12. 《莊子散文評點研究》，周群華，上海：華東師範大學中國語言系博士論文，2006 年。

13. 《莊子內七篇之人文精神》，李介立，嘉義：中正大學中文研究所碩士論文，2006 年。

14. 《袁中道《導莊》「以佛解莊」思想之研究》，龔玫瑾，屏東：屏東教育大學中語系研究所碩士論文，2007 年。

15. 《宋代「逍遙義」的開展》，蕭安佐，屏東：屏東教育大學中語系研究所碩士論文，2007 年。

五、網路資源

1. CBETA 中國電子佛典協會 http://www.cbeta.org/index.htm

2. 文淵閣四庫全書電子版 http://tw.subscription.skqs.com/scripts/skinet.dll?OnLoginPage

3. 中國期刊網——文史哲 http://cnki50.csis.com.tw/kns50/

4. 全國博碩士論文資訊網 http://etds.ncl.edu.tw/theabs/index.jsp

5. 故宮【寒泉】古典文獻全文檢索資料庫 http://210.69.170.100/s25/index.htm

6. 中央研究院漢籍電子文獻 http://www.sinica.edu.tw/ftms-bin/ftmsw3

出版後記

　　在學術生涯的長河中，碩士階段像是一個中繼站，接收過去所學的知識訊息，將它擴大再發射出去，傳給之後的博士階段。2016 年甫得博士學位，一望眼碩士畢業已近十年；十年後出版碩士論文，亦是作為過去在莊子學研究的總結呈現。論文內容大多保留當時的面貌，僅改動少數不合宜的觀點，以及錯別字的糾繆。

　　本文能有付梓之日，特別感謝花木蘭出版社，為提升臺灣中文學界研究的能見度，大力出版各校碩博士的研究論著；學伴兼好友林宏達老師的引薦，讓拙作得以順利出版，使我銘感五內。

　　回想當年對莊子的一往情深，即使現在重讀《莊》書，心境依舊是微風徐徐。而當時在緊鑼密鼓的畢業程序中，竟忘了附上「誌謝」，使得遲來的感謝延宕至今：首先感恩指導教授　劉文起先生，謝謝老師在學問上的啟迪與教導，讓學生在莊學研究中感受到奇譎與美好。另則是東吳大學中文系的林伯謙教授、侯淑娟教授，謝謝老師們在大學及碩士階段的啟蒙與指導，至今仍在學問、處事上嘉惠學生甚多。謝謝好友林宏達幫忙校對論文，同門劉正遠在莊學上提供的觀點及建議。最後，感恩支持我的父母、弟弟，親愛的丞祐，在我毅然選擇棄商從文後，自始至終無怨無悔的陪伴我完成夢想。

2017 年 11 月　張晏菁　謹誌於桃城